W0389489

JEANNE BARRET

Autres romans parus chez d'autres éditeurs:

Les Figues de Barbarie, Les Quinze Éditeur, Montréal, 1990.

Le Secret, Éditions de la Pleine Lune, Lachine, 1993.

L'Ami, le geai bleu, Collection Tête-bêche, Montréal, HMH, 1993.

Objets de mémoire, Éditions de la Pleine Lune, Lachine, 1997.

La Fiancée du vent, Éditions Libre-Expression, Montréal, 2003.

La Fiancée du vent, Éditions Stanké International, 2003.

La Fiancée du vent, Éditions Libre-Expression, collection « Zénith », 2005.

Monique Pariseau

JEANNE BARRET

Première femme
ayant accompli, au XVIIIe siècle,
LE TOUR DU MONDE
déguisée en homme

roman

MARCEL BROQUET
La nouvelle édition

Catalogage avant publication de Bibliothèque et Archives nationales du Québec et Bibliothèque et Archives Canada

Pariseau, Monique

Jeanne Barret: Première femme ayant accompli, au XVIIIe siècle, le tour du monde déguisée en homme.

(Collection La Mandragore)

ISBN 978-2-923715-24-7

1. Barret, Jeanne, 1740-1807 - Romans, nouvelles, etc. I. Titre. II. Collection: Collection La Mandragore.

PS8581.A753J42 2010 C843'.54 C2009-942766-4
PS9581.A753J42 2010

Pour l'aide à la réalisation de son programme éditorial, l'éditeur remercie la Société de Développement des Entreprises Culturelles (SODEC).

Marcel Broquet Éditeur
55A, rue de l'Église, Saint-Sauveur (Québec) Canada J0R 1R0
Téléphone: 450 744-1236
marcel@marcelbroquet.com • www.marcelbroquet.com

Révision: Andrée Laprise
Conception de la couverture: Rosemary Arroyave
Mise en pages: Christian Campana

Distribution:

PROLOGUE

1650, boulevard Lionel-Bertrand
Boisbriand (Québec) Canada J7H 1N7
Tél.: 450 434-0306
Sans frais: 1 800 363-2864
Service à la clientèle: sac@prologue.ca

Distribution pour l'Europe francophone:
DNM Distribution du Nouveau Monde
30, rue Gay-Lussac, 75005, Paris
Tél.: 01.42.54.50.24
Fax: 01.43.54.39.15

Librairie du Québec:
Tél.: 01.43.54.49.02
30, rue Gay-Lussac, 75005, Paris
www.librairieduquebec.fr

Diffusion – Promotion:

Phoenix alliance

r.pipar@phoenix3alliance.com

Dépôt légal: 1er trimestre 2010
Bibliothèque et Archives nationales du Québec
Bibliothèque et Archives Canada
Bibliothèque nationale de France

© Marcel Broquet Éditeur, 2010

Tous droits de reproduction, d'adaptation et de traduction interdits sans l'accord de l'auteure et de l'éditeur.

« Le bout du chemin ne se voit qu'à la fin. »

Hérodote (v-484-v-425)

Ordonnance de Louis XIV pour les Armées Navales et Arcenaux de Marine

Paris : Etienne Michallet, 1689

Livre Quatrième : De la justice de guerre, des peines & de la police sur les vaisseaux

Titre Troisième : De la police sur les vaisseaux

(...)

XXXV (page 88)
Sa Majesté défend aux Officiers
de ses vaisseaux & aux gens de l'Équipage,
de mener des femmes à bord pour y passer la nuit,
& pour plus long-temps que pour une visite ordinaire,
à peine d'un mois de suspension
contre les Officiers, & contre les gens de l'Équipage,
d'estre mis quinze jours aux fers.

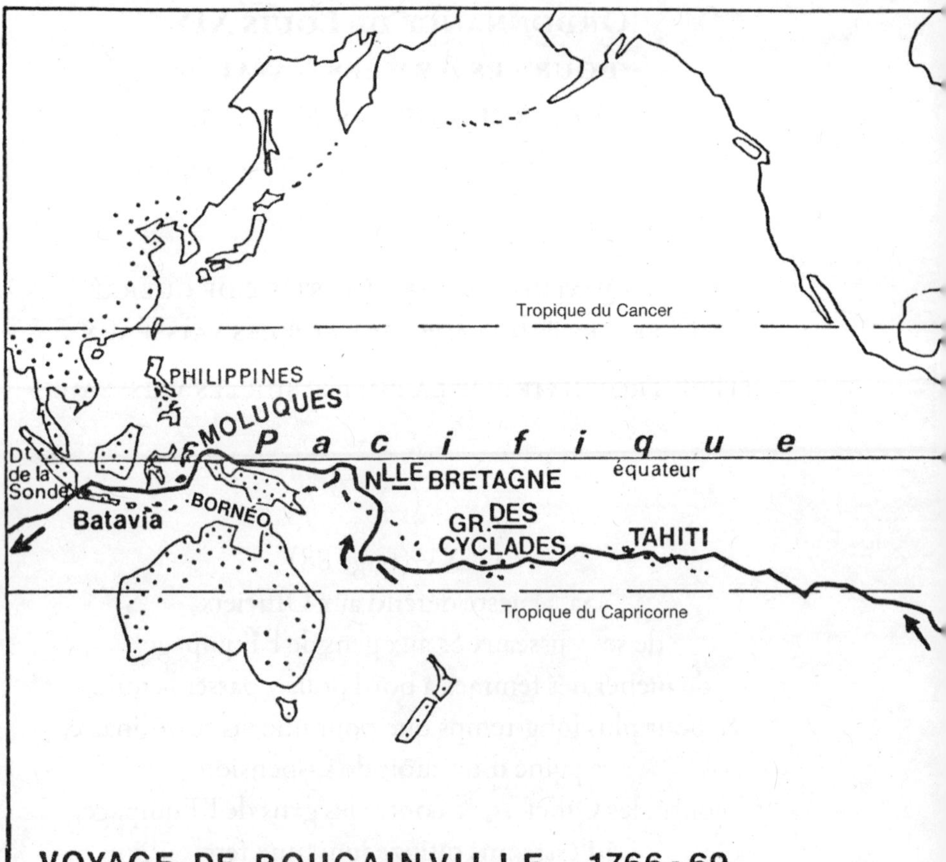

VOYAGE DE BOUGAINVILLE 1766-69

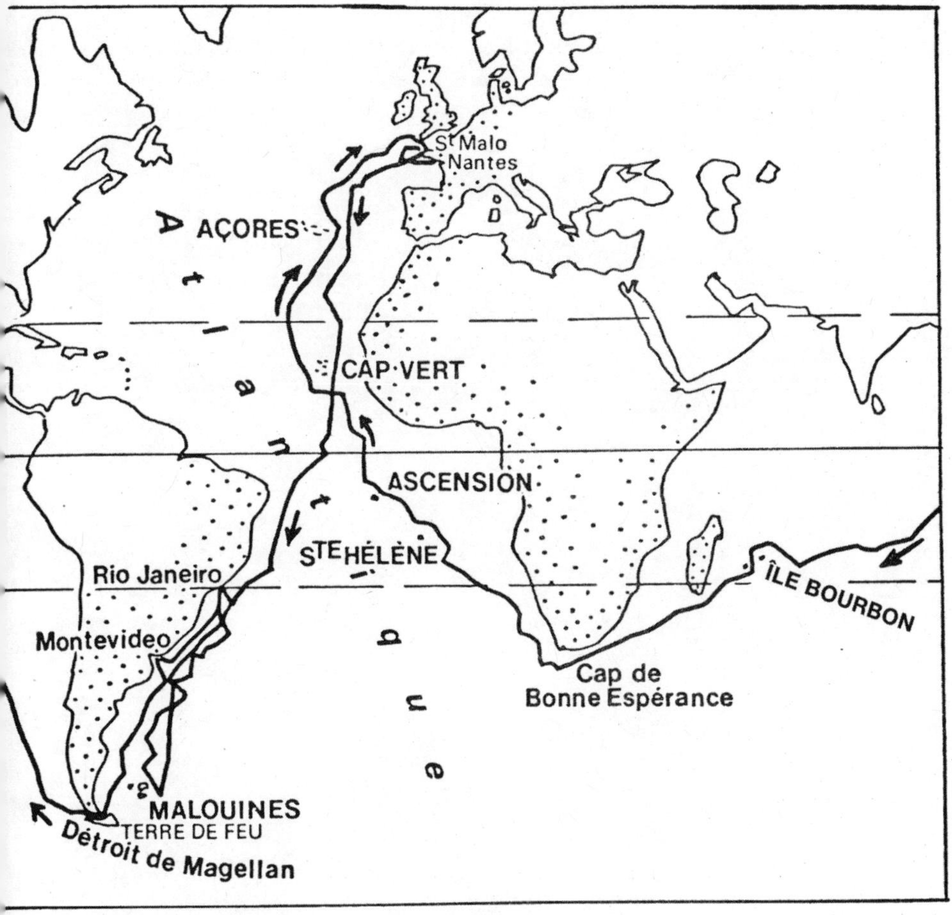
St Malo
Nantes
AÇORES
Atlantique
CAP VERT
ASCENSION
STE HÉLÈNE
ÎLE BOURBON
Rio Janeiro
Montevideo
Cap de Bonne Espérance
MALOUINES
TERRE DE FEU
Détroit de Magellan

En l'an 1766

« Le 26 octobre, Louis XV accepte le voyage de Bougainville autour du monde. Il lui donne par écrit les instructions suivantes: après avoir pris le commandement de la frégate *La Boudeuse* et de la flûte *L'Étoile*, Bougainville devra se rendre aux îles Malouines afin de les remettre aux officiers espagnols. Ensuite, il devra voguer vers la Chine en passant par les mers du Sud. Il sera libre, pour atteindre l'océan Pacifique, de traverser le détroit de Magellan ou de doubler le cap Horn selon l'état des conditions météorologiques. »

Pierre Mounier

« En traversant pour se rendre en Chine, il reconnaîtra dans l'océan Pacifique autant et du mieux qui lui sera possible les terres gisantes entre les Indes et la côte occidentale de l'Amérique dont différentes parties ont été aperçues par des navigateurs. [...] C'est dans ces climats que l'on trouve les métaux riches et les épiceries. Le sieur de Bougainville en examinera les terres, les arbres et les principales productions; il rapportera des échantillons et des dessins de tout ce qu'il jugera pouvoir mériter attention. Il remarquera autant qu'il lui sera possible tous les endroits qui pourraient servir de relâche aux vaisseaux et tout ce qui peut intéresser la navigation. »

Louis XV

Au roi

« Sire,

Le voyage dont je vais rendre compte est le premier de cette espèce entrepris par les Français et exécuté par les vaisseaux de VOTRE MAJESTÉ. Le monde entier lui devait déjà la connaissance de la figure de la terre. Ceux de vos sujets à qui cette importe découverte était confiée, choisis entre les plus illustres savants français, avaient déterminé les dimensions du globe.

[...] L'intrépide Magellan, sous les auspices d'un Roi qui se connaissait en hommes, [...] ouvrit la barrière, franchit les pas difficiles et, malgré le sort qui le priva du plaisir de ramener son vaisseau à Séville d'où il était parti, rien ne put lui dérober la gloire d'avoir le premier fait le tour du globe. Encouragés par son exemple, les navigateurs anglais et hollandais trouvèrent de nouvelles terres et enrichirent l'Europe en l'éclairant.

Mais cette espèce de primauté et d'aînesse en mâtière de découvertes n'empêche pas les navigateurs français de revendiquer avec justice une partie de la gloire attachée à ces brillantes mais pénibles entreprises. [...]

VOTRE MAJESTÉ a voulu profiter du loisir de la paix pour procurer à la géographie des connaissances utiles à l'humanité. Sous vos auspices, SIRE, nous sommes entrés dans la carrière; des épreuves de tout genre nous attendaient à chaque pas, la patience et le zèle ne nous ont pas manqué. C'est l'histoire de nos efforts que j'ose présenter à VOTRE MAJESTÉ, votre approbation en fera le succès.

Je suis avec le plus profond respect,
DE VOTRE MAJESTÉ,
Sire,

Le très humble et très soumis serviteur et sujet,
DE BOUGAINVILLE. »

Lettre adressée à Louis XV, en 1771, deux ans après son retour en France, et qui servit de préface au livre *Voyage autour du monde.*

Prologue

Paris, automne 1766

Une simple cuisine, un peu sombre. Une table encombrée de manuels, de livres, de cahiers. Certains ouverts et couverts d'écritures et de dessins; d'autres éparpillés sur des bancs ou à même le sol. Une grande quantité de pots où flottent pour une éternité alcoolisée des poissons de la Méditerranée. Plusieurs empilages de cartons renfermant feuilles et fleurs séchées.

Un désordre de chercheur, de chercheur un peu rêveur et désorganisé. Et puis, dominant tout ce désordre, un homme et une femme, tous les deux se faisant face, tous les deux embarrassés d'une grande colère.

Cet homme, Philibert Commerson, botaniste reconnu, frôlant la quarantaine, essaie par tous les moyens qu'il connaît de calmer l'irritation de cette jeune femme, Jeanne Barret, qui s'acharne depuis des heures à lui hurler sa déception. Sa rancœur aussi.

Commerson, parce qu'il ne comprend pas la colère de Jeanne, est à bout de patience. Il tente d'amadouer cette femme qu'il avait d'abord engagée pour s'occuper de son fils, Anne-François, dont la mère était morte en couches. Il n'avait pas été insensible à cette petite Bourguignonne, un peu forte, au corps solide et au visage rond dans lequel brillaient des yeux aussi vifs que lumineux. Étonnement, c'est surtout la curiosité et l'intelligence de sa nouvelle servante qui avaient séduit le botaniste. Lorsque Jeanne Barret fut enceinte, ils avaient quitté Toulon-sur-Arroux pour s'installer à Paris et vivre tranquillement leur vie sans les commérages trop souvent dévastateurs des voisins. Jeanne Barret donna naissance à un fils qu'ils nommèrent Jean-Pierre et qui mourut peu de temps après sa naissance, laissant à la jeune femme comme un vide immense qu'elle ne réussit à combler que par le désir irrésistible d'assister le naturaliste dans ses travaux. Elle aussi voulait comprendre un peu mieux le monde qu'elle habitait. Elle s'attacha aux recherches de son amant, et devint, peu à peu, une collaboratrice indispensable. Le plaisir de découvrir avec son maître, celui aussi de participer à ses recherches avaient remplacé son enfant mort.

En cette matinée d'automne, ce n'est pourtant pas le désir d'apprendre et de connaître qui habite Jeanne Barret, mais une colère qui est si intense qu'elle colore d'un gris vibrant toute l'atmosphère de la pièce. Il n'y a plus de place pour aucun autre sentiment, aucun autre entendement.

Elle venait d'apprendre que Philibert Commerson, choisi comme naturaliste et chirurgien pour accompagner Bougainville dans la première expédition accomplie par le royaume de France autour du monde, ne l'amènerait pas avec lui. Il avait le droit d'être accompagné d'un valet. Et ce valet, ce ne serait pas elle. Elle en est estomaquée et refuse d'entendre les explications de son maître. Il est pourtant certain d'être dans son droit. Ce que lui demande Jeanne est impossible. Aucune femme n'a le droit d'embarquer sur un vaisseau d'exploration. C'est la loi, et Commerson, à lui seul, ne peut pas l'amender. Jeanne ne veut pas le comprendre. De plus, il s'est assuré qu'il ne la laisserait pas démunie. Ne vient-il pas de lui dire qu'il lui paierait les gages qu'il lui devait, en plus d'une rente de 100 livres par an et du logement qu'ils habitent à Paris. De quoi donc, se dit-il, peut-elle se plaindre?

— Tu crois que cela peut me satisfaire? Cela comblera quoi? Mon enfant mort? Mon goût pour la botanique, la zoologie? Qu'est-ce qui remplira ma vie? Ton argent? Ce logement où je tournerai autour de moi sans rien découvrir du monde? Ton argent, je n'en veux pas. C'est partir que je veux. Ce n'est pourtant pas difficile à comprendre. Tu n'as pas le droit de me laisser derrière. Et tu ne trouveras pas meilleur assistant que moi. Et cela, tu le sais. Ne mens pas.

— Tu es ridicule. Aucune femme n'a le droit de naviguer à bord d'un bâtiment du roi. L'ordonnance royale de 1689 est claire. Comment peux-tu avoir eu, même quelques secondes, cette idée?

— Répète-moi ton ordre de mission. Que veut Louis XV? N'est-ce pas relié à tout ce que nous avons travaillé ensemble? Ne t'ai-je pas aidé à analyser toutes ces plantes que Linné te demandait d'inventorier? Si tu as été reconnu pour la qualité de tes recherches, s'il t'a recommandé au duc de Choiseul pour ce voyage autour du monde, si le duc a conseillé au comte Louis-Antoine de Bougainville de t'engager en tant que médecin du roi et naturaliste, j'y suis pour quelque chose. Je suis ton assistante, et une bonne assistante, tu me l'as souvent dit. Et tu partirais avec quelqu'un d'autre?

Commerson ne sait que répondre. Jeanne a raison. Sa mission ressemblerait à ce qu'ils font ensemble, mais une femme n'a pas sa place sur un navire du roi. Pourtant, il sait qu'il ne trouvera pas meilleur assistant qu'elle. Il regarde Jeanne marcher autour de la pièce comme une bête encagée et enragée et lui demande de se calmer, de l'écouter.

— Tout ce que tu me dis est vrai. Si j'en avais le droit, c'est avec toi que je partirais. La demande du roi est claire. Je dois accompagner le comte de Bougainville qui doit se rendre en Chine en naviguant vers l'ouest et prendre possession au nom du roi des nouvelles terres qu'il rencontrera. Pendant ce temps, je devrai procéder à l'inventaire de la flore et de la faune, en rapporter des échantillons et des dessins. Je sais bien que c'est notre tâche, que tu es intelligente et que tu as été, n'en doute pas un instant, la meilleure assistante que j'ai eue. Pourtant, il n'est pas question que tu embarques sur *L'Étoile.* C'est défendu par la loi.

— La loi, on peut la contourner. Comment veux-tu que je ne songe pas à m'embarquer? Cela fait des années que tu m'enseignes les grandes lois de la botanique, que tu me vantes le génie de Linné et celui des illustrateurs comme Fuchs ou Marshall. Tu m'as appris à identifier, répertorier, classer les plantes. Et tu m'as fait rêver de terres lointaines, de découvertes, de fleurs, d'arbres que je n'ai jamais vus. Tu m'as tout appris des grands découvreurs. Tu m'as expliqué pendant des soirées les idées des philosophes. Avant de te rencontrer, je n'étais qu'une ignorante, une ignorante qui savait un peu lire et écrire, mais qui ne comprenait rien au monde dans lequel elle vivait. Et tu me laisserais avec toutes ces provisions de savoir qui ne serviraient à rien. Tu n'en as pas le droit.

Au centre de sa colère, résident, en effet, tous ces explorateurs dont Commerson lui a raconté l'histoire. Jeanne a l'impression, qu'eux aussi, sont indignés, qu'ils l'encouragent à suivre son instinct, à tout faire pour pouvoir embarquer sur *L'Étoile*. Il y a là Hannon qui, plusieurs siècles avant Jésus-Christ, a remonté la Méditerranée et franchi les Colonnes d'Hercule. Et Pythéas aussi qui, quatre siècles avant Jésus-Christ, a expliqué le rôle du Gulf Stream dans les écarts de température. Qu'il ait été le premier à décrire une banquise en train de se former fascine encore Commerson. Il a transmis à Jeanne l'admiration qu'il portait aux grands explorateurs. Son désir de voyager aussi.

Jeanne Barret est indignée. Il lui a donné le goût de la découverte. C'est comme si, ne cesse-t-elle de se dire, il l'avait engrossée encore une fois. Pas d'un enfant, mais d'un besoin qu'il refuse maintenant de voir grandir. Son impression est que le départ que le départ de Commerson la laisserait avec un enfant mort. Un enfant mort-né qu'elle ne cesserait de porter. Jeanne sait qu'elle est engrossée pour l'éternité. Cet enfant germé des lumières de la raison est encore bien vivant. Le départ de Commerson le tuerait. Autour du fœtus vivent tous ces grands explorateurs dont Commerson lui a parlé. Ils vivent tous dans ce qui alimente l'avenir et qui crée les nouvelles voies où l'humain s'engage souvent sans en connaître l'horizon.

— Je veux faire partie du voyage, lui dit-elle en s'assoyant. Tu n'as pas le droit de me laisser avec tous ces désirs en moi. Qu'est-ce que j'en ferais ? Ils me rongeraient toute. Tu voudrais que j'oublie tout ce que tu m'as appris, que j'efface l'admiration que tu as fait germer en moi pour des explorateurs comme Hannon, Pythéas, Erik le Rouge ou Cartier. Tu m'as tant parlé de ces hommes. Tu m'as tant vanté leurs exploits, leur courage. Et tu voudrais me laisser derrière. Si tu me laisses sur le quai, c'est eux aussi que tu abandonnes.

— Tu es ridicule. Ces explorateurs étaient tous des hommes. Sur la mer, les femmes portent malheur. Tous les marins le disent.

— Tu ne me feras pas croire que tu crois à toutes ces balivernes. Alors, je me suis trompée sur toi. Ne dis pas de bêtises ! Un homme qui se réclame de Rousseau, de Voltaire et de Diderot ne croit pas à toutes ces sornettes. Combien de fois m'as-tu fait partager ton indignation face au rejet des découvertes de Copernic et de Galilée ? Moi aussi, avant de te connaître, j'avais la certitude que c'était la terre qui était au centre de tout. Et Magellan ! Tu traverseras peut-être le détroit qui porte son nom et je serai dans cette pièce à t'imaginer le parcourant alors que c'est toi qui me l'as fait connaître. Tu m'as nourrie de sciences et de découvertes et tu voudrais que je reste à quai alors que tu seras le naturaliste d'une expédition autour du monde. Paris est devenu trop petit pour moi. Et tu en es responsable.

— Mais tu es une femme. Et ce voyage durera des années. On a parlé de trois ans. Trois ans de risques et de dangers. Toutes les histoires d'expédition le prouvent. Elles ne reviennent jamais avec tous leurs hommes et leurs vaisseaux. Pense à Magellan. Si un détroit porte son nom, il n'est jamais revenu de son tour du monde. Parti avec 5 vaisseaux et un équipage de 241 hommes, un seul navire, *Le Victoria*, a regagné son port d'attache. Et sur les 241 hommes, 18 seulement ont revu leur terre natale. Ça, tu veux l'oublier ?

— Ce n'est pas un bon exemple. Magellan a été tué aux Philippines pendant une escarmouche avec les habitants de l'île de Mactan. Il n'a jamais péri en mer. Ne va pas croire que je m'imagine qu'explorer le monde est commode. Je sais que plusieurs ne reviennent jamais. C'est vrai, mais je me dis que ce qu'ils ont vu avant que la mer, la faim ou la maladie les emportent a dû compenser pour toutes leurs souffrances. Ils sont peut-être morts le ventre vide et les poumons pleins d'eau, mais leur tête devait être remplie de merveilles.

— Ce n'est pas moi qui refuse de t'embarquer. C'est un décret. C'est la loi. Je ne peux pas t'engager comme mon valet et mon assistant. Je n'en ai pas le droit.

— Personne n'a besoin de savoir que je suis une femme. Je serais capable de tromper tout le monde. Je ne suis pas grande. Je suis costaude. Je peux facilement me faire passer pour un jeune garçon. Ce ne serait pas si difficile que cela. Je sais que j'en serais capable.

— Tu es complètement folle ! C'est à croire que tu as perdu la raison.

— Non, j'ai toute ma tête. Moi aussi, je veux aller vers l'ouest, là où le soleil s'en va lorsqu'il disparaît le soir. Je ne pourrai plus jamais regarder le soleil se coucher sur la mer en sachant que tu navigues dans ses traces et que je suis restée sur le bord de mon monde. Et ton fils n'a plus besoin de moi. Ton beau-frère s'en occupera. Alors, que me reste-t-il? Une tête, un ventre vide de tout horizon.

— Ce voyage sera difficile. Ce n'est pas la place d'une femme, surtout déguisée en homme. Réfléchis un peu. Tu es assez intelligente pour comprendre que la vie sur une flûte comme *L'Étoile* placera tous les hommes au bout de leurs limites. Alors, imagine, pour une femme qui veut se faire passer pour un homme. Et tu serais vite découverte. Qu'arriverait-il alors? Tu peux répondre à cette question?

— Je suis prête à souffrir de froid, de faim, de promiscuité, de tout ce dont tu veux me terrifier. Je veux connaître le monde. Je veux moi aussi aller jusqu'à ses limites, découvrir ses bornes, admirer ce qu'il recèle. Tu n'as pas le droit de me laisser ici. Tu m'as engrossée, tu m'as donné des ailes et tu veux m'arracher tout cela. Tu n'es qu'un misérable qui ne comprend rien. Tu sèmes et tu te moques du reste. Tu devrais avoir honte.

Jeanne Barret est convaincue qu'avant de connaître Commerson, elle n'était qu'un insecte sans ailes, ou plutôt un oiseau aux ailes rognées. Avant de le rencontrer, elle vivait, tête baissée, en ignorant le monde, en ne tentant pas de le comprendre. Ses enseignements lui ont ouvert les yeux, lui ont donné des ailes. Elle sait maintenant que la curiosité est à la source de la bienveillance et que l'ignorance est à l'origine de toutes les injustices. Elle n'arrive pas à admettre que l'homme qu'elle admire fasse ainsi preuve d'incompréhension et d'injustice. C'est à l'opposé de tout ce qu'il lui a appris.

— Je veux les essayer, mes ailes toutes neuves.

— De quoi parles-tu? Tu as des ailes maintenant?

— Les ailes, c'est toi qui me les as données. Ce sont des ailes de lumière, des ailes de la connaissance. Ceux qui voyageront sur *L'Étoile* veulent, comme toi, contrer l'ignorance. Si je suis découverte, ils sauront se montrer indulgents.

— Tu es peut-être curieuse et intelligente, Jeanne, mais tu es la pire entêtée que j'aie rencontrée.

1

Jeanne avait donné raison à Commerson. Elle s'était entêtée. Elle n'avait pas cessé de le harceler. Peu à peu, la volonté de Commerson s'était amollie. Non pas à cause des colères de Jeanne, mais parce qu'il avait compris qu'il ne pourrait trouver meilleur assistant. Rencontrer les quelques jeunes hommes qu'on lui proposait comme assistant lui avait permis de reconnaître tous les talents de sa servante. Plus qu'aucun des jeunes gens qu'il avait interrogés, elle possédait cette attention aux détails sans laquelle un naturaliste n'est qu'un amateur. Commerson avait aussi compris ce que Jeanne tentait de lui expliquer: elle voulait, elle aussi, participer à des découvertes qui seraient mille fois plus grandes qu'elle. Elle désirait voir encore plus loin que son regard ne l'avait même imaginé. Elle voulait traverser le canal de Magellan, découvrir des terres inexplorées. Elle voulait avoir pour devoir, comme le leur avait demandé le roi, de définir la taille véritable des Patagons. Étaient-ils de véritables géants comme le laissaient croire les rumeurs? Elle voulait, avec l'astronome Véron, observer l'entrée de Vénus devant le disque solaire et, même si elle ne comprenait pas encore comment cela permettrait de calculer avec précision la distance de la terre au soleil, elle voulait être de ceux qui chercheraient à déchiffrer tout ce qui était encore un mystère pour l'être humain. Elle se voulait une femme de son siècle. Philibert Commerson n'avait plus que respecter ce qu'il avait semé chez elle.

Le naturaliste était pourtant déchiré entre le remords de tromper Bougainville et l'assurance que les connaissances de Jeanne l'aideraient à mieux accomplir sa mission. Il prendrait le risque. Il en était terrifié. Et si Bougainville découvrait le subterfuge ? Qu'adviendrait-il d'eux ? Que deviendrait alors sa carrière ?

Pour tenter d'apaiser sa culpabilité, il avait fondé avant son départ un prix de morale et de vertu qui serait accordé tous les ans à une personne qui aurait contribué, en toute générosité, à améliorer le sort des démunis.

2

Lorsque, le premier dimanche de février de l'an 1767, la flûte *L'Étoile*, navire marchand d'origine hollandaise, quitta, à six heures la rade de l'Isle d'Aix, sous Rochefort, Jeanne Barret, sous le nom de Jean Barré, était à son bord. Cent vingt-sept hommes s'étaient embarqués ce matin-là avec elle et Commerson. Ils vivraient pendant des mois avec vingt et un officiers, dix-neuf mariniers, onze surnuméraires, cinquante-six matelots, quatorze mousses, six domestiques. Plusieurs scientifiques les accompagnaient. Il y avait là, le chirurgien-major Vivès, l'ingénieur-cartographe Routier de Romainville, l'astronome Véron, en plus d'un dessinateur, du nom de Jossigny, d'un aumônier, l'abbé Buet, et d'un écrivain qui s'appelait Michau.

Comme la flûte servirait d'abord de bateau de ravitaillement à l'expédition de Bougainville, elle était chargée de toutes les victuailles nécessaires à une telle aventure. À son bord, elle emportait des sacs de farine, de riz, de légumes secs, des barils d'oignons, de fromage, de sucre. Et une quantité énorme de biscuits de marins, sorte de pain de conserve fait de farine et d'eau mais qui ne contenait ni levure ni sel. *L'Étoile* transportait aussi à son bord plusieurs animaux vivants tels des poules ou des moutons. Le capitaine, de La Giraudais, savait que la nourriture est essentielle à la réussite d'une si longue expédition. Les hommes avaient embarqué aussi d'énormes quantités de chandelles, de lanternes, des caisses de médicaments et des outils comme des pioches et des pelles. Les scientifiques apportèrent aussi avec eux tous les instruments, les contenants, les livres, les papiers, les plumes et les encres nécessaires à leurs recherches.

Ce qu'ils chargèrent à la dernière minute fut la cucurbite qui, selon son inventeur, permettrait de dessaler l'eau de mer. Commerson trouvait l'instrument bien gênant et doutait de son efficacité. Il avait même tenté d'empêcher son embarquement, affirmant que la flûte était déjà si encombrée qu'il en était difficile de circuler. « Ne savait-il donc pas que le manque d'eau douce pouvait mettre en péril la vie des hommes et que la cucurbite pourrait les sauver ? » lui objecta-t-on. La cucurbite prit sa place sur le pont et Commerson se tut, ne voulant pas déjà contrarier ceux avec qui il aurait à vivre pendant des années en leur cachant la véritable identité de son valet.

Tromper ainsi Bougainville le troublait et ternissait le contentement qu'il éprouvait à participer à cette odyssée. Sa joie était teintée de peur. Le fait qu'il ne rejoindrait le comte que dans plusieurs semaines le réconfortait un peu. *La Boudeuse* sur lequel naviguait ce dernier était déjà partie pour les îles Malouines, le 15 novembre 1766, îles qu'il devait remettre aux Espagnols. Les deux vaisseaux ne se rencontreraient que beaucoup plus tard. Commerson aurait d'ici là le temps d'habituer sa conscience au mensonge et Jeanne aurait pris l'habitude de vivre comme un garçon. Si elle tenait son rôle jusqu'à ce qu'ils rejoignent *La Boudeuse*, elle saurait virer autour du monde comme le jeune garçon qu'elle prétendait être. Elle lui avait aussi promis de ne jamais le tutoyer devant les autres et même lorsqu'ils seraient seuls tous les deux. N'empêche, Philibert Commerson se serait bien passé de cette inquiétude. Pourtant, la présence de Jeanne, étrangement, le rassurait.

Jeanne Barret

3

En ce premier mai 1767, Jeanne Barret, accoudée à la lisse en bois verni de la flûte *L'Étoile*, souriait. Elle était arrivée au bout du monde, au bout de la mer Atlantique. Elle gonfla ses poumons d'air pour mieux sentir les effluves un peu âcres de la terre uruguayenne.

Le bateau était en mouillage devant la ville de Montevideo. La flûte aurait dû rejoindre Bougainville aux îles Malouines, mais un problème de mâtures et une saignée d'eau dans la coque les avaient obligés à s'arrêter. *L'Étoile* serait en retard à son rendez-vous avec *La Boudeuse.*

Jeanne, pour le moment, s'en moquait. Les effluves qui se rendaient jusqu'à *L'Étoile* l'enivraient. Pendant la traversée, les odeurs de terre lui avaient manqué. Elle se souvint qu'avant même de voir la terre, elle l'avait sentie. Tel un chien qui, soudain, se fige et se concentre pour mieux définir les odeurs qui lui parviennent, elle s'était immobilisée, avait flairé le vent, avait senti son cœur se réjouir: la terre était proche. Les oiseaux l'avaient déjà annoncée. Les odeurs lui en avaient donné la certitude.

Aujourd'hui, elle admirait enfin cette terre de l'autre bout de la mer. Elle était arrivée là où le soleil, croyait-elle, allait dormir. Elle plissa un peu ses yeux pour mieux apprécier les verts, les bruns et les ocre de la ville de Montevideo. Il n'y avait pas que de l'odeur de la terre dont elle s'était ennuyée. Pendant les mois qu'avait duré la traversée, elle avait aussi été en manque de couleurs. Elle avait eu l'impression de n'avancer qu'au milieu de nulle part, de ne naviguer que dans des camaïeux d'ardoise et d'argentés, de ne quitter le gris que pour se retrouver dans d'autres gris. S'ils avaient aperçu, surtout pendant les premiers temps de leur traversée, quelques navires à l'horizon, seul le scintillement de la mer lorsque le soleil en son déclin l'irradiait et la sente abricot qu'il traçait ensuite avant de disparaître ou celle, irisée de la lune sur les eaux, avaient cassé la monotonie des gris de l'Atlantique. Elle n'était pas une fille de la mer, avait-elle découvert. Elle aimait trop regarder et sentir le monde terrestre. Elle était une paysanne, une terrienne, pas un marin.

Pourtant, lorsqu'elle observait le dessinateur de l'expédition, Jossigny, regarder, elle savait qu'elle se trompait, que son œil était impotent, qu'elle était aveugle à l'opulence des couleurs qui enthousiasmaient le dessinateur. Jossigny avait l'air de couver ces couleurs comme s'il découvrait des perles à peine sorties de leur huître. Elle avait alors, à son grand désarroi, douté de la précision de son regard. Jossigny voyait tellement plus qu'elle. Elle l'avait entendu s'étonner de la magnificence et de la délicatesse des nuances dans lesquelles *L'Étoile* avançait. Elle s'était alors efforcée de regarder autrement. Elle n'était arrivée à voir que des couleurs qu'elle estimait délavées et flétries. Des couleurs muettes et qui ne lui disaient rien.

Depuis leur départ de Rochefort, le ciel avait été le plus souvent couvert. Ils avaient eu des jours de pluie et de grêle et, même lorsque le ciel était sans nuages, c'était toujours le même argenté de la mer, découpé par le blanc en frisures des crêtes, par la sente abricot que le soir posait sur la mer ou par tous les tons de rosés que le soleil couchant donnait au ciel lorsqu'il était chargé de nuages. Et pourtant, même les jours de pluie ou de brume, Jossigny se régalait des nuances qui lui étaient, à elle, invisibles.

Jeanne ne s'attendait pas à ce manque de couleurs. Elle n'avait pas pensé, non plus, qu'elle aurait à vivre dans une incessante cacophonie. C'était comme si les couleurs avaient été remplacées par les bruits permanents du bateau qui tentait de casser les forces contraires de l'océan.

Il n'y avait jamais de silence. Elle avait enduré les clameurs et les rugissements du vent dans le gréement, les craquements des mâts, les clappements perpétuels des vagues contre la coque, les grincements des poulies, les claquements des voiles qui variaient selon la force et la direction des vents. Et s'entremêlaient à tout ce fracas les cris des matelots, les beuglements des animaux de l'entrepont mêlés aux caquètements des volailles dans leurs cages déposées pêle-mêle sur le gaillard d'avant. Pour tenter d'apprivoiser ce vacarme, elle avait essayé de répertorier et de classer tous les bruits comme s'il s'agissait de plantes à étudier. Elle était ainsi devenue une experte en prévision du temps. Même dans la noirceur de la cale, elle pouvait, seulement en écoutant les clameurs du navire, évaluer, sans se tromper, le temps qu'il faisait, donner la direction du vent et même décrire la couleur de la mer ce jour-là. C'en était devenu un jeu entre Commerson et elle. Elle lui décrivait la mer, il montait sur le gaillard d'arrière et revenait émerveillé de ses prédictions. Elle lui avait même annoncé que *L'Étoile* approchait d'une terre. En plus d'entendre les criailleries des oiseaux de mer, une nouvelle odeur avait peu à peu dissimulé celles, pourtant prégnantes, de la sueur humaine mêlée à celles de la crasse, des vêtements mouillés, des excréments des animaux et des vomissures.

Elle s'était empressée de monter sur le pont. Elle n'avait pas vu la terre. Elle l'avait sentie. Une exhalaison âcre, un peu grasse, une odeur d'humidité mêlée à celle de la glaise et de l'humus en décomposition. Elle en aurait presque pleuré de contentement. Elle s'en était défendue n'en ayant pas le droit car un garçon ne pleure pas de bon.

Avant de monter à bord, Commerson lui avait recensé les dangers de la mer et les embarras du voyage. Elle avait juré être prête à en payer le prix. Elle savait que la mer était aussi cause d'inconfort et de douleurs. Sans se plaindre, elle avait passé tous les jours de la traversée dans des odeurs où le salé de la mer se mêlait constamment aux effluves des corps continuellement mouillés, aux remugles des vomissures de ceux qui, comme son maître, souffraient du mal de mer. Elle avait aussi vaincu sa peur même si elle savait que la mer pouvait avaler les bateaux et ses marins et que si elle offre à l'homme l'horizon, elle le trahit aussi. La mort était toujours possible, toujours présente, toujours, peut-être, à venir. *L'Étoile* sur la mer océane était aussi fragile qu'une paille qu'une vague peut casser sans prévenir, et surtout sans ménagements.

Ce qui l'étonna, ce qu'elle découvrit au fil des jours, c'est à quel point la mer envoûte et trompe. Elle en était maintenant persuadée. Elle appâte les marins et les entraîne vers des hauts-fonds d'où ils ne reviennent jamais. L'océan ensorcelle le regard, affriole le désir de départ pour, trop souvent, attirer les hommes là où il n'y a plus de retour possible. Elle imaginait parfois des fonds d'océans parsemés des épaves et des squelettes que la mer avait engloutis. Elle s'était ressassé de tout cela avant le départ et pendant toute la traversée. La seule route possible pour découvrir le monde passait par la mer.

Et en ce matin de grand soleil, elle était pleine de contentement. Fière d'elle aussi. Elle avait traversé l'Atlantique et personne n'avait deviné qu'elle était une femme. Elle était heureuse que le mauvais état de la mâture du bateau les ait obligés à mouiller dans ce port de la côte atlantique. Maintenant que les Malouines devaient être retournées à l'Espagne, Bougainville pourrait se concentrer sur ce qui était le véritable but de leur voyage: revenir à Rochefort en faisant voile par l'ouest. *L'Étoile* l'accompagnerait. On l'avait dépouillée de presque toute son artillerie et elle avait été chargée à ras bord. La cale d'une frégate comme *La Boudeuse* étant trop exiguë pour emporter des provisions de bouche, *L'Étoile* serait le garde-manger de l'expédition. Elle serait indispensable à la réussite de leur voyage. Bougainville était obligé de les attendre.

Lorsque les deux navires se rejoindraient, l'équipage serait alors complété. Commerson et Jeanne feraient le tour du monde avec des hommes qui avaient dessein de le comprendre. Plus de 200 hommes accompagnaient l'explorateur qui avait même pensé à embarquer 4 musiciens pour adoucir les soirées de l'équipage de ses deux vaisseaux. Pourtant, Jeanne Barret n'était pas si pressée de rejoindre le comte de Bougainville. Si elle avait su dissimuler sa véritable identité aux passagers de *L'Étoile*, en serait-il ainsi avec ceux de *La Boudeuse*?

Devant la ville de Montevideo, il lui était plus facile de se rappeler à quel point la traversée avait été malaisée et dangereuse, parce que *L'Étoile* transportait à son bord une véritable ménagerie. Jeanne et les hommes de la flûte avaient vécu dans une proximité qui pouvait mettre en péril son secret. L'équipage avait partagé tant ses jours que ses nuits avec des bœufs, des porcs, des moutons et des poules. Une véritable arche de Noé. L'entrepont était de plus occupé par tant de marchandises, de barils d'eau et de tonneaux de nourriture qu'il en était difficile de circuler. Y tendre un hamac ou déposer une natte pour y passer la nuit supposait des calculs et des discussions qui viraient souvent en chamailleries. Plusieurs avaient souvent dormi sur des ballots de fortune. Plusieurs animaux avaient aussi été malades et Jeanne s'était souvent endormie dans les rugissements de la houle entremêlés aux beuglements des animaux malades.

Les premières nuits, Jeanne avait dormi avec les autres hommes dans l'entrepont. Elle n'avait pas fermé l'œil. Elle avait été estomaquée par la rudesse et la brutalité des hommes d'équipage. Un matin, assurée qu'elle ne pourrait cacher bien longtemps sa véritable identité, elle avait supplié Commerson qu'il demande au capitaine de La Giraudais qu'il ait le droit de partager avec son assistant sa cabine sur le pont supérieur, au-delà du grand mât, là où se trouvait le gaillard d'arrière, partie noble du bateau. C'était là que logeaient les officiers. C'est là que voulait dormir Jeanne.

— Je ne pourrai pas les tromper longtemps, avait expliqué Jeanne à Commerson. On dort quasi dans les bras de l'autre, quand ce n'est pas entre les pattes d'un mouton. Je n'y arriverai pas. On me soupçonnera bientôt. Comment vais-je faire pour me soulager, me laver, changer de hardes ? Déjà, qu'après quelques jours de voyage, on se moque de moi et qu'on me traite de petit gars qui serait mieux dans les jupons de sa mère que sur un vaisseau du roi. Ils ne sont pas fous. Si je reste avec eux, je serai vite découverte. Réfléchis. Cela aurait des avantages. Exige-le de La Giraudais. Dis-lui que tu aimes travailler tard, que tu aimerais avoir ton assistant près de toi. Il comprendra. Dis-lui aussi que, comme tu souffres du mal de mer, la présence de ton valet te serait un soulagement. Et que cela donnerait un peu plus de place aux hommes. Dis-lui n'importe quoi, invente, mens, mais je ne passerai pas une autre nuit avec les hommes.

Commerson s'était entendu avec le capitaine. La présence de Jeanne dans la cabine de son maître avait suscité pourtant quelques commérages. Jeanne s'en moquait. Elle avait pu, lorsqu'elle était dans la cabine de Commerson, défaire les bandages qui écrasaient ses seins, croiser ses jambes comme une fille, se laver sans trop se presser, vivre surtout selon sa nature, sans être obligée de faire attention à tous ses mouvements, comportements, gestes et postures. Lorsque *L'Étoile,* à son arrivée devant Montevideo, avait salué la ville de 11 coups de canon, Jeanne n'avait pas encore été découverte. Elle était un Jean qui avait même mérité le respect de l'équipage. Contrairement à Commerson, qui avait souffert du mal de mer pendant presque toute la traversée, elle n'avait pas été longtemps malade. Pendant que plusieurs, le visage vert et les yeux hagards, vomissaient leurs tripes et se promenaient sur le pont en tentant de prendre quelques gorgées d'air, elle avait aidé les marins dans des travaux qu'elle s'était fait un défi de réussir.

La flûte ne cessait de faire appel à toutes leurs forces. Les voilures exigeaient une attention de tous les instants. Elle avait aidé à larguer les attaches pour mieux serrer les voiles, à lover les cordages sur leurs cabillots, à donner du mou aux cargues-fonds. Elle avait pesé sur les drisses, bordé des écoutes. Elle avait même grimpé dans les enfléchures, s'était aventurée au bout des vergues. Elle y avait vu la terre tourner, la mer basculer.

Ces semaines l'avaient aguerrie. Elle avait travaillé comme un homme. On l'avait même surnommée « petite bête de somme » tant elle avait impressionné l'équipage. « C'est un bon petit, un bon petit gars avec un gros cœur à l'ouvrage », les avait-elle entendus dire. Même les scientifiques appréciaient ce petit bout d'homme qui, du coin de l'œil, s'intéressait à leurs travaux et osait parfois poser des questions qui les étonnaient par leur pertinence. Tant l'astronome Véron, le cartographe Routier de Romainville que le dessinateur Jossigny appréciaient le valet de Commerson. Même le chirurgien-major Vivès qui, pourtant, s'opposait souvent à Commerson, prisait la compagnie de Jean Barré.

Seuls l'abbé Buet et l'écrivain Michau ne supportaient pas la présence de ce jeune garçon qui ne savait pas garder sa place. Il était trop près des scientifiques de *L'Étoile*, scientifiques dont les deux hommes se méfiaient. Il était dangereux, selon eux, de jouer avec ce que Dieu avait mis en place. Vouloir comprendre le destin du monde était un péché. Ne pouvant s'attaquer à eux, ils avaient pris plaisir à transposer leurs irritations sur le valet de Commerson. Michau et Buet ne cessaient de se moquer de lui et d'exiger des services auxquels ils n'avaient pas droit. Jeanne leur obéissait. Elle les savait dangereux.

Dès leur arrivée à Montevideo, une chaloupe avait été mise à l'eau. Il fallait trouver un moyen de prévenir Bougainville de leur retard. Il fallait dénicher un bateau qui se rendait aux Malouines. Jeanne avait regardé la chaloupe s'écarter de *L'Étoile*, rapetisser à mesure qu'elle s'approchait du port. Elle aurait aimé être à son bord. Elle avait hâte de marcher sur du dur, de ne plus être dépendante du tangage et du roulis du navire. Elle désirait se glisser dans le bourdonnement du quai, toucher des feuilles et des fleurs qui, imaginées plus que vues du bateau, semblaient arborer des couleurs qu'elle n'avait jamais vues, des formes et des textures dont elle n'avait jamais même supposé l'existence.

Jeanne soupira, puis décida de se raisonner. Elle était trop pressée. Elle devait être patiente. Elle entendait clapoter sur les flancs du bateau cet Atlantique de l'autre côté du monde et c'était déjà une victoire. Elle n'était qu'au début de son tour du monde, qu'au début de ce qu'aucune femme n'avait, avant elle, osé accomplir. Elle oublia les élancements presque continuels de ses seins qui, bandés pendant des jours entiers, la faisaient souffrir sans qu'elle puisse même s'en plaindre à Commerson. Elle lui avait promis de ne jamais s'apitoyer sur son sort.

Si Philibert Commerson la traitait devant les autres comme son serviteur, si elle lui devait respect et ne l'appelait jamais par son prénom, les moments où ils étaient seuls permettaient à Jeanne d'observer dans les yeux de son maître du respect. Il est vrai que pendant cette traversée de l'Atlantique, Commerson avait été si malade que, la plupart du temps, elle l'avait soigné et s'était efforcée de l'encourager. Elle avait même eu l'impression d'être revenue à Paris et de s'occuper du fils de Commerson lorsqu'il était malade. Malgré elle, elle avait repris le premier travail pour lequel le naturaliste l'avait engagée: s'occuper de plus frêle que soi. Ainsi, pendant la traversée, elle l'avait soigné comme elle avait pris soin de son fils avant leur départ. Une plaie à la jambe droite le torturait aussi. Vivès, le chirurgien de *L'Étoile*, n'avait été d'aucune aide. Bien au contraire. En examinant d'un simple coup d'œil la jambe de Commerson, il s'était contenté de déclarer en souriant qu'il ne se promènerait pas bien loin avec une jambe dans un si piètre état.

Les deux chirurgiens de *L'Étoile* ne s'appréciaient pas. Vivès ne comprenait pas que Bougainville ait besoin d'un naturaliste, alors qu'il aurait pu ramasser quelques plantes au fil de leurs escales comme le faisait Commerson. Leurs mésententes n'étaient pas nouvelles. Commerson n'avait pas, non plus, un caractère facile. Il s'échauffait facilement, se mettait souvent en colère pour des peccadilles. Vivès se plaisait à ridiculiser ces courroux. Pourtant, Jeanne n'appréhendait pas les propos de Vivès. Elle savait que, comme Commerson, si son discours était souvent enflammé, il était d'une nature plus généreuse qu'il n'y paraissait. C'était un idéaliste. Un utopiste, car elle était assurée, comme le lui avait souvent affirmé Commerson, que ces derniers transformeraient le monde et feraient l'histoire. Non, elle ne craignait ni Vivès ni même l'astronome Véron.

Véron, au contraire, l'intriguait. Pendant presque toute la traversée, il avait travaillé en solitaire. À l'aide d'un octant à réflexion et d'un quart de cercle, il comptait, tentait de mesurer les longitudes. Il n'avait participé à aucune fête. Véron, lui avait dit un jour Jossigny, était un spécialiste des horloges de marine. Il savait calculer la longitude par la méthode des distances lunaires. Cela impressionnait Jeanne. Que la position de la Lune permette de situer avec exactitude la position d'un minuscule bateau sur l'immensité de la mer la fascinait. Elle n'y comprenait rien. Elle savait que l'astronome débarquerait à l'île de France pour observer le passage de Vénus devant le Soleil. Selon les calculs des astronomes, ce transit devait se situer au début du mois de juin 1769. Jeanne en était estomaquée. Qu'en 1767, on puisse calculer le passage d'une planète deux ans à l'avance l'étonnait. Elle n'en éprouvait que plus de respect pour ce scientifique à l'air triste.

Lorsque Jeanne le croisait, l'astronome Véron lui apparaissait porteur d'une mélancolie teintée d'absence. Ses yeux semblaient toujours un peu mouillés, proches des larmes. C'était un homme silencieux, solitaire, et Jeanne n'avait perçu aucune impatience chez lui. Il s'intéressait aussi au travail de Commerson et posait parfois des questions fort pertinentes. Il avait demandé à Commerson de l'accompagner lorsqu'il irait herboriser. Le naturaliste avait accepté. Les deux hommes s'appréciaient. Et Jeanne aimait cet homme un peu taciturne qui faisait toujours preuve de respect envers tous ceux qui l'entouraient.

Jeanne admirait, s'intéressait aux travaux des scientifiques et ils semblaient, eux aussi, apprécier sa présence. Elle ne craignait que l'aumônier Buet et son ami, l'écrivain Michau. Les deux hommes méprisaient les scientifiques à bord. Buet avait même sous-entendu que le travail de l'astronome Véron était inutile. Observer le passage de Vénus sur l'île de France serait aussi oiseux que frivole. Il ne respectait pas plus les dessins de Jossigny et ne comprenait pas cette frénésie lorsqu'il dessinait des oiseaux de mer ou des vagues démontées. L'abbé Buet ne semblait se plaire qu'avec l'écrivain, écrivain que Jeanne n'avait, de toute la traversée, jamais vu écrire. Les deux hommes semblaient constamment sur le qui-vive, en train de fomenter quelques complots. D'un caractère aussi acéré que les traits de son visage, Buet parlait peu, sinon pour avancer critiques et sarcasmes ou pour donner des ordres à ce Jean Barré qu'il considérait comme son serviteur. Il avait tenté de rallier Vivès à ses idées : comment Commerson avait-il eu droit au titre de chirurgien du roi et à un assistant alors que Vivès devait se contenter de suffire seul à ses besoins ? C'était une injustice. Il avait aussi chuchoté d'une voix faible mais teintée de mesquinerie qu'il trouvait vraiment indécent que Commerson partage sa cabine avec son assistant.

Vivès n'avait pas adhéré à ces propos. S'il acceptait mal la présence de Commerson sur *L'Étoile*, la charge de travail assumée par le jeune assistant l'avait impressionné. Il avait appris à le respecter. Il ne voulait pas le harceler. Il n'aimait pas plus les deux hommes qui lui semblaient beaucoup plus nuisibles que profitables à la bonne voie de leur expédition. D'ailleurs, il n'avait jamais vu Michau écrire ou Buet faire preuve de pitié et de charité chrétienne.

Jeanne baissait la tête et tentait de satisfaire les deux hommes. Elle les considérait comme des hommes à l'esprit si étroit que seule leur suffisance y trouvait place. Que Buet et Michau la malmènent ne l'émouvait pas. Elle se contentait de leur obéir, de tenir son rôle d'assistant-serviteur. Ce n'est pas deux hommes de si petit esprit qui sèmeraient la peur en elle. La plaie infectée sur la jambe de son maître l'inquiétait beaucoup plus.

Malgré les onguents qu'elle appliquait, elle ne cicatrisait pas. Jeanne supposait que les nausées de Commerson l'affaiblissaient et que cela retardait la guérison. Contrairement à toutes les prédictions du naturaliste, elle avait été la plus forte.

Une fois, une seule, elle avait failli vaciller. Et l'écrivain ou l'aumônier n'y étaient pour rien. Même encore aujourd'hui, elle ne comprenait pas vraiment ce qui s'était passé. Les matelots avaient pêché un requin et l'avaient offert à Commerson. Il l'avait disséqué pour analyser ses entrailles qu'il avait étalées sur sa table de travail. Une odeur suffocante avait pris toute la place, mais Jeanne l'avait bien supportée. Commerson s'était intéressé à un coquillage resté intact dans l'intestin du requin; il n'en avait jamais vu de pareil. Il l'avait délicatement détaché des entrailles de la bête, l'avait pris entre ses doigts. Et le coquillage s'était pulvérisé en un petit monticule de poudre pourpre. Comme s'il n'avait jamais eu de forme, comme s'il n'avait jamais existé.

Bêtement, sans trop comprendre pourquoi, Jeanne s'était sentie mal à l'aise. Comme si le coquillage avait préféré disparaître plutôt que de se retrouver entre les doigts d'un humain. Poudre magique, ancien coquillage du fond des océans que nul humain n'a le droit de toucher. Jeanne n'avait pas compris pourquoi cette poudre, ce cadavre de coquillage pulvérisé en une seconde sous ses yeux, la gênait autant. Elle avait quitté la cabine. Pour la première fois, et sans en saisir les raisons, elle avait eu un soupçon de doute sur la valeur de l'expédition. N'irait-elle pas déranger ce qui ne devait pas l'être ? Y aurait-il offense ? Le secret des choses, s'il était découvert, analysé, se métamorphoserait-il toujours en un petit paquet de poudre impossible à saisir et qui ne signifiait plus rien? N'étaient-ils pas des usurpateurs? Des voleurs de mystères? Des mystères qu'il était impossible de capturer?

Ce jour-là, elle avait, même si cette peur était d'un tout autre ordre, été aussi effrayée que le jour de Pâques où des grêlons aussi gros que des avelines avaient terrassé *L'Étoile* et où des vents d'une force indomptable avaient déchiré le grand hunier ou, encore plus terrible, le jour où le vaisseau avait franchi l'équateur.

Un rituel, respecté par les marins du monde entier, marquait la traversée de l'endroit où le soleil passe à son zénith. On devait initier ceux qui franchissaient la ligne pour la première fois. Ce rituel se déroulait comme une pièce de théâtre où jeux, déguisements et fêtes s'entremêlaient. Ils étaient près de 45 profanes sur *L'Étoile* à être baptisés par le Bonhomme La Ligne.

En observant l'activité sur le quai de Montevideo, Jeanne se souvint de cette journée avec peine. Elle n'avait, de toute la traversée, jamais eu si peur. Non pas des marins déguisés qui tentaient de les effrayer, mais que la cérémonie ne la mette en fâcheuse position. Des mousses et des matelots, nus, le corps enduit d'huile, de noir à fumée, de goudron et de plumes de volailles étaient dirigés par le père Tropique, gendre du bonhomme La Ligne. Ils avaient d'abord aligné les dizaines de profanes sur le gaillard d'arrière et avaient tenté de les terroriser. Le Bonhomme La Ligne, une tiare de trois étages sur la tête, s'était assis sur un trône avant de donner le départ à une séance d'arrosage en règle. Il avait ensuite obligé ceux qui traversaient la ligne de l'Équateur pour la première fois à prononcer le grand serment des hommes de mer: *ne jamais baiser la femme d'aucun marin ni matelot absent.* Jeanne avait prononcé ses mots avec sérieux, mais elle savait à quel point cette promesse était pour elle ridicule. Elle avait regardé Commerson pour chercher quelque support, mais, l'œil à l'horizon, il n'avait pas semblé saisir cette incohérence.

La traversée de l'Équateur représentait des heures de fêtes, de beuveries et de chansons. Pour Jeanne, ce furent des heures de peur; une peur qui anéantissait le bonheur de savoir qu'elle venait de traverser de l'autre côté du monde. Elle craignait qu'on dénude ceux qui devaient être initiés. Commerson aussi avait peur. Pendant toute la cérémonie, c'est à peine s'il l'avait regardée. Il était terrifié, mais niait cette peur. Le soir, elle le lui avait reproché. La regarder, lui avait-il expliqué, aurait doublé sa peur. Elle avait alors douté de la force de cet homme. Commerson ne la défendrait pas. La peur s'était depuis intensifiée, s'était installée encore plus profondément en elle. Elle ne la quittait pas, même dans son sommeil. Elle rêvait presque toutes les nuits qu'un matelot découvrait sa tromperie et qu'on l'abandonnait sur la première terre rencontrée. Elle vivait avec cette appréhension comme avec un intime dont on ne souhaite pas la présence mais qu'il est impossible d'éviter.

La frayeur ou plutôt le malaise qu'elle avait ressenti devant le coquillage pulvérisé était d'un autre ordre. Elle n'en saisissait pas toute l'étendue. Parce que cela dépassait son entendement, elle n'en avait même pas parlé à Commerson. Comment lui expliquer l'inexplicable?

Devant Montevideo, en regardant les marins déverguer les voiles, elle se félicitait quand même de son entêtement. Devant elle défilait la beauté. La ville s'avançait dans la mer. Elle dominait une plaine qui ondoyait sous la douceur de très légères courbes. Les maisons étaient éparpillées çà et là et semblaient à Jeanne plus semées que bâties. La citadelle et ses canons dominaient le paysage. Les églises n'étaient reconnaissables que par les croix qui les surplombaient. Elles n'étaient en rien plus en hauteur que les autres maisons que Jeanne apercevait du vaisseau. À l'embarcadère, les chevaux et les bœufs lui semblèrent aussi nombreux que les hommes. Jeanne avait envie de se jeter à l'eau pour se rendre jusqu'à terre. Il lui faudrait pourtant attendre la permission de La Giraudais qui discutait avec Commerson, Véron et Vivès. Il y avait de l'inquiétude dans l'air. Elle aurait aimé se rendre sur le gaillard d'arrière pour en savoir un peu plus. Les mâtures étaient sans doute en plus mauvais état qu'ils ne l'avaient d'abord cru; pour le moment, le désir de descendre à terre prenait toute la place. Elle essayait d'atténuer son impatience lorsque Jossigny la rejoignit. Lui aussi s'appuya à la lisse du bateau.

— Et voilà, petit Jean, nous y sommes.

— Pourquoi ne descendons-nous pas? Il y a plusieurs heures que nous sommes en rade et rien n'arrive. On est bien au début du bout du monde, Monsieur?

— Le bout du monde, petit, est toujours le début du monde pour quelqu'un d'autre. Mais tu as raison, pour nous, c'est le début du bout de notre monde. Je ne sais pas si nous descendrons bientôt à terre. Et même si nous descendrons. Il semble qu'il y ait un problème avec le gouverneur de la ville. Nous avons besoin de son accord. Pour le moment, réparer le mât semble le plus important. Et la voie d'eau aussi. Il faut être patient. J'ai l'idée que nous mouillerons ici assez longtemps. Au lieu de piaffer comme un jeune poulain, profite de ce que tu vois. J'ai déjà dessiné quelques esquisses du port et de la ville. Je te les montrerai si tu veux. Saisir d'abord un lieu par la mer est singulier. C'est plus captivant que d'arriver par une route. C'est de l'eau qu'il faut découvrir la terre. Avant de pénétrer dans le ventre du dragon, il n'est pas mauvais d'en saisir tout son allongement. Je ne me plains pas de cette attente. Fais comme moi. Profite de ce moment. Refoule tes ardeurs.

— Je ne sais pas attendre. J'ai le goût de la terre, de marcher sur du solide, de toucher à des arbres, mais vous avez raison, j'ai des tas de choses à préparer. Monsieur Commerson appréciera d'avoir tous ses pots et ses casiers prêts lorsque ce sera le moment. Si j'avais vos yeux, je serais peut-être moins pressée. Pendant la traversée, vous avez vu des couleurs que je ne voyais pas. Je ne voyais que des teintes qui se fondaient l'une dans l'autre. Ici, dans le port, il y a beaucoup plus de couleurs. Pour moi, c'est plus beau. J'ai hâte de me promener dans toutes ces couleurs.

— C'est que, pendant le voyage, tu n'as pas su bien regarder, jeune homme. Jamais je n'ai vu d'aussi beaux rosés, de tels tons d'ambre ou d'aigue-marine. Ne t'es-tu pas arrêté à admirer toutes les nuances de l'aube, le cristallin de la lune, et toutes les ombres que les nuages dessinent sur la mer?

— J'aime les verts, les rouges…

— Et les nuances? Tu n'as pas vu les nuances? Si tu veux, je t'aiderai à mieux regarder. Tu es un bon petit gars. Tu en vaux la peine. Je comprends pourquoi Commerson t'a choisi. Tu n'es pas comme les autres gars de ton âge. Je suis content que tu sois à bord.

— Je ne suis qu'un domestique. Pas plus!

— Et l'assistant du médecin-naturaliste. Ne l'oublie pas. C'est beaucoup. Tu es un gars curieux. Et besogneux. Ce n'est pas commun. Tu as la possibilité de travailler avec l'un des meilleurs naturalistes de notre siècle. C'est cela qui est important. L'étude sur les poissons rares de la Méditerranée qu'il a rédigée pour la reine de Suède est exceptionnelle. C'est surtout cela qui lui a mérité l'attention du duc de Choiseul et du comte de Bougainville. Si ton maître a un caractère un peu difficile, c'est un grand scientifique. Ne l'oublie pas.

— Monsieur Commerson vous admire aussi beaucoup. Il me l'a dit. Il aimerait dessiner aussi bien que vous. Il n'est jamais satisfait de ses dessins.

— Il a d'autres talents. Je serai heureux de dessiner pour lui. En fait, je suis encore éberlué de ce qui s'en vient. Déjà que pendant la traversée, j'ai dessiné plus que de raison, imagine comment je serai occupé à partir de maintenant. Toute cette vie, cette nature qui n'ont encore jamais été illustrées et que je n'ai même encore jamais vues. Moi aussi, tu sais, je suis pressé de descendre du bateau, mais je me calme en essayant de bien saisir Montevideo de *L'Étoile*. Ce n'est pas aussi simple que je me l'étais imaginé.

Jeanne sourit. Elle aimait bien Jossigny. Elle l'avait souvent regardé donner vie en quelques coups de crayon à un oiseau ou à une vague. Sur une feuille de papier, il savait faire renaître et rendre presque éternel ce qu'elle n'avait vu que pendant un court moment. Jossigny allongeait l'instant. Il l'éternisait. Elle songea à la grosse tortue de plus de 40 livres qu'elle avait regardée dormir en pleine mer, ballottée mollement par les vagues. Jamais cet instant ne reviendrait. Et pourtant, le dessin avait fixé cet instant. Jossigny l'avait reproduit avec toute la vie qu'il y avait dedans. Il avait même dessiné les coquillages qui s'étaient incrustés sur sa carapace.

Jeanne s'effraya quand même de ce qu'il venait de lui dire. Elle ne devait pas paraître différente des autres membres de l'équipage. Elle ne devait pas trop les fréquenter. Et pourtant Jossigny l'intéressait. Elle aimait être avec lui. Il saisissait le monde par le regard; Commerson le lui avait enseigné par la raison. C'était une façon tout aussi captivante de l'appréhender. Cela l'intriguait.

Philibert Commerson

4

Réparer la mâture et colmater la voie d'eau seraient beaucoup plus longs que l'avait d'abord cru de La Giraudais. *L'Étoile* serait en mouillage pour de longues semaines. Il fallait aller chercher des matériaux à Buenos Aires. Cela prendrait du temps. Bougainville devait en être informé et tous espéraient que des messagers embarqués sur un bateau qui venait de quitter la rade de Montevideo pour les Malouines pourraient le rejoindre et lui donner un nouveau rendez-vous.

La vie à bord s'organisait sous un autre rythme que celui de la traversée. Les marins avaient pu descendre au port et, en attendant les matériaux, ils faisaient la fête et rentraient souvent tard et éméchés. Ils disaient adorer la ville, se faisaient un devoir d'honorer ses femmes. Ils prétendaient qu'on pouvait y vivre de presque rien. De La Giraudais craignait que quelques-uns pensent déjà à déserter.

Jeanne et Philibert Commerson n'étaient pas encore descendus à terre. Sur les conseils de Vivès, le capitaine avait décidé que le naturaliste devait guérir sa plaie avant d'aller explorer les alentours de la ville. Il aurait aggravé la blessure. Cette immobilité forcée avait mis Commerson en furie. Il en était devenu irascible. Jeanne avait beau l'encourager et le soigner, il ne décolérait pas. Il avait exigé que Jeanne reste avec lui. Elle avait tout fait pour le faire changer d'idée, mais elle n'avait réussi qu'à nourrir son ressentiment. C'est donc avec encore plus de soins et de prévenance qu'elle avait soigné son maître. Surtout que Vivès prédisait l'amputation. Le chirurgien se moquait-il de son maître ou le danger était-il bel et bien réel? L'inquiétude calma l'impatience de Jeanne. Elle aiderait Commerson à guérir. On ne pouvait imaginer un naturaliste unijambiste. Il n'était pas question qu'après avoir traversé toute la mer atlantique, une plaie infectée les empêche de fouler le sol du nouveau monde. Tous les deux voulaient que cette plaie se referme le plus vite possible.

Quelques jours plus tôt, Commerson avait chauffé à blanc la lame d'un couteau et avait cautérisé la plaie. Il avait serré les dents, tordu sa bouche de douleur, blêmi. Il n'avait pas crié, mais Jeanne avait cru qu'il allait s'évanouir. Il avait résisté. La plaie, passée du rouge purulent au noir, se refermait un peu. Rassuré, le naturaliste s'était un peu adouci. Il arrivait même à marcher sans trop grimacer. Jeanne espérait que, bientôt, il pourrait se joindre à ceux qui, déjà, profitaient de ce que le nouveau monde leur offrait. Jeanne enviait Vivès qui passait ses journées à arpenter la ville et, qui, le soir, regardait le soleil se coucher en écrivant ses impressions dans un cahier qui lui servait de journal. Jeanne aurait aimé lire ce qu'il écrivait. Elle aurait alors eu un avant-goût de ce qui l'attendait.

Jossigny n'était pas encore débarqué. Il n'était pas encore arrivé, prétendait-il, à bien saisir la ville du bateau. Il voulait y arriver avant de fouler le sol de cette ville de l'Atlantique Sud. C'était un défi. Et l'astrologue Véron passait ses nuits dans des calculs incompréhensibles. Jeanne se sentait exclue de toute cette agitation et priait pour que Commerson reprenne du mieux et ait au moins le goût et la force de participer à la fête des officiers qui se préparait pour ce soir-là.

— Vous assisterez au souper que donne le capitaine ce soir? On dit que le gouverneur de Montevideo, monsieur de Rosa, et plusieurs dignitaires de la ville y seront.

— Parler avec eux me consolera. Je goûterai à leur discours avant de tâter leur sol. Ce sera déjà un commencement. Le pus de la plaie semble s'être résorbé. J'ai bon espoir, Jeanne, que dans quelques jours, nous marcherons dans les rues de cette ville.

— J'aimerais quand même débarquer avec monsieur Jossigny demain. Lui non plus n'est pas descendu à terre. Vous n'y perdriez rien. Je vous décrirai tout ce que je verrai et je vous rapporterai des plantes. Je pourrais aussi cueillir des feuilles de plantain. Cela aiderait à la cicatrisation, neutraliserait l'infection. J'en suis sûre. Et du plantain, ça pousse partout, je suis certaine que je pourrais en rapporter.

— Demain, tu pourras descendre. Je ne crois pas que Jossigny débarque aujourd'hui. Je lui ai demandé quelques dessins. En attendant, va me chercher un peu de lait de brebis. Ensuite, je voudrais me reposer un peu. Je ne veux pas que de La Giraudais me voit pâle et affaibli.

Jeanne était descendue dans l'entrepont. Depuis qu'elle n'était plus obligée de dormir avec eux, elle aimait mieux les animaux qui y logeaient. Il y a aussi le fait qu'ils étaient de moins en moins nombreux. Les bêtes avaient nourri l'équipage pendant les mois de navigation. Plusieurs étaient mortes pendant des tempêtes ou n'avaient pas résisté aux malaises de la traversée. Montevideo permettrait de repeupler l'entrepont et de refaire leurs provisions. Une chatte noire et blanche suivait Jeanne à la trace lorsqu'elle y était. Jeanne l'aimait bien. C'était comme si la chatte savait que ce Jean était une Jeanne. Elle se disait que si elle avait réussi à tromper l'équipage, la chatte avait su tout de suite qu'elle était du même sexe qu'elle. Elle la caressait souvent. Cette chatte était devenue son amie. Elle lui donnait aussi un peu de lait lorsqu'elle avait fini de traire une chèvre. La chatte ronronnait et se couchait ensuite sur le dos pour se faire caresser le ventre. Jeanne lui parlait, lui racontait la blessure de Commerson, lui faisait des confidences. Parfois, elle se risquait même à la cacher sous ses frusques pour l'apporter en catimini dans la cabine. La chatte dormait alors tout contre elle, se lovait contre ses seins meurtris. Tout à l'inquiétude que sa plaie lui donnait, Commerson tolérait l'animal. Sa présence occupait Jeanne qui devait passer de longs moments enfermée avec lui. Il ne tenait pas à ce qu'elle se mêle trop aux hommes de l'équipage.

En revenant sur le pont, elle croisa Buet qui discutait avec l'écrivain. Ils la regardèrent passer avec dérision.

— Alors, le jeune, on vole du lait, lui lança Buet. Le vol est un péché grave. Ne le sais-tu pas ? L'entrepont n'est pas un garde-manger où tu peux te servir quand bon te semble.

— Le capitaine m'en a donné la permission. Le lait est bon pour monsieur Commerson.

Buet ne répondit pas. Il regarda le serviteur du naturaliste s'éloigner en ricanant.

— Ce gars me déplaît, déclara l'écrivain Michau. Il ressemble à un lutin attriqué en marin. Une tête ronde, un visage plein de rousseurs, un corps court et trapu, de larges fesses et une voix qui n'a pas encore mué. Il dit avoir 16 ans et il n'a pas encore de barbe. Il me fait penser à un nain que le destin aurait trafiqué.

— Et il ne garde pas son rang, ajouta Buet. Je l'ai vu souvent avec le dessinateur. Et même avec l'astrologue. Je ne comprends pas comment ils peuvent perdre leur temps avec lui. Nous voyageons avec des drôles de gens, je dirais même avec des mécréants. Il paraîtrait que Bougainville a le même type d'esprit que Jossigny et Commerson. Il aime se questionner sur tout, doute de tout. Comme si Dieu n'avait pas toutes les réponses. Il faut se méfier de ces gens-là qui se prétendent philosophes. Ce sont des libertins qui ne respectent rien. On m'a dit que Bougainville, qui était l'aide de camp du marquis de Montcalm en Nouvelle-France, y avait trafiqué avec les Indiens, qu'il y aurait même eu un enfant avec une de leurs femmes. Ce n'est pas la façon de convertir les Sauvages. Et Philibert Commerson n'est pas mieux. On m'a dit que lorsqu'il était plus jeune, il avait l'habitude de voler des plantes cultivées dans des jardins botaniques. Pour les étudier, se défendait-il. Des professeurs lui ont même interdit l'accès à certains jardins. Voilà avec qui nous voyageons. Des voleurs et des mécréants.

— Pas étonnant que Bougainville ait été obligé de remettre les Malouines aux Espagnols. Quel imbécile il est d'avoir voulu peupler ces îles de ces Acadiens qui voulaient fuir après la défaite contre l'Angleterre. Pas étonnant que l'Espagne ait réclamé leur restitution.

— Bougainville traîne l'échec comme un navire une ancre à la dérive, affirma l'aumônier. On m'a assuré que le marquis de Montcalm était mort dans ses bras à Québec. La Nouvelle-France et les Malouines ne sont pas de grosses pertes, mais c'est quand même inquiétant de voyager avec lui. Ce tour du monde ne mène à rien. Il est voué lui aussi à un fiasco. On n'a même pas rejoint Bougainville et le bateau est déjà en mauvais état.

— Je n'ai jamais voulu accompagner Bougainville dans cette folie, souligna Michau. Je n'ai pas eu le choix. Le Roi voulait un écrivain à bord. Parfois je me dis qu'il voulait m'éloigner de Versailles. Allez savoir pourquoi je croupis sur ce bateau alors que le château doit resplendir de fêtes.

À son retour dans la cabine, Jeanne trouva Commerson endormi. Elle laissa le bol de lait près de lui, bien calé entre deux piles de livres et se rendit sur le pont pour quérir un baquet d'eau. Elle serait seule ce soir. Cela lui permettrait de laver les linges souillés par ses dernières menstruations. Les jours du mois où elle perdait du sang lui étaient difficiles. Elle craignait que le sang transperce ses hardes. Laver aussi les linges souillés était un embarras. Elle attendait d'être seule et ne savait jamais où étendre ces linges qui pouvaient la trahir. Commerson tolérait difficilement ces bouts de tissus plus ou moins tachés qu'elle étendait un peu au hasard dans la cabine. Il n'avait pas le choix et il s'en trouvait contrarié.

Quand une heure plus tard, Commerson se réveilla, il se sentit un peu mieux. Il examina sa plaie et fut rassuré. Il vit le baquet d'eau, comprit la raison de sa présence et plaignit un peu Jeanne. Après avoir bu quelques gorgées de lait, il se prépara pour le dîner. Jeanne avait sorti son habit de cérémonie et sa perruque. La jambe le faisait encore un peu souffrir, et c'est avec difficulté qu'il enfila ses chausses et ses bas blancs. Il se demanda où était sa servante. Il aurait bien aimé qu'elle l'aide à s'habiller. Lorsqu'il fut prêt, il sortit et vit Jeanne qui, avec les autres membres de l'équipage, observaient les invités de Montevideo monter sur le pont. Ils étaient nombreux. Commerson se rapprocha de Véron, de Vivès et de Jossigny. Le capitaine les présenta aux invités. Un peu à l'écart, l'aumônier Buet et l'écrivain Michau tentaient de se rapprocher de La Giraudais qui, sembla-t-il à Jeanne, tentait de les éviter.

Jeanne, assise sur un baril d'eau, les jambes pendantes et l'œil aux aguets, regardait passer ces hommes et ces femmes vêtus de leurs plus beaux atours. Les femmes surtout la troublaient. Elles portaient des robes de velours et de satin et leur col était souvent de dentelles. Jeanne les envia. Elle aussi aurait aimé porter un décolleté qui dévoilerait ses seins, une robe qui soulignerait sa taille. Elle regretta ses longs cheveux bouclés qu'elle avait coupés avec une volonté qui prouvait à Commerson sa détermination à le suivre. Jeanne savait qu'elle n'était pas une jolie femme, qu'elle avait la taille trop courte et qu'elle était un peu large, mais en observant les femmes de Montevideo, elle regretta ces moments où, à Paris, elle s'était sentie femme, et parfois même femme désirable. Sur *L'Étoile*, elle n'était plus qu'un garçon qui travaillait fort pour se faire accepter des autres et qui portait des vêtements presque aussi crasseux que les linges de menstruations qu'elle avait dissimulés dans sa cabine.

Les marins aussi détaillaient les femmes qui montaient à bord. Ils ricanaient et passaient des commentaires qui, il y a quelque temps, auraient fait rougir le valet de Commerson. Lorsque Jossigny aperçut le jeune Barré, assis trop tranquille sur un baril d'eau, il lui sourit et lui lança un clin d'œil plein d'amitié. François, le plus jeune mousse de l'expédition, était appuyé sur le baril de Jeanne. Il se retourna vers elle.

— Tu as l'air de te faire ami avec tous les importants du bateau, lui dit-il. Le dessinateur est bien avenant avec toi. Moi, personne ne s'occupe de moi. Ou que pour me donner des ordres. T'as de la veine d'être avec le naturaliste. Je changerais bien de place avec toi.

— Je travaillais déjà pour monsieur Commerson. Je l'ai suivi. Il ne m'a pas embauchée pour le voyage. J'étais déjà avec lui.

— T'as quand même de la veine. Tu sais lire?

— Oui, je le savais déjà un peu avant de travailler pour monsieur Commerson, mais il m'a beaucoup aidée. Maintenant, je sais lire et écrire sans trop de lenteur. Il le fallait bien, sinon je n'aurais pas pu l'aider. Mon maître m'a appris beaucoup. Il m'a aussi appris à me poser des questions. À douter aussi. Je lui dois beaucoup. C'est pour cela que je suis bon avec lui. Il le mérite.

— J'aimerais bien, moi aussi, savoir lire. Tu veux descendre à terre avec moi, ce soir? Je connais deux ou trois endroits où on peut vraiment s'amuser.

— Je n'ai pas encore la permission.

— Personne ne le saura. Ils seront tous occupés à manger et à boire. Ce n'est pas les hommes de l'équipage qui te dénonceront.

— J'ai encore de l'ouvrage à faire. Demain, je descendrai. Monsieur Commerson m'en a donné la permission.

— Tu sais lire, mais tu n'es pas plus libre.

— Faudrait savoir ce que c'est que la liberté. Tu le sais, toi?

François ne répondit pas. En traînant des pieds, il s'éloigna de Jeanne. Elle le regarda s'en aller, silhouette aussi longue que maigre, aussi débraillée que dolente. Il semblait toujours un peu en retard de quelque chose. Comme si sa pensée venait quelques fractions de seconde après le geste, comme si les deux étaient décalés, ne se rejoignaient qu'après un court intermède. Il n'était pas paresseux, mais pas vif non plus. Jeanne se dit que si, pendant les jours de navigation, elle avait un peu de temps à elle, elle essaierait de lui montrer à reconnaître des lettres, puis des mots. Jeanne aimait bien ce garçon. Elle savait qu'il s'était embarqué contre sa volonté. Orphelin, aîné d'une famille de plusieurs enfants, il s'était engagé pour nourrir sa famille. Bourlinguer ne l'intéressait pas et la mer l'effrayait. Son père avait été pêcheur. Un soir, il n'était pas revenu. La famille l'avait attendu longtemps, puis avait compris que le petit bateau de pêche où quatre hommes étaient partis ne reviendrait pas au port. Quelques jours plus tard, sur la grève, deux bottes du pied gauche, une croix en fer, des morceaux de bois d'épave, de bois teint en rouge comme la barque du père s'échouèrent sur la grève. La famille sut alors qu'elle ne pouvait plus rien espérer, que François, l'aîné, était devenu chef de famille.

À Rochefort, le jeune garçon connaissait surtout des marins. Il lui avait été facile de se faire embaucher. Il l'avait fait à contrecœur. Il n'aimait pas la mer, ne l'avait jamais aimée. Il s'était pourtant embarqué sur *L'Étoile*. Le peu d'argent qu'on lui avait remis avant le départ aiderait sa mère à nourrir ses frères et sœurs pendant quelque temps.

Un après-midi que Jeanne et lui étaient occupés à faire raidir le gréement, elle lui avait fait remarquer à quel point la mer était grise. Il lui avait répondu que cette couleur de cendres lui venait des âmes qu'elle avait avalées et qu'elle n'avait jamais rendues. « La mer a la couleur de la mort, du gris de la mort. C'est une tueuse, avait-il ajouté. Elle porte le gris de la mort, de celle de mon père et de beaucoup d'hommes que j'ai connus et qu'elle nous a enlevés. La mer, c'est un cimetière », avait-il marmonné en tentant de remettre en place garnitures et amarrages. Jeanne avait été un peu étonnée que ce jeune garçon déteste autant naviguer. Elle l'avait, depuis, observé beaucoup plus attentivement. Il l'intriguait. Il l'impressionnait aussi. Il s'était fait mousse pour aider sa famille, et cette générosité la touchait. Elle était contente que François recherche de plus en plus souvent sa compagnie. Ils s'entendaient bien, et elle avait du plaisir à passer du temps avec lui. Parce qu'il était le plus jeune de *L'Étoile*, elle avait moins peur de se trahir. Comme il croyait qu'ils avaient à peu près le même âge, il s'attendait à ce qu'ils deviennent des amis et des compagnons. Ce n'était pas une si mauvaise idée, se dit Jeanne en regardant les invités entrer dans la salle des officiers.

Égayée par cette perspective de nouvelle amitié et par le clin d'œil que lui avait lancé Jossigny, elle décida d'aller chercher la chatte à la cale. Elle s'arrêta quelques instants sur le pont, s'appuya sur la lisse pour contempler encore une fois la ville. Demain, elle marcherait dans ses rues. Elle pourrait peut-être s'aventurer en dehors de Montevideo. Elle s'imagina avancer dans des effluves de chlorophylle, dans une végétation exubérante, dans une mer d'herbes, de fleurs et d'arbres, une cathédrale de verdures.

La nuit était en train de prendre possession de la ville. Plus elle approchait de la ligne de l'Équateur, plus le soleil tombait dans la mer rapidement. La nuit, ici, était précoce. Le noir effaçait les contours de la ville presque aussi vite qu'un torchon mouillé essuie la poussière. Montevideo n'avait déjà plus de géométrie. La nuit la gommait et ne laisserait bientôt visible que quelques petits points lumineux qui signalaient, tels des phares, les lieux d'animations nocturnes où les marins de *L'Étoile* s'entasseraient.

Les matelots se préparaient déjà à quitter le bateau. L'un d'eux offrit à Jeanne de descendre. Elle refusa encore une fois, répétant qu'elle n'avait pas la permission de son maître. En fait, elle craignait surtout que les marins l'entraînent dans des lieux où il lui serait difficile de rester un petit gars qui aspirait, comme les autres hommes, à se rendre dans l'un des bordels de la ville. Elle descendit plutôt chercher la chatte. De retour à sa cabine, elle défit les bandes qui écrasaient ses seins, soupira d'aise avant de les frotter avec une pommade qui calmait un peu les irritations.

Elle lava ensuite ses linges de menstruations, les mit à sécher, puis joua avec la chatte qui tentait d'attraper les linges qui pendouillaient un peu partout. Pour la distraire, elle prit un bout de corde. La chatte s'imagina tigre, la corde devint serpent, et Jeanne rit de cette mise en scène. Elle fouilla ensuite dans son sac et en sortit une boîte de métal argenté. Son doigt suivit lentement les filagrammes d'argent dont elle était sertie. Lorsqu'elle l'ouvrit, des notes métalliques et cristallines s'épanouirent. Elles semblèrent s'envoler, éclore comme si la cabine s'était métamorphosée en champs fleuris. De petites fleurs des champs, à peine visibles, à peine audibles. Des petites fleurs qu'un marcheur foule sans même s'en apercevoir et qui eurent pourtant le pouvoir de ravir le cœur de Jeanne. La chatte, les oreilles en alerte, s'immobilisa et écouta, intriguée. Elle en oublia le serpent qui, de toute façon, était redevenu une corde tout à fait insignifiante.

Jeanne n'ouvrait que rarement sa boîte à musique. Avant son départ, elle y avait déposé quelques trésors. Le plus important, c'étaient les quelques cheveux, à peine visibles, tant ils étaient fins et courts de son fils mort. Elle y avait aussi mis la plume d'un oiseau qu'elle avait réussi à apprivoiser en Bourgogne lorsqu'elle était petite fille, une médaille de la Vierge qui avait appartenu à sa mère et enfin, un dessin de poisson que son maître avait dessiné sur un petit bout de papier et dont il n'était pas satisfait. Commerson ne savait même pas qu'elle avait apporté sa boîte à musique devenue aussi boîte de trésors. C'était son secret. Un secret dont elle devait user avec parcimonie. Personne ne devait entendre ces notes qui n'appartenaient pas à Jean Barré, mais à une Jeanne qui avait gardé le cœur d'une petite fille qui pouvait encore être émue par quelques simples notes de musique. Seule la chatte partageait son secret. Lorsqu'elle s'étendit dans le hamac, elle se força à lire, malgré sa fatigue, l'un des ouvrages de Linné que Commerson avait apportés avec lui. Elle s'endormit presque aussitôt, le livre ouvert sur un dessin de chardon écossais. Lorsque Commerson revint de sa soirée, la bougie de la lanterne était à son déclin. Elle ne répandait qu'une faible lueur dans la cabine. Commerson en fut contrarié. Il pensa que Jeanne, en plus de gaspiller du suif, mettait le bateau en péril. Dormir avec une lanterne encore allumée était dangereux. Le livre de Linné ouvert l'adoucit. Il le prit et le rangea dans sa malle. Il vit alors la chatte blottie contre sa servante. Elle avait les oreilles en colère et semblait se demander pourquoi cet homme avait troublé son sommeil, alors qu'elle était bien au chaud avec, en fond sonore, les battements du cœur de celle qui l'avait adoptée. Un peu ivre, Commerson s'amusa à effrayer l'animal qui courut se cacher derrière un monticule de livres. Commerson réveilla ensuite Jeanne pour satisfaire quelques besoins urgents. Son assistant était aussi une femme qui avait tout pour le satisfaire.

5

Le jour était à peine levé que Jeanne attendait déjà sur le pont le moment où la barque la mènerait à terre. C'était un de ces matins tièdes, presque languides, un de ces matins plein de douceur qui sont si fréquents de l'autre côté de l'Équateur. La brume dissimulait encore la ville. Il fallait la deviner sous les grands pans de vapeur qui l'empêchaient de se matérialiser. Pourtant le soleil perçait déjà des longs panneaux de lumière qui, telles des fenêtres aux rideaux ouverts, illuminait la mer. Ici, mai était un mois d'automne. La tiédeur de l'air rappelait pourtant à Jeanne les printemps français. Elle devait continuellement se rappeler qu'elle était bien en automne, que l'hiver approchait. Cela l'intriguait. Comment se déroulerait cette saison supposée froide dans ce monde où l'automne était aussi doux qu'un printemps en Bourgogne ? Quelques orages, d'une violence inconnue, lui avaient montré qu'elle n'était pas en France, mais de l'autre côté du monde, là où tout est inversé comme un vêtement que l'on porte à l'envers.

Jeanne s'étira. Elle le fit comme une fille et, prise d'un soudain remords, se força à se racler la gorge et à cracher dans la mer. François, à côté d'elle, trépignait. Lui aussi était fébrile, mais son impatience était d'un autre ordre. Il voulait savoir si le maître de Jeanne lui avait parlé du souper de la veille.

— Il te l'a dit, ton maître, quand nous quitterons Montevideo ? Où ira-t-on ? On se rendra jusqu'à Buenos Aires ? On remontera jusqu'à

Rio? On rejoindra Bougainville aux Malouines? On restera ici pour attendre *La Boudeuse?* Ce serait une bonne idée. J'aime bien cette ville. Toi aussi, tu verras. Tu l'aimeras.

— Non, nous ne resterons pas ici. Ce matin, monsieur Commerson m'a dit qu'un capitaine qui s'était rendu aux Malouines avait informé monsieur de Bougainville que nous avions un problème de mâture et de voie d'eau. Une frégate espagnole revenant des Malouines a donné hier au capitaine les instructions sur notre route. Bougainville fera voile d'ici quelques semaines pour Rio de Janeiro. C'est là que nous le rejoindrons. Le commandant croit que ce sera un bon endroit pour passer l'hiver. La saison est trop avancée pour traverser le détroit de Magellan. Ce serait trop dangereux.

— J'aime bien Montevideo. J'aimerais y rester plus longtemps.

— Tu penses à déserter? Cette idée te taraude?

— Je ne peux même pas y songer. Que ferait ma mère si je désertais? Ce n'est pas l'envie qui manque. La vie est bonne ici. Elle serait bonne aussi pour ma famille. Ce que j'aimerais, c'est les faire venir ici.

— Le voyage ne fait que commencer. Nous n'en sommes qu'au début. Nous accosterons dans d'autres villes. Peut-être que Rio de Janeiro a autant de douceurs à offrir.

— Tu le sais bien que je rêve! Ma famille ne sera jamais ni à Rio, ni à Buenos Aires, ni dans aucun autre endroit de ce côté du monde. Je ne les reverrai pas avant mon retour. Si je reviens! Il y en a tant qui ne reviennent jamais. Parfois, je rêve et je me dis que peut-être que monsieur le comte de Bougainville, s'il découvre de nouvelles terres, aura l'idée de les peupler comme il l'a fait en Nouvelle-France ou aux Malouines. Peut-être que cette fois, il réussira. Et s'il ne découvre aucune nouvelle terre, les Espagnols ou les Portugais lui permettront peut-être d'aider à la colonisation des pays qui leur appartiennent. Alors, je serais partant pour emmener toute ma famille avec lui. Mais, je sais que tout ça, ce n'est que de la rêverie.

— C'est peut-être que de la rêverie mais n'empêche que, pour le moment, tu es ici avec moi et qu'en France, ils sortent à peine de l'hiver. Regarde comme c'est beau. Ici, on dirait que les verts des feuilles semblent indélébiles. J'ai hâte de me promener dans tous ces verts. Ce n'est pas le temps de s'attrister. C'est la première fois que je descends de *L'Étoile*. Tu me montreras la ville.

— C'est vrai. Tu verras comme c'est différent de Rochefort, lui dit-il, alors que Jeanne se préparait à saisir l'échelle de corde et que Jossigny les rejoignait, lui aussi, prêt à passer sa première journée à terre.

— Alors, les jeunes, on se prépare à voir la ville. Moi aussi, comme Jean, je vais étrenner Montevideo. Tu connais des endroits intéressants, François ?

— Tout est prenant, monsieur. Vous avez apporté de quoi dessiner ? Vous verrez, vous ne saurez pas quoi choisir. Venez vite avant que d'autres prennent votre place dans la barque.

Dès qu'ils mirent le pied sur la terre ferme, l'abondance du bétail sur le quai impressionna Jeanne. Elle n'avait jamais vu autant de chevaux et de bœufs en liberté. Les goélands étaient si nombreux que la grève en était blanche. François leur expliqua que ces oiseaux nettoyaient la ville, qu'ils ne laissaient rien derrière eux et qu'une carcasse disparaissait vite ici. Les goélands et les chiens errants s'en occupaient. Jossigny et Jeanne marchèrent lentement, tous leurs sens en alerte, ne sachant où leur regard devait s'arrêter. Que choisir, pensa Jeanne, alors que tout est différent de ce que je connais.

Ce qui d'abord l'étonna et désarçonna ses repères, ce fut l'espace libre entre les maisons. En France, tout était entassé, il n'y avait pas d'espaces perdus. Ici, les maisons étaient éparpillées, ne se blottissaient pas l'une contre l'autre. Les habitations lui semblèrent former comme des parenthèses entre les espaces de verdure et les chemins. Les animaux y étaient aussi nombreux et libres que sur le quai. François était excité. Il était content de servir de guide. Il avait perdu de sa langueur. Il courait plus qu'il ne marchait. Il avançait rapidement, se retournait souvent pour vérifier si Jeanne et Jossigny le suivaient. Il salua même quelques hommes et semblait à l'aise dans ce monde où Jeanne et Jossigny avançaient un peu craintivement. En passant devant la maison des Jésuites, Jossigny demanda à s'arrêter.

— Juste quelques moments, François. Je déborde de commencements. Il y a trop de nouveaux pour moi. Laisse-moi me faire à tout ça. Ce pays ne ressemble à rien de ce que je connais. Tout est différent. Les oiseaux sont multicolores, les fleurs sont trop grandes et ont des couleurs que je n'ai jamais vues. Les arbres sont trop touffus, leurs feuilles semblent irréelles et les animaux et les gens sont trop à l'aise. J'en suis à me demander si je ne suis pas en plein rêve.

— Vous m'aviez dit que vous aimeriez vous promener en dehors de la ville. Je vais aller chercher des chevaux pour vous pendant que vous vous reposez.

— Ne les achète pas. Loue-les.

— Les chevaux ici, il y en a tant que personne ne les loue, lui répondit François en riant. On peut les prendre un peu partout et on les laisse quand on n'en a plus besoin.

Jeanne était émerveillée. Elle aussi avait l'impression de marcher dans un monde où elle se sentait plus somnambule que réveillée. Elle vit quelques cochons et plusieurs moutons qui broutaient dans la cour de la maison des Jésuites. Il n'y avait pas de clôtures. Tout semblait vivre dans une si grande liberté qu'elle comprit pourquoi François aurait tant aimé y habiter avec sa famille. Il devait être impossible de souffrir de la faim dans un endroit où les animaux étaient aussi nombreux et où les arbres fruitiers poussaient avec tant de générosité. C'est à croire que tout vivait de façon autonome, et que les humains n'avaient qu'à tendre la main pour se nourrir de fruits ou de viande.

— Mais comment font-ils pour reconnaître les bêtes qui leur appartiennent? demanda-t-elle à Jossigny.

— Regarde, il y a des bœufs qui sont marqués d'un R, ce doit être ceux qui appartiennent au roi ou au gouverneur. Il doit bien y avoir un système. Il n'y a ni attaches, ni bagues, ni écuries, ni clôtures.

— Tout est dispersé, s'exclama Jeanne. Même les maisons. On dirait qu'il n'y a aucun ordre, sauf les rues qui sont toutes en droites lignes, sans courbes ni surprises. Toutes les maisons n'ont qu'un étage. Elles sont toutes construites en briques qu'on dirait mal cuites. Et la ville est sans murailles. Elle est grande ouverte. C'est comme s'il n'y avait aucun danger, aucune attache, que tout était sans divergences. On dirait, qu'ici, il n'y a pas d'inégalités. Et pourtant, il doit bien y en avoir. Vous avez soupé avec les dignitaires de la ville, hier soir. Je ne comprends pas. Vous êtes capable de me l'expliquer?

— Il y a quand même la citadelle qui protège un peu la ville. Mais je suis un peu comme toi. Je ne comprends pas vraiment. Il y a trois Jésuites qui résident ici. Ils n'étaient pas sur *L'Étoile* hier. J'ai l'impression qu'ils pourraient nous aider à comprendre. Je crois que leur présence en Uruguay déplaît au gouverneur. Il semble y avoir des démêlés entre eux et le gouvernement espagnol. Ces Jésuites seraient peut-être en mesure de nous expliquer ce que nous ne comprenons pas. Hier, au repas, toutes les conversations étaient bien menées. Tout était policé. Je n'ai rien appris sur la façon dont les gens vivent ici. On se serait cru à la cour de France ou d'Espagne. Non, Jean, je ne peux pas t'en expliquer plus. Je suis un dessinateur, pas un philosophe.

— J'ai promis à monsieur Commerson de tout lui raconter lorsque je reviendrai sur *L'Étoile*. Je voudrais bien être en mesure de lui expliquer ce que j'ai vu.

— C'est impossible. Ne va pas croire que tu peux déchiffrer un pays aussi facilement. Comprendre n'est pas si commode. Alors, commençons par sillonner la ville. Si nous restons immobiles, tu n'auras pas beaucoup à raconter.

Jossigny et Jeanne se promenèrent un peu en attendant que François revienne avec des chevaux. Les gens qu'ils croisèrent ne s'occupèrent pas d'eux. Il n'y avait pas beaucoup d'Indiens. Ceux que Jeanne vit marchaient pieds nus et ils lui semblèrent être tous des esclaves ou des domestiques. Ils portaient une grande couverture rayée qui leur servait de manteau. Elle avait entendu dire que les Indiens qui vivaient aux abords de la ville causaient des ennuis aux Espagnols. On disait d'eux qu'ils étaient des voleurs de bétails. Pourtant, ceux qu'elle voyait n'avaient pas l'air si détestable. Lorsqu'elle en fit la remarque à Jossigny, il lui répondit que les Indiens qui vivaient à Montevideo n'étaient pas très heureux. En forêt, à l'intérieur du pays, loin de Montevideo ou de Buenos Aires, les Jésuites avaient créé des petits villages qu'ils appelaient des *réductions*. Les missionnaires tentaient, dans ces villages peuplés d'Indiens guaranis, de les protéger de la voracité espagnole. Ceux qu'ils voyaient à Montevideo échappaient à ce soutien des Jésuites.

— Ces Indiens de Montevideo sont soumis aux Espagnols, poursuivit Jossigny. Ceux qui volent les chevaux et le bétail ne vivent pas dans les villages protégés par les Jésuites. Ils vivent aux abords des villes espagnoles et se défendent en croyant reprendre leurs biens. Ils croient que les Espagnols leur ont volé leurs terres.

Jeanne s'imagina quelques instants ces Indiens des forêts. Elle aurait bien aimé les rencontrer. Ceux qu'elle voyait ici se contentaient de suivre avec obéissance et humilité les femmes et les enfants espagnols. Seuls, pensa Jeanne, ces Indiens dont elle n'arrivait pas à saisir le regard entachaient la sérénité dont la ville avait l'air de déborder. La plupart des femmes étaient vêtues d'un jupon bordé d'un galon de dentelles et d'une camisole avec des manches coupées dans des étoffes de toutes sortes. Certaines, plus riches, étaient habillées en taffetas et en velours. La plupart portaient sur la tête une mantille ou une résille. L'habillement des hommes ressemblait à celui des Français, sauf qu'ils arboraient des chapeaux à large rebord qui les protégeaient du soleil. Les enfants, tant les garçons que les filles, affichaient un bien-être qui fit sourire Jeanne.

— Les gens ont l'air satisfait, lui dit Jossigny.

— C'est vrai. À part les Indiens qui semblent en mauvaise santé. C'est à croire que les gens ne s'inquiètent de rien.

— Je ne sais pas. Ils semblent vivre au jour le jour, sans se tourmenter du lendemain. Ils paraissent heureux, mais tout cela n'est peut-être qu'un faux-semblant ou qu'une légèreté un peu bête. Hier soir, le gouverneur, monsieur de la Rosa, malgré son air avenant, ne semblait pas si insouciant. Et puis, je n'aime pas voir ces Indiens qui me semblent des esclaves soumis et malheureux. Tiens, regarde, voilà François qui revient avec les chevaux. Il avait bien raison, cela ne semble pas bien difficile de s'en procurer.

— Il a aussi raison de dire que la vie est plus aisée ici. Du moins en apparence. François doit penser que si les animaux n'ont pas d'attaches, il en est pareil pour les hommes. Se nourrir ici semble facile. Il s'inquiète toujours de sa famille restée en France. Il sait qu'elle a de la difficulté à se nourrir et cela le trouble. Il aurait aimé laisser plus d'argent à sa famille avant son départ, ajouta Jeanne alors que François, l'air réjoui, s'avançait vers eux.

— J'amène les chevaux, leur cria François, mais il paraît que nous ne devrions pas nous enfoncer dans les bois. Les Indiens sont dangereux. Ils n'aiment pas les gens comme nous.

— Alors, nous tournerons autour de la ville. Nous ne nous écarterons pas de la citadelle.

Ils s'éloignèrent peu de Montevideo. Ils admirèrent les champs et les prairies. La terre était grasse et noire. Tout semblait pousser sans beaucoup de soin. Jossigny s'arrêta quelque temps et dessina un plant d'ortie et un autre d'artichaut. Ils virent une autruche que François s'amusa à poursuivre. Ils s'attardèrent à suivre le vol des cailles, des perdrix, des cygnes et d'une multitude de canards qu'aucun des trois ne connaissait. Jeanne cueillit un peu de plantain. Elle prit aussi quelques feuilles d'arbres qu'elle était incapable d'identifier et les mit dans sa besace. Lorsqu'ils s'éloignèrent de la prairie et s'approchèrent de la forêt, la végétation lui parut si riche qu'elle eut quelques moments de découragement. Tout était à reconnaître. Comment arriveraient-ils à répertorier toutes ces plantes, ces fleurs et ces arbres qu'ils n'avaient jamais vus. C'était bien une cathédrale de végétation comme elle se l'était imaginé, mais une cathédrale composée de matières inconnues, une cathédrale si dense qu'il en était difficile de la pénétrer. Comment pourraient-ils décrire tout cela. Il faudrait, se dit-elle, se contenter d'une simple ébauche. Il y avait trop de merveilles à dépeindre. Tout n'était qu'enluminures impossibles à saisir. Cela l'attrista.

Lorsqu'ils revinrent à la baie de Montevideo, le soir approchait. Les mâts et les vergues de *L'Étoile* découpaient un horizon de mer et de ciel confondus. La flûte semblait aussi fragile qu'un verre de cristal, un verre abandonné sur une nappe où les rougeurs du couchant s'apparentaient à des ruissellements de vin répandu. Jeanne trouva cela beau. Rien ne venait briser le jeu des mâts. Ils se découpaient propres et nets avec, comme seule toile de fond, l'immensité de l'Atlantique. Elle aperçut quelques loups-marins qui dormaient sur des rochers. Jossigny voulut les dessiner.

— En mer, ils étaient difficiles à voir, presque impossibles à saisir, même du regard. Ils sont si vifs, si joyeux, que je ne suis pas encore arrivé à bien les dessiner.

Ils s'assirent sur le quai et virent l'abbé Buet sortir d'un café. Il semblait ivre. Ivre et malheureux, estima Jeanne. Elle ressentit un peu de compassion pour l'aumônier. Cet homme était presque toujours seul, ou bien avec l'écrivain Michau. Il n'avait lié amitié avec personne d'autres.

L'abbé s'assit lui aussi sur le quai, ne sembla pas remarquer leur présence. Il marmonnait seul comme un homme en mal de compagnie et qui divague pour combler sa solitude.

Jeanne n'avait pas tort. L'abbé était malheureux. Il ne s'était jamais senti à sa place sur *L'Étoile*, ne partageait aucunement les idées de l'expédition. Il se voulait d'abord homme de Dieu. Il n'aimait pas devoir vivre avec ces hommes de sciences qui cherchaient à tout comprendre, comme si le destin que Dieu avait donné aux humains était compréhensible. C'étaient, était-il convaincu, des hommes de peu de foi qui tentaient de comprendre ce qui ne devait pas l'être. Oui, Michau avait raison. « Ce sont des chercheurs, dit l'aumônier à haute voix, des philosophes qui glorifient la raison au détriment de la foi. Tous ceux qu'admirent Bougainville et ses amis ne sont pas de véritables écrivains. Un véritable écrivain n'est pas un mécréant. L'écriture doit glorifier Dieu. C'est là son premier devoir. Alembert est un mathématicien; Montesquieu, un scientifique et un soi-disant moraliste, Diderot est un administrateur qui passe plus de temps à gérer l'encyclopédie qu'à écrire. »

Oui, Michau ne se trompait pas. Tous ces hommes confondaient l'obscurité de la raison avec les lumières de la foi. Voltaire surtout l'effrayait et les idées de Rousseau lui semblaient aussi factices que mensongères. Si son ami Michau tenait à développer l'art de la belle écriture, de la belle conversation, lui, voulait d'abord plaire à Dieu. « Il n'y a plus de poésie, il n'y a plus de véritable foi », se dit-il, en regardant *L'Étoile* qui le retenait depuis trois mois prisonnier, prisonnier avec des gens dont il n'appréciait pas la présence. Comme son ami écrivain, il considérait que seuls les auteurs du siècle précédent étaient admirables. C'est avec Pascal, La Rochefoucauld ou La Fontaine qu'ils auraient aimé voyager. Eux étaient de véritables hommes de lettres. Michau avait raison lorsqu'il lui avait affirmé que c'est à la manière de ces auteurs qu'il aurait aimé écrire ses impressions de voyage. S'il n'avait pas encore écrit, lui avait-il confié, c'est qu'il n'avait rien eu à admirer, rien d'estimable à raconter. Lorsqu'il voyait Vivès ou Commerson occupés à écrire dans leur cahier, il se disait qu'ils n'écrivaient que des fadaises qui ne serviraient jamais à rien puisque leurs écritures n'aideraient jamais aucune âme à se rapprocher de Dieu. Du temps perdu, s'exclama-t-il, en se retournant vers la ville. Il vit alors l'assistant de Commerson assis, comme lui, sur le quai. Il était avec le dessinateur et l'un des mousses de l'équipage. Il grimaça de dépit. Il n'aimait pas Commerson et encore moins son valet. Il se rappela que Voltaire avait demandé à Philibert Commerson d'être son secrétaire. Juste à cette idée, il se détourna d'eux, sortit un flacon d'alcool de sa soutane et en but quelques gorgées pour tenter d'éloigner de lui les démons avec lesquels il était obligé de voyager.

6

Ils passèrent plusieurs semaines en rade. Guérie, la jambe de Commerson ne l'empêcha plus de se rendre à terre. Le naturaliste fut pris d'une véritable frénésie. Il ramassait coquillages, insectes, plantes et graines en si grand nombre que le soir venu, lorsque Jeanne et lui avaient à classer ses trouvailles et à mettre en ordre ses herbiers, ils se retrouvaient dépassés par la quantité et la qualité de leurs découvertes. Ils travaillaient souvent tard dans la nuit. Commerson était si enthousiaste que Jeanne besognait sans compter son temps, sans même dormir. Elle aidait Commerson à analyser, à classer afin de préserver leurs cueillettes du jour. La cabine était si encombrée de pots, de poissons séchés, d'oiseaux vidés, de feuilles et de fleurs disposées à plat sur des planches que Jeanne avait l'impression d'être revenue sur l'entrepont tant l'espace qui leur restait pour vivre s'était peu à peu réduit.

Commerson, accompagné de l'astronome Véron, fit plusieurs excursions dans les plaines et sur les montagnes entourant Montevideo. Elle herborisa avec eux. Elle marcha souvent pendant plusieurs lieues transportant fusils, carnassières, provisions de bouche, cahiers et pots. Elle s'occupait aussi des papiers et plumes nécessaires aux recherches. À cause de la présence de Véron, elle se fit discrète et déférente. Elle osait à peine signaler ce qui lui semblait intéressant. Les deux hommes marchaient souvent devant elle, discutant de ce qu'ils découvraient, s'arrêtant devant quelques végétaux, ce qui permettait alors à Jeanne de les rejoindre. Ils ne se retournaient que rarement, sinon pour s'assurer qu'elle les suivait. Véron était fasciné par ce qu'il apprenait de Commerson. Il en avait perdu son air tristounet. Il affirma même d'un ton joyeux que ce qui vivait sur terre était, en fait, aussi fascinant que ce qui éclairait le ciel. Il posait souvent des questions auxquelles Jeanne aurait pu facilement répondre. Parce que Véron était avec eux, Jeanne n'était plus une assistante. Elle n'était qu'un valet. Pourtant, elle aima l'intérêt que l'astronome accordait à cette nature. Si elle se sentait à l'écart, elle appréciait le monde végétal qu'elle découvrait. Tout était grandiose, majestueux. Comme Commerson, elle était déroutée par tout ce qu'elle apercevait. Lorsqu'ils prenaient la peine de s'arrêter pour soulever feuilles et tiges, lorsqu'ils déterraient délicatement les racines d'une plante, qu'ils se penchaient attentifs sur la corolle d'une fleur ou qu'ils en détachaient quelques graines, elle se sentait vivre comme jamais elle n'avait pensé pouvoir le faire. Comme Véron prenait toute l'attention de son maître, elle pouvait regarder à son rythme ces beautés étranges et inconnues. Elle eut parfois l'impression, tant elle était concentrée et recueillie, de prier.

Lorsque Commerson avait besoin d'un pot, d'une feuille ou d'un couteau, elle s'approchait, lui donnait l'objet et écoutait son maître expliquer à l'astronome ce qu'il était en train de faire. Même si elle était chargée comme un âne et devait suivre le rythme des deux hommes, Jeanne savourait chaque instant de ces expéditions. Une phrase de son maître l'avait particulièrement marquée. Commerson avait expliqué une idée de Montaigne voulant que tous les efforts des humains ne pourraient jamais représenter avec justesse le moindre nid d'oiseau comme ils ne pourraient décrire et vraiment comprendre la tissure de la plus petite araignée. Commerson ne lui enseignait pas simplement à herboriser mais, beaucoup plus important, elle prenait, à le suivre pas à pas, des leçons d'humilité.

Le monde, pressentait-elle maintenant, était tellement plus grand qu'elle. Même le plus petit coquillage ou les insignifiants sucets ou rémoras qui se collaient aux requins ou à la coque de *L'Étoile* témoignaient d'un monde infini qu'elle toucherait à peine. Elle avait beau être à l'autre bout de son monde, elle n'en découvrait que la petitesse de son entendement. La plus petite parcelle de vie était aussi complexe que l'infini du ciel. Ce monde qui la dépassait ne l'incommodait pourtant pas. Si elle avait l'impression de se promener dans un univers beaucoup plus grand qu'elle, elle mesurait aussi le bonheur de pouvoir effleurer ces mondes inconnus. Le soir, fatiguée, ayant peine à marcher, encore plus encombrée qu'au départ par toutes les trouvailles ramenées, ses yeux étaient si lumineux que Jossigny avait demandé à Commerson la permission de faire son portrait. Commerson lui avait demandé d'attendre qu'ils soient en mer. Son valet aurait alors le temps de s'asseoir et de rester immobile. Jossigny en fut désolé. Il craignait que cette lumière s'éteigne lorsque *L'Étoile* naviguerait, toutes voiles dehors.

Lorsque les mâtures et la voie d'eau furent réparées et qu'on décida de remonter jusqu'à Rio de Janeiro pour attendre Bougainville, Jeanne en fut contrariée. Elle savait pourtant que d'autres merveilles l'attendaient. Ce n'était pas tant de quitter Montevideo qui lui déplaisait comme la vie sur le bateau qui l'embarrassait. Être en mer avec tous les hommes, subir de nouveau les sarcasmes de Michau et de Buet, vivre dans une telle proximité avec des hommes dont elle devait se méfier l'incommodaient. Lorsqu'elle partait herboriser, elle goûtait une paix qu'elle n'arrivait pas à retrouver lorsqu'ils étaient en mer. Elle devrait surveiller tous ses gestes, paraître un « il » pour tous les membres de l'équipage. Sa situation, de plus, s'était compliquée. La veille, François lui avait raconté que les hommes s'imaginaient que son maître et lui avaient des rapports contre nature.

— Des hommes ont entendu des gémissements venant de la cabine lui dit-il, un peu gêné. Ils se posent des questions. Je sais bien, Jean, que tu n'as rien à te reprocher. Tu es mon ami, mais les hommes causent. Ce qu'on dit sur toi et ton maître me fait de la peine. Il faudrait faire attention. On se moque de vous. On dit que Commerson profite de toi, que tu es bien doux et bien prévenant avec lui, que d'habitude, ce n'est pas ainsi qu'un serviteur agit avec son maître.

Jeanne regarda François avec respect. Il était vraiment son ami puisqu'il avait le courage de la prévenir des racontars. Elle eut envie de le prendre dans ses bras pour le remercier. Ce qu'il venait de lui dire ne l'étonnait pas. Elle s'y attendait. Elle aussi avait saisi des regards qui n'étaient pas vraiment francs, des chuchotements qui s'éteignaient lorsqu'elle s'approchait. Que François, l'air penaud et presque tourmenté, ait eu le courage de l'en informer augmenta l'amitié qu'elle avait pour lui.

— Je ne veux pas te perdre comme ami. Je ne veux pas que tu sois fâché contre moi, lui dit-il en regardant le sol.

— Ne te fais pas de souci, François. Tu es vraiment mon ami. Tu viens de me le prouver. Si je suis si près de Commerson, c'est que c'est lui qui m'a tout appris. Au début, lorsqu'il m'a engagée, je n'étais que le serviteur d'un veuf. Je devais l'aider à s'occuper de son fils, à garder la maison propre et à les nourrir. Je n'étais qu'un serviteur, un valet. C'est peu à peu, lorsqu'il a deviné l'intérêt que je portais à son travail, qu'il s'est intéressé à moi. Il m'a encouragée à lui poser des questions. Il y répondait toujours avec bonté. Et comme j'apprenais vite, il m'a appris à mieux lire et à bien écrire. Monsieur Commerson, c'est comme un père pour moi. Il faudrait le dire aux autres. Avant de le rencontrer, j'étais dans l'ignorance. Je croyais encore que le monde était habité par des monstres et des démons responsables des maladies, des malheurs des humains, des tremblements de terres ou des inondations. Je priais Dieu pour qu'il pleuve ou pour que la terre s'assèche au printemps. Explique aux autres ce qu'il m'a appris. Peut-être comprendront-ils pourquoi je suis bon avec lui, meilleur qu'un serviteur ordinaire.

— Et pour les gémissements ?

— Ils ont entendu des plaintes, pas des gémissements. Commerson a souffert. Du mal de mer, de sa jambe. N'oublie pas qu'il a chauffé une lame à blanc pour brûler la plaie de sa jambe. Ils ont confondu gémissements de plaisir et plaintes de douleur. Dis-le-leur.

— Ce n'est pas ce que l'aumônier a dit. Il prétend que vous vivez dans le péché, que vous n'êtes que des fornicateurs. Je n'aime pas ça quand il parle de toi comme ça. Je ne veux pas que tu sois un fornicateur. J'ai de la peine lorsque j'entends les matelots parler de vous comme cela. C'est surtout l'abbé Buet qui prétend que vous vivez dans le péché.

— Je ne vis pas dans le péché, François. Crois-moi. L'abbé n'est pas un bon chrétien. Il n'a aucune tolérance. Il croit avoir la vérité, la seule, la vraie. Commerson m'a appris qu'il n'y a jamais qu'une vérité. Ceux qui croient posséder la vérité sont le plus souvent dans une grande ignorance. Une seule vérité empêche de bien voir. La vérité de l'abbé n'est pas absolue. Tout est beaucoup plus compliqué. La vérité, c'est un peu comme la jungle. Elle a mille racines, mille tiges, mille feuillages. Mille graines aussi. Fais-moi confiance. Ne te fie pas à l'abbé. Et essaie d'expliquer aux autres pourquoi je suis si avenant envers mon maître.

— Ton maître ne sait pas se faire aimer des hommes de *L'Étoile*. Il est dur avec eux. Il a mauvais caractère et il ne tolère aucune faiblesse. On ne l'aime pas beaucoup et, du coup, même si on t'aime bien, on se pose des questions sur toi.

— Commerson a mauvais caractère, c'est vrai, mais il n'est pas méchant. C'est un enthousiaste impatient. Il ne sait pas attendre.

— Il est méfiant aussi.

— Comment ne le serait-il pas avec ce que tu viens de m'apprendre. Moi aussi, je commence à me méfier.

— Les hommes t'aiment bien, je te l'ai dit. Ils ont plutôt pitié de toi. Tout le monde dit que tu as du cœur à l'ouvrage et que Commerson abuse de toi.

— Ils ne devraient pas. Dis-leur que je suis loin de mériter leur pitié. Essaie de calmer leurs soupçons. Seule, je n'y arriverai pas. Et surtout, je te remercie de ce que tu viens de m'apprendre. Maintenant, je ferai plus attention. Et ne t'inquiète pas, tu as eu raison de m'en parler. C'est la preuve que tu es vraiment mon ami.

Les propos de François bouleversèrent Jeanne. Comme si *L'Étoile* s'était métamorphosée en une souricière où, à tout moment, elle risquait d'être prise au piège. Elle craignit que le bateau ne devienne une prison, un monde en miniature où toutes les faiblesses et les veuleries seraient exacerbées par la proximité dans laquelle ils vivaient. Elle voulut se convaincre que la plupart des hommes d'équipage étaient valeureux et bons. Mais que deviendraient ce courage et cette générosité lorsque les hommes auraient à vivre entassés les uns sur les autres, lorsqu'ils auraient à subir des tempêtes qui les détourneraient de leur route ou qu'ils vivraient des journées de langueur où le bateau resterait encalminé et qu'aucune voile ne claquerait au vent. Comment les hommes se comporteraient-ils alors avec ce jeune garçon que Buet affirmait vicieux et corrompu? Jeanne savait que l'aumônier n'était pas aimé, mais elle était loin d'être certaine que les hommes du bateau feraient front contre lui pour protéger le valet de Commerson.

Voilà plusieurs mois qu'ils avaient quitté Rochefort. Pourtant, ils n'avaient pas encore rejoint Bougainville et n'étaient qu'au début de leur voyage autour du monde. Jusqu'à maintenant, elle avait réussi à faire bonne figure, mais l'aumônier devenait une véritable menace. Elle n'arrivait plus à saisir toute la portée de ce qui lui arrivait. Lorsqu'ils seraient en mer, elle ne pourrait plus s'éloigner du regard des hommes, du regard qu'elle s'imagina maintenant chargé d'ambigüités. Elle n'osait en parler à Commerson. Elle craignait trop, qu'offusqué, il l'oblige à quitter sa cabine et à dormir sur l'entrepont avec les autres. Elle le redoutait plus que tout. Elle pensa parler à Jossigny. Il devait être au courant des rumeurs qui circulaient. Si Commerson lui avait permis de poser pour le dessinateur, cela lui aurait donné la possibilité d'aborder plus facilement le sujet. Elle avait confiance en Jossigny, mais elle savait qu'elle n'en aurait pas le courage. Elle était trop craintive.

Ce soir-là, un orage terrible frappa Montevideo. Même en rade, *L'Étoile* fut secouée par un vent si violent qu'on craignit pour les mâtures. Prêt à quitter Montevideo, *L'Étoile* avait déjà déployé ses voilures. Pendant près de huit heures, le tonnerre et le vent orchestrèrent un tumulte abominable, une symphonie cacophonique qui dépassait ce que l'oreille humaine peut supporter. Les éclairs étaient si nombreux qu'ils perçaient l'obscurité et éclairaient Montevideo comme en plein jour. C'était un spectacle fascinant. Commerson, nullement effrayé, au début de l'orage, lui dit qu'il n'avait jamais vu une tempête si grandiose. Presque tous les hommes, tant les scientifiques que les membres de l'équipage travaillèrent à replier les voiles, à solidifier les vergues et les haubans, à carguer les huniers, à arrimer plus solidement la cargaison, à attacher les bêtes qui risquaient de périr. Les vagues de plus en plus grosses déferlaient sur le pont et menaçaient tout ce qui était mal arrimé. Le navire, même à l'ancre, gîta. Ils besognèrent sous une pluie si forte qu'elle martelait leur visage et les aveuglait. Ils confrontèrent le vent qui, pris de furie, menaçait de tout briser, de tout fendre. Le vent s'était déchaîné, s'était muté en une bête féroce contre laquelle il fallait protéger le bateau. Les hommes avaient peine à garder leur équilibre, marchaient difficilement, se criaient des ordres qui se perdaient dans le tumulte du vent et du tonnerre, dans les rugissements des bêtes qui, prises de frayeur, meuglaient presque aussi fort que les bourrasques de vent et les fracas du tonnerre. On criait, on ne s'entendait plus.

Pourtant, malgré la rage de la tempête, ou peut-être à cause d'elle, une sorte de ballet parfaitement orchestré se déploya. Un ballet d'hommes en mode de survie, un ballet de survivance où l'équipage était parvenu à une harmonie de gestes qui dépassait l'entendement. Sous l'orage, les hommes se concentrèrent, se respectèrent, travaillèrent de concert. Il n'y avait plus de dissemblances ou de brouilles. Il n'y avait plus aucune divergence. Ils étaient tous unis dans un même combat: protéger *L'Étoile*, sauver leur vie. Jeanne était avec eux.

Comment un tel orage pouvait-il garder sa force pendant de si longues heures? *L'Étoile* n'était plus qu'un petit caisson balloté sur son ancre, une minuscule cassette qu'il fallait protéger d'un ogre en furie qui voulait l'avaler. Sous la force du vent et de la pluie, voyant à peine devant elle, Jeanne oublia ses appréhensions. Elle travailla avec les hommes, se perçut comme un homme et en fut fière. Lorsque la tempête laissa *L'Étoile* vacillante sur une mer épuisée, Jeanne se promit de ne plus douter de sa force. Elle avait travaillé avec les hommes et même si Buet répandait des médisances sur son compte, elle saurait par la force de son travail les effacer dans la tête des marins de l'expédition. C'était cela, espéra-t-elle, le plus important.

Lorsque de La Giraudais, aussi épuisé que ses hommes, les réunit sur le pont pour évaluer le nombre de disparus, il eut le contentement de n'en avoir perdu aucun. Tous étaient là, trempés jusqu'aux os, tous avaient l'énergie en loques, le visage affaissé, les mains en sang, le regard hagard et les vêtements déchirés, mais aucun ne s'était noyé, aucun n'était mort. Jeanne observa Jossigny et Véron qui, appuyés l'un sur l'autre pour ne pas s'effondrer, souriaient avec peine. Même l'aumônier et l'écrivain avaient perdu de leur dignité et s'efforçaient de paraître fort alors qu'ils avaient, comme tous les autres, été au bout de leur force. Si au début de l'orage, Buet avait voulu prier pour protéger le navire, les hommes l'avaient forcé à les assister. Il prierait plus tard, lui avaient-ils crié, pour qu'il les aide à filer les écoutes et à ramener les vergues.

Après l'orage, Commerson ne s'attarda pas sur le pont. Il s'était précipité vers sa cabine. Il devait s'inquiéter. Combien de ses spécimens l'orage avait-il abîmés ? Jeanne ne le rejoignit pas. Elle avait bien pensé quelques instants descendre dans l'entrepont pour vérifier si la chatte avait résisté à la tempête, mais elle s'en était abstenue. Elle tenait à rester avec les hommes, à partager leur épuisement, leur gaieté tout en fatigue, leur satisfaction d'avoir pu protéger leur bateau. Pour l'une des premières fois, elle se sentit l'une d'eux, partie intégrante de ce monde interne, de cet engrenage humain qui fait que des voiles toute en fragilité réussissent à traverser des mers et à explorer le monde. Lorsque de La Giraudais fit circuler des bouteilles d'eau-de-vie et que les marins burent à grandes gorgées, Jeanne fit comme eux. Elle avala l'alcool à grandes coulées, s'essuya la bouche avec le dos de sa main et ne se sentit plus qu'une partie d'un organisme vivant dont elle était fière de faire partie. Elle oublia Buet et ses rumeurs, rit avec les autres, partagea avec eux des moments où, las et épuisés, ils ne faisaient encore plus qu'un.

Jeanne se rappela la cérémonie de la traversée de la ligne de l'Équateur et estima que ce n'était pas cette traversée qui l'avait baptisée marin des grandes mers, mais cet orage qu'elle avait combattu avec les hommes d'équipage. Ce soir-là, après qu'elle eut retrouvé sa chatte, l'eut remontée avec elle dans la cabine et qu'elle s'étendit dans le hamac, elle n'eut pas l'impression d'être emprisonnée dans une espèce de souricière. Elle n'était pas une petite souris. La chatte le savait bien, sinon, elle ne dormirait pas avec elle. La chatte, se dit-elle, la détournerait des mauvais pièges. Non, elle n'était pas en danger. Elle était sur *L'Étoile*, une flûte qu'elle avait aidé à protéger des forces célestes.

7

L'Étoile ne fut pas vraiment endommagée par l'orage. Quelques bêtes moururent, mais comme ils étaient encore en rade, il leur fut facile de refaire leurs provisions d'animaux vivants. Quelques réparations aux vergues et la nécessité de calfeutrer deux coutures par un filin et des étoupes avaient suffi. Il n'en était pas ainsi pour les deux frégates espagnoles qui, venant des Malouines, avaient accosté la veille à Montevideo. Les deux bateaux avaient subi beaucoup plus de dommages. Des Acadiens, qui avaient dû quitter les Malouines après que Bougainville eut remis les îles au gouvernement espagnol, étaient à leur bord. Les marins de *L'Étoile* avaient décidé de les aider. Ils avaient eu pitié de ces Acadiens qui avaient fui leur pays après la défaite française parce qu'ils avaient refusé de vivre sous la domination anglaise. Jeanne avait regardé ces hommes, ces femmes et ces enfants avec tristesse. Elle plaignait leur destin. Ils avaient tenté de construire un nouveau pays en terre d'Amérique, l'avaient perdu et s'étaient fiés au comte de Bougainville qui les avait installés aux Malouines, pour, quelques années plus tard, y être chassés. Ils se retrouvaient maintenant sur des frégates espagnoles, encore errants, ne sachant pas s'ils pourraient s'enraciner un jour. Des orphelins de la mer, des orphelins de la guerre. Presque tous les hommes de *L'Étoile*, sans le dire à haute voix, s'étaient apitoyés sur le sort de ces familles qui louvoyaient d'un lieu à l'autre comme si nulle terre ne pouvait les souffrir. De La Giraudais apprit par eux que le comte de

Bougainville quitterait les Malouines au début juin. *L'Étoile* devait se préparer au départ. Ils se rejoindraient à Rio de Janeiro.

Le 29 mai 1767, presque à l'aurore, par un petit vent du nord-ouest, *L'Étoile* quitta la rade de Montevideo en direction de Rio de Janeiro. Comme l'avait craint de La Giraudais, huit hommes avaient déserté. Jeanne s'attarda à regarder la ville rapetisser, disparaître peu à peu. Elle songea à ces hommes qui avaient préféré se cacher dans les bois plutôt que de continuer le voyage avec eux. Elle pensa encore aux Acadiens encore en rade et leur souhaita de trouver une terre qui saurait les accueillir sans que des guerres ne viennent les empêcher de s'enraciner. Elle ne savait pas si elle reverrait cette ville d'Uruguay, même si, selon le capitaine, il était fort possible que la baie de Montevideo ou la ville de Buenos Aires, située plus en amont de la rio de la Plata, soit le lieu de leur hivernage. Tout cela dépendrait de la façon dont les Portugais accueilleraient les Français de *L'Étoile* et de *La Boudeuse.*

La sérénité que Jeanne avait ressentie après l'orage ne dura pas. Pour ne pas gonfler les rumeurs, elle évita de se faire trop voir. Pendant les premiers jours du voyage, elle travailla avec Commerson dans sa cabine. Il tentait de sécher des poissons que les marins lui apportaient pour ensuite en détacher la peau qu'il collait sur des feuilles. C'était, disait-il, ses poissons en herbier. Que des peaux de poissons soient étalées en herbier surprenait Jeanne et Jossigny, mais Commerson semblait si enthousiaste qu'ils n'avaient pas osé lui faire part de leur scepticisme. Commerson prenait énormément de notes, dessinait certains poissons et demandait à Jossigny de dessiner les spécimens qu'il trouvait les plus remarquables. Tous ces spécimens desséchés, vidés de leurs entrailles se retrouvaient parmi les plantes et les graines que Jeanne avait à répertorier. La cabine était devenue un immense placard où des caisses côtoyaient des piles de feuilles et des monticules de pots qui, sous le roulis du bateau, menaçaient continuellement, même amarrés, de s'écrouler. Depuis leur départ, le vent avait grossi, changeait souvent de direction et même si *L'Étoile* avançait toutes voiles dehors, le travail sur les mâtures accaparait l'attention de tout l'équipage. Jeanne, le plus souvent dans la cabine, manquait d'air et souffrit vraiment pour la première fois du mal de mer. L'odeur nauséabonde qui s'échappait de tous les cadavres auxquels Commerson s'intéressait mettait le cœur de Jeanne continuellement au bord de la nausée. Son travail s'en trouvait ralenti. Elle avait moins le cœur à l'ouvrage. Jossigny, en constatant la faiblesse du jeune serviteur, avait réitéré sa demande à Commerson. Il voulait peindre le jeune homme. Ce serait, lui avait-il dit, le moment idéal.

— Jean est trop malade pour bien vous aider. J'aimerais dessiner quelques marins. Ce serait une façon de témoigner de la vie à bord. Votre valet m'intéresse. Il a un visage particulier.

Commerson avait refusé. Il était débordé de travail et son valet n'avait pas été engagé pour rester assis, immobile, à se faire peindre. Il se remettrait vite en forme. Lui-même en était la preuve vivante. Il avait souffert de nausée pendant toute la traversée de l'Atlantique et il n'éprouvait maintenant, même par fortes mers, aucun malaise. Il en serait pareil pour son serviteur. Il ne fallait surtout pas qu'on lui permette de s'apitoyer sur son sort.

Jeanne n'était pourtant pas bien solide. Si elle avait souvent le cœur au bord des lèvres, il était aussi en bordure de la peur. D'une peur qu'elle combattait, qui voulait la paralyser et la forcer à se terrer. Elle savait que les rumeurs qui couraient sur sa relation avec son maître étaient loin de s'apaiser. L'abbé Buet, un soir où elle mangeait avec l'équipage, l'avait semoncée devant les autres hommes. Il avait affirmé que Jean Barré n'était au service que des bas instincts de Commerson. Il devrait avoir honte, avait-il bramé, et devrait cacher son visage sans barbe où ses taches de son ne dissimulaient pas son vice. Son inconduite, ou plutôt la bassesse de ses instincts dégoulinaient de tous ses gestes, de toutes ses attitudes. Jeanne, mal à l'aise, le cœur battant, s'était mise à trembler et avait, malgré tout, tenté de se défendre et d'expliquer que l'aumônier faisait erreur, qu'il n'était qu'un valet et rien de plus. Il y avait alors un peu de larmes dans sa voix.

— Si je suis attentionné pour monsieur Commerson, c'est qu'il est bon pour moi. Il n'y a pas de mal à aimer son maître. Vous n'avez pas le droit de me juger. Il n'y a pas de mal entre monsieur Commerson et moi. Je ne suis pas ce que vous prétendez. Vous vous trompez. Si je n'ai pas encore de barbe au menton, c'est que c'est Dieu qui m'a fait ainsi.

Je ne peux rien y faire. Vous ne pouvez pas me reprocher ce que Dieu a décidé pour moi.

Aucun homme n'avait défendu Jean Barré. Jossigny était absent et François avait baissé les yeux, sans oser regarder son ami. Seul, Véron qui, en se rendant dans sa cabine du gaillard d'arrière, avait entendu les propos de l'abbé avait pris la peine de s'arrêter. D'un ton tranchant, il avait prié l'aumônier de cesser de harceler le jeune garçon.

— Il a plus de cœur au ventre que vous, l'abbé, et si votre foi était aussi grande que son courage, vous n'oseriez même pas supposer quoi que ce soit à son sujet. Vous devriez vous taire ou aller prier. Dieu vous en serait plus reconnaissant. Vous seriez un meilleur représentant de son nom. Ne croyez-vous pas?

L'abbé Buet s'était tu. Michau, assis près de lui, avait ricané. Les autres hommes, mal à l'aise, avaient baissé la tête et avaient scruté leur écuelle comme si l'univers entier y était inscrit. On avait évité de regarder Jean, comme s'il n'était plus avec eux, comme si les paroles de l'abbé avaient effacé sa présence. Ils avaient continué à manger, mais les rires s'étaient effacés et avaient été remplacés par un silence chargé d'embarras. François l'avait attendu à la fin du repas et lui avait dit qu'il fallait qu'il quitte la cabine de Commerson et vienne s'installer avec le reste des serviteurs sous le gaillard d'avant.

— C'est le seul moyen de faire taire l'aumônier. Il ne te laissera jamais tranquille. Il n'arrête pas de dire que tu es un objet de scandale. Il le faut, Jean, tu n'as pas le choix. Et dormir sous le gaillard d'avant est plus commode que dans l'entrepont avec les bêtes. Tu y serais mieux qu'au départ de Rochefort. Et puis, n'oublie pas que ton travail t'oblige à passer beaucoup de temps dans la cabine de monsieur Commerson. Tu pourrais y rester autant que tu voudrais, mais n'y dors plus. Tu n'as pas le choix, Jean.

Jeanne refusait, même une seconde, de songer qu'elle devrait bientôt dormir avec les matelots. Malgré ses nausées, elle tenta pendant quelques jours de travailler encore plus fort et ne ménagea aucun effort pour se faire respecter des hommes d'équipage. Elle savait pourtant que tous ses efforts n'effaceraient pas les ambigüités. Elle le constatait à toutes les secondes, juste à la façon dont les hommes agissaient avec elle. Jeanne avait compris que ce n'est pas travailler comme une bête de somme qui ferait taire les rumeurs. Elle en vint à croire qu'elle préférait qu'on s'imagine que Commerson et son valet aient des rapports coupables plutôt qu'on découvre qu'elle était, en fait, une femme, une femme hors-la-loi sur un bateau du roi. Elle avait alors décidé d'être le moins visible possible. Elle avait beau rester le plus souvent à l'intérieur de la cabine, tentant ainsi de se faire oublier, elle savait que bientôt elle n'aurait plus le choix. Elle devrait dormir avec les hommes de l'équipage. Cette perspective la terrorisait. Elle ne pourrait survivre à une telle proximité. Il y aurait d'abord tous les soins d'hygiène qui seraient compliqués et laborieux, quasi impossibles à effectuer sans se faire découvrir. Elle craignait par-dessus tout la réaction des hommes qui croyaient qu'elle avait eu des rapports intimes avec Commerson. Privés de femmes pendant les semaines en mer, ils tenteraient sûrement de frayer avec ce jeune valet qui semblait si avenant avec son maître. Jeanne ne voulait pas quitter la cabine de Commerson. Il en allait de sa survie. Et elle ne pourrait l'éviter.

Sur la mer, en route pour Rio de Janeiro, Jeanne avait peur, souffrait du mal de mer et ses seins bandés n'étaient plus qu'un amoncèlement de dartres que les crèmes n'arrivaient pas à soigner. Les dartres de ses seins étaient, songea-t-elle, aussi difficiles à effacer que les médisances de Buet.

8

L'*Étoile*, tout au long de sa route vers Rio de Janeiro, longea la côte. Les vents étaient souvent contraires ou capricieux. Jeanne ne fut pas obligée de quitter la cabine de Commerson. Elle était trop malade. Brûlante de fièvre, c'est à peine si elle eut conscience des jours de mer qui la rapprochaient de sa rencontre avec le comte de Bougainville. Commerson travailla seul à vider poissons et oiseaux et à en retirer les peaux. Jeanne dans son hamac était incommodée par les odeurs de chair avariée qui flottaient tout autour d'elle. Elle eut l'impression de stagner, telle une sardine, dans de l'huile rance qui lui levait le cœur. Elle vomissait souvent et Commerson l'obligeait, quelques minutes par jour, à faire quelques pas sur le pont pour respirer un peu l'air du large. L'équipage, lorsqu'il voyait le jeune serviteur, appuyé sur le bras de son maître, avancer en titubant, ne savait plus comment se comporter. Fallait-il l'aider ? Lui proposer de l'aide ? Lorsque Jeanne, affaiblie et pâle, se courbait contre la lisse du bateau pour rejeter dans la mer quelques filets de bile, nul marin ne pensait plus aux propos malveillants de Buet. Tous prenaient en pitié ce jeune garçon qui avait peine à lever les yeux et qu'ils avaient connu si vaillant. François, un matin où Jeanne s'était presque évanouie, avait demandé à Philibert Commerson la permission de s'occuper de son valet.

— Vous pourriez travailler dans votre cabine. Rester enfermé des journées entières n'est pas bon pour lui. Le vent est bon aujourd'hui. Je vais l'installer près des haubans et je le surveillerai tout en travaillant. Les autres hommes aussi vont aider votre valet. Retournez travailler, monsieur, et je vous ramène votre serviteur en meilleure forme.

Commerson en fut soulagé. Il retourna dans sa cabine où les hoquets de vomissures de Jeanne ne le distrairaient plus de ses poissons. François installa une couchette de fortune à son ami. Jeanne respira plus à l'aise. À peine consciente, elle entendait le bruit des marins qui serraient les voiles pour naviguer le plus près du lit des vents. Elle laissa son visage recevoir cet air que les hommes tentaient de domestiquer et qui lui faisait tant de bien. Elle passa la journée affaissée, s'assoyant parfois pour regarder les hommes travailler, se recouchant lorsque le roulis du bateau l'indisposait et qu'elle voulait éviter tout mouvement superflu. Pourtant, elle ne vomit presque pas, sentit ses forces revenir peu à peu. Jossigny vint la voir et lui donna un bol de bouillon chaud.

— Il faut le boire. À petites gorgées. Il faut le garder. Moi, je veux te dessiner, jeune homme, mais ce n'est pas dans cet état que je voulais le faire. Je voulais te dessiner heureux, comme lorsque tu revenais de tes expéditions dans les forêts de Montevideo.

— L'air frais me fait du bien. Je n'ai presque pas vomi.

— Tu n'as plus rien à vomir. Depuis des jours que tu vomis et que tu ne gardes rien. Ce bouillon, je veux que tu le gardes. Je te défends de le remettre.

Jeanne sourit à Jossigny. Il s'assit près d'elle et prit quelques secondes avant de se décider à sortir de sa poche un crayon et une feuille et à y tracer quelques lignes.

— Les nausées, les maladies, ça fait aussi partie du voyage. Personne n'a encore souffert du scorbut. C'est déjà bien, mais la maladie fait toujours partie des voyages. Si tu me le permets, je vais tenter de dessiner à quoi ça ressemble un jeune malade en mer.

Jeanne ne répondit pas. Elle avait fermé les yeux. La présence de Jossigny la rassurait et elle se moquait de ce dont elle pouvait avoir l'air. Elle s'endormit presque aussitôt et Jossigny, dessina ce jeune valet qui lui faisait penser à un jeune enfant endormi. Il eut, quelques instants, envie de caresser les cheveux de ce garçon, de le prendre dans ses bras comme un père berce son enfant trop fragile. Son dessin transpira la tendresse. Les lignes étaient fluides, et le visage de Jean endormi avait cette pureté des traits propres aux très jeunes enfants. Si son dessin accentuait la fatigue du visage, les paupières abaissées, les longs cils qui les soulignaient témoignaient d'une tendresse dont Jossigny lui-même fut surpris.

Les hommes travaillaient tout autour de l'enfant endormi et du dessinateur. Curieux, ils jetaient parfois un regard rapide sur le dessin de Jossigny, mais ils respectèrent son travail. Aucun ne se moqua de l'enfant malade, aucun ne fit une remarque mal placée sur cet homme penché sur un jeune garçon endormi dont le visage était aussi doux que celui d'une petite fille malade et en mal de tendresse.

Lorsque Jeanne se réveilla, Jossigny n'était plus à côté d'elle. Le jour était à son couchant et elle se sentit un peu plus forte. L'air du large lui avait fait du bien. Elle respirait avec plus de profondeur. Elle s'assit pour observer autour d'elle le travail des hommes qui repliaient et nouaient la surface des voiles, car le vent avait forci. Plusieurs s'arrêtèrent pour lui demander comment elle se portait. Elle leur sourit. Un demi-sourire, un sourire forcé, mais un sourire quand même. Les hommes en furent contents. On se permit même quelques blagues en prétendant qu'ils le mettraient bientôt au travail, qu'on l'attendait pour grimper jusqu'en haut du grand mât. Le sourire de Jeanne s'élargit. Bientôt, lui dirent-ils, il verrait le pain de sucre de Rio. Il devait reprendre des forces pour admirer l'une des plus belles baies du monde, affirma un des marins qui y avait déjà séjourné. Les autres qui en avaient entendu parler hochèrent la tête et donnèrent quelques bourrades affectueuses à ce jeune garçon que, malgré les propos de Buet, ils continuaient à apprécier. Surtout, sans trop savoir pourquoi, le valet de Commerson avait le pouvoir d'attendrir ces hommes pourtant endurcis par les labeurs incessants de la survie en mer, par les vents du large, par la proximité presque animale qu'ils avaient à vivre avec des hommes aussi coriaces qu'eux, par, surtout, cette solitude dont souffrent en silence les hommes privés de la tendresse et de l'attention de ceux qu'ils avaient laissés en France. Sans trop savoir pourquoi, la présence de ce Jean Barré avait le pouvoir de ranimer en eux une douceur qui les surprenait un peu.

Lorsque Commerson revint la chercher, elle marcha seule, la tête un peu plus haute qu'à son arrivée. Elle s'arrêta même quelques instants pour observer quelques thons qui bondissaient, autour de *L'Étoile*, telles des balles dégagées de toutes contraintes. François fut heureux de voir son ami en meilleure forme et dit à Commerson que le lendemain, il s'occuperait encore de son valet.

— L'air du large lui fait du bien. C'est mieux que dans votre cabine. Il vous dérange moins et, ici, sur le pont, y a plein de distractions. Il en oublie ses nausées. Il y pense moins.

Jeanne songea quelques instants à demander à François de lui apporter la chatte. Depuis le départ de Montevideo, c'est à peine si elle s'en était occupée. La chatte lui manquait. Elle aurait bien aimé l'emmener avec elle dans la cabine, mais avec la quantité de poissons éviscérés qui traînaient dans les barils de l'antre de Commerson, elle savait que ce dernier n'accepterait jamais plus la présence de l'animal.

Quelques heures plus tard, alors que Commerson était à dîner, elle se leva, mit dans un sac quelques restes de poissons, se traîna jusqu'à l'entrepont et s'assit dans la chaleur ronde et humide des bêtes. Cela ne prit que quelques secondes avant que la chatte vienne la voir. Elle miaula, sembla lui reprocher son absence, mais sa bouderie se transforma en bonheur lorsqu'elle découvrit les poissons que Jeanne lui avait apportés. Elle s'en régala, et repue, elle s'installa sur les cuisses de Jeanne, se coucha en boule, bâilla, et les yeux à demi-fermés, pleine d'un bonheur inattendu, s'étira et offrit son ventre aux caresses de Jeanne. Le ronronnement de la chatte apaisa la jeune femme. Elle s'endormit presque aussitôt. Autour d'elle, les bœufs et les moutons enveloppèrent Jeanne d'une chaleur protectrice. Lorsque Commerson revint de son repas et qu'il trouva la cabine vide, il fit rechercher son valet. C'est Véron qui le découvrit. Sans trop savoir pourquoi, il pensa à l'enfant Jésus et, tout comme Jossigny et les hommes de *L'Étoile*, il ressentit une infinie tendresse pour ce petit gars encore malade qui dormait avec une chatte sur ses genoux.

9

« Imago mundi », ne cessait de clamer Commerson depuis que *L'Étoile* était en rade dans la baie de Rio. Cette formule, venue du Moyen Âge, était parvenue jusqu'aux hommes du XVIIIe siècle par Christophe Colomb qui s'en était servi comme d'un énoncé magique qui l'incitait, l'aiguillonnait même, avait-il un jour écrit, à parcourir les mers du globe. Commerson la proclamait à tout venant, affirmant que la seule vue de cette baie valait toute la peine qu'il s'était donnée pour traverser l'Atlantique. C'était tout autour de lui, le plus beau site, le panorama le plus merveilleux qu'il ait vu de sa vie. Il en avait oublié la dissection de ses poissons et de ses oiseaux pour se perdre dans l'admiration de ce qu'il découvrait du bateau. Jossigny aussi avait été estomaqué par les couleurs de la mer qui renfermaient toutes les nuances des bleus et des verts.

— Regarde, Jean, regarde juste les nuances des bleus: il y a près du rivage du cobalt et du turquoise. Au large, c'est de la lavande et près des îles, c'est le bleu d'outremer qui domine. Il y a quelques heures, il y avait aussi du bleu de Prusse et, hier, lorsque c'était nuageux, c'était du bleu de fumée. Jamais je n'aurais cru voir toutes ces gammes de bleus, tous ces dégradés englobés dans un même endroit. Et arrête-toi un peu aux textures des montagnes. Elles marient l'ardoise de leurs crêtes à l'émeraude des mousses de leurs parois. Vois comment elles se reflètent dans l'eau de mer. Et toutes ces îles. On pourrait croire que c'est Dieu qui les a semées au hasard, un peu partout dans la baie. Il y a aussi la lumière. Elle est plus voluptueuse qu'ailleurs. Ton maître a raison, Jean. La beauté et le faste de ce site sont inépuisables, impossibles à reproduire. Jamais je n'aurais cru ressentir une telle exaltation.

La beauté de Rio suscita, chez presque tous les scientifiques du bateau, une extase, bien proche de l'enivrement, un sentiment de ravissement, comme d'étourdissement. Ils ressentirent cette sensation de déséquilibre que l'homme éprouve parfois face à ce qui est plus grand que lui. Ils étaient ensorcelés. Dès leur entrée en rade, le 11 juin au matin, lorsqu'ils virent la chaîne de montagnes qui embrasse la baie de Guanabara et tous les bateaux disséminés ça et là, un peu comme les perles d'un collier brisé, et qu'ils découvrirent le pain de sucre qui annonçait la ville comme le clocher le fait pour une église, le silence s'était fait sur le bateau. Parce que le port ne s'ouvrait pas facilement vers le large comme celui de Montevideo, de La Giraudais dut envoyer deux marins pour quérir un pilote qui les aiderait à contourner les îles dont les noms mirent Commerson en joie. Il y avait là l'Isle aux Rats, aux Couleuvres, aux Chats, aux Chèvres ou aux Cobras. Toutes portaient des noms à ravir un naturaliste. Une vingtaine de bateaux portugais étaient en mouillage entre les îles. Les marins furent particulièrement estomaqués par un vaisseau de guerre portugais, *Le St-Sébastien*, qui s'ornait de plus de 70 canons et qui avait été construit dans ce port. Ils n'avaient jamais vu, même en Europe, un bateau de guerre de cette taille et travaillé avec des bois d'une telle richesse. C'était, se disaient-ils, un véritable chef-d'œuvre. En carène depuis six mois, un vaisseau espagnol, *Le Diligent*, inquiéta un peu le capitaine de *L'Étoile*. Le navire attendait depuis le mois de janvier le droit de quitter le port. Les relations entre l'Espagne et le Portugal s'étaient envenimées, et craignant une guerre entre les deux pays, le gouverneur de Rio ne voulait pas remettre au *Diligent* les canons dont il avait dû se départir pour avoir le droit de mouiller dans sa baie. De La Giraudais avait dû, lui aussi, car c'était là la coutume, déposer les poudres à canon dans un entrepôt situé un peu à l'écart de la ville. Le capitaine de *L'Étoile* s'était fait un point d'honneur de satisfaire à toutes les exigences du gouvernement portugais. Il ne voulait pas susciter sa colère et que *L'Étoile* reste en mouillage aussi longtemps que *Le Diligent*.

~

La Boudeuse n'était pas encore arrivée. Personne ne s'en plaignit. La ville annonçait aux marins des plaisirs encore plus nombreux qu'à Montevideo. La jungle semblait si proche de la ville, si facilement accessible et si dense que tant Commerson que Véron prétendirent qu'il faudrait plus d'une vie d'homme pour arriver à inventorier la faune et la flore de cette région.

— Nous marcherons dans un véritable paradis. C'est peut-être ici que Dieu l'a aménagé ou qui sait, c'est peut-être ici que nous retrouverons l'arche de Noé, avait proclamé Commerson, tant il était fébrile et excité par tout ce qui s'annonçait.

Jeanne, encore un peu faible, lui avait répondu que le travail semblait en effet immense et qu'ils n'auraient pas de temps à perdre s'ils voulaient répertorier le plus de spécimens possibles avant l'arrivée de *La Boudeuse*. Personne, même pas La Giraudais, ne connaissait les plans de Bougainville. Où hiverneraient-ils? Tout l'équipage de *L'Étoile* espérait qu'ils passeraient l'hiver dans cette baie. Tous avaient l'impression d'avoir rejoint une sorte de paradis. Même l'écrivain Michau avait été surpris à écrire. Cela en avait étonné plusieurs. Depuis leur départ de Rochefort, on ne l'avait encore jamais vu une plume à la main.

L'abbé Buet se proclama alors le protecteur de l'écrivain. Il ne fallait surtout pas le déranger, car il tentait, par ses écrits, de rendre grâce à Dieu de la beauté de la baie. Son écriture était une prière. Il fallait, comme dans une église, garder silence lorsqu'on s'approchait de Michau.

Lorsqu'ils descendirent enfin sur terre, la ville les surprit tout autant que Montevideo. Leur étonnement était pourtant d'un autre ordre. La ville de Rio de Janeiro, que les habitants nomment surtout Saint-Sébastien, nom plus chrétien que Rio de Janeiro, Rivière de Janvier, en français, était érigée comme dans le cœur d'un entonnoir. Au pied de plusieurs montagnes, la ville fortifiée semblait protégée et bénie des dieux. Elle était si près de la mer et son port était si accueillant que les navires venaient y mouiller à ses pieds. Un véritable havre de paix, avaient d'abord pensé les voyageurs français. Pourtant, ni Commerson ni Jeanne n'éprouvèrent ce bien-être venu de l'atmosphère bon enfant de Montevideo. Le paradis s'avéra beaucoup moins idyllique. S'il y avait encore plus d'arbres fruitiers, de jardins entretenus, si la ville ressemblait à un véritable éden, si la nature s'offrait avec une sensualité aussi généreuse que gourmande, les hommes semblaient plus anxieux, plus portés à la bagarre qu'à Montevideo. Les habitants les considéraient à peine, ne les saluaient pas et semblaient même faire un effort pour nier la présence des Français dans leur baie. Si on les regardait, c'était avec méfiance. Aucun ne semblait avenant. Jeanne et Commerson se sentirent mal à l'aise, marchèrent dans les rues en mesurant leurs pas et leurs gestes. Ils furent étonnés par la quantité de Noirs qu'ils rencontrèrent. C'est une ville d'esclaves, pensa Jeanne, sans oser le dire à haute voix. On peut compter dix Noirs pour un seul Blanc.

Ils passèrent à côté de l'ancienne maison des Jésuites, devenue depuis leur éviction du pays la maison officielle du vice-roi, et Jeanne demanda pourquoi on les avait expulsés du pays.

— Ils dérangeaient les plans du gouvernement portugais. Tous les Noirs que tu vois ici viennent en grande partie, m'a-t-on dit, de Guinée ou des pays avoisinants. Il y a un important trafic de Nègres ici. Il paraît, m'a expliqué de La Giraudais, que les Noirs sont ici les plus beaux de toute l'Amérique et qu'ils ne coûtent pas cher. S'il y a de l'injustice en France, ici, on peut parler de tyrannie. Rio de Janeiro est prospère, mais c'est du travail des esclaves, la plupart du temps mal nourris et mal soignés, dont la ville et le pays s'enrichissent. Les Jésuites ont voulu protéger tant les Indiens d'ici que les Noirs qui arrivaient d'Afrique. Cela n'a pas plu au Portugal.

— Le pays est pourtant beau. Les Portugais pourraient être heureux sans l'esclavage. Tout semble abondant. Il y a presque autant de bétail qu'à Montevideo.

— Le bétail ici, répondit Commerson, coûte presque aussi cher qu'en France. Non, ce n'est pas le bœuf ici qui est à bon prix, ce sont les hommes de couleur. Je suis déçu. De *L'Étoile*, tout semblait si beau, presque parfait. C'est d'une tristesse. C'est comme si, dans ce nouveau monde, nous nous efforcions de refaire les mêmes horreurs que dans nos pays d'origine. Et avec plus de rapacité encore. L'homme ne fait pas que profiter de la misère des plus faibles. Il la crée, l'exploite. Et tous se disent chrétiens. Voltaire a raison, lorsque dans sa prière, il demande à Dieu de pardonner aux hommes d'exploiter d'autres hommes. « Puissent tous les hommes se souvenir qu'ils sont frères. Qu'ils aient en horreur la tyrannie exercée sur les âmes, comme ils ont en exécration le brigandage qui ravit par la force le fruit du travail et de l'industrie paisible », a-t-il écrit dans son *Traité sur la tolérance.* Et il termine sa prière en demandant à Dieu que « nous employions l'instant de notre existence à bénir également en mille langages divers, depuis Siam jusqu'à la Californie, (sa) bonté qui nous a donné cet instant ». J'ai toujours aimé cette prière de Voltaire. Je l'ai lue et relue. Et ce que je découvre ici est si loin de la tolérance qu'il souhaite.

— Ce n'était pas ainsi à Montevideo.

— Et les Indiens mis en esclavage ? Tu ne t'en souviens pas.

— Peut-être que nous, Français, nous n'agissons pas ainsi.

— J'en doute, Jeanne, j'en doute. Ici, il y a trop de richesses. L'or rend fou. On a détourné le courant d'une rivière pour y ramasser les pépites d'or, les diamants et les topazes qui y roulaient comme de simples cailloux. Il y avait aussi des chrysolithes. Je ne crois pas que la Nouvelle-France ait recelé tant de richesses. Il est plus facile d'être tolérant lorsque l'or ne brille pas. Ce scintillement de l'or et des pierres précieuses nous aveugle. Comment les Français auraient-ils réagi au Canada si les rivières de ce pays roulaient avec leurs cailloux autant de richesses ? Je ne sais pas. Il faudrait demander à Bougainville comment les Français se comportaient là-bas. Étaient-ils meilleurs que les Espagnols et les Portugais ? La misère humaine, en fait l'exploitation de l'homme qui le transforme en homme misérable, on semble bien la transporter dans nos bagages. Et tout recommence. Un nouveau pays, une nouvelle colonie, une autre misère, une misère de plus. Vu de *L'Étoile*, ce pays semblait bien proche du paradis et lorsqu'on marche dans ses rues, on se croirait presque en enfer. On en oublie la beauté qui nous entoure, la splendeur de toute cette nature. C'est comme si, ici, on avait craché sur des étoiles.

Ils rencontrèrent près de la citadelle l'astronome Véron qui discutait avec des marins de *L'Étoile*. Ils ne comprenaient pas pourquoi, tant dans les rues que dans les cafés, ils n'avaient vu aucune femme blanche. Jeanne ne se mêla pas à la discussion. Elle n'avait même pas fait attention à leur absence. À force de ne vivre qu'avec des hommes, elle en oubliait parfois les moments où en présence de femmes, elle avait ri de tout et de rien. Tous ces moments de repos lui semblaient à mille lieues, à mille brasses d'elle. Son état de santé encore fragile, le travail que supposait l'accostage à Rio avaient calmé les rumeurs sur elle et Commerson. On les avait un peu oubliés. On ne lui avait plus parlé de déménager sous le gaillard d'avant. Il faut dire que l'aumônier avait un peu perdu de son pouvoir. Il buvait beaucoup et ses propos étaient trop souvent mouillés d'alcool. Il en perdait de la prestance et du pouvoir. Comme il aimait à pourfendre tout ce qui l'agaçait, les hommes avaient cessé de l'écouter, d'accorder foi à ses dénonciations. Jeanne en respirait plus à l'aise et sa santé s'en était ressentie. Avec l'arrivée au port, les nausées avaient complètement disparu. Le chirurgien Vivès lui donnait une potion qui l'avait renforcie. Elle se disait même qu'elle aurait la force, si elle n'avait pas le choix, de dormir avec les serviteurs. Elle commençait même à penser à des manières de contrer leur attention pour pouvoir satisfaire à son hygiène sans se faire remarquer. Jeanne Barret savait bien que le jour où elle devrait quitter la cabine de son maître approchait.

— Pas une, on n'en a pas vu une! Où sont les femmes blanches? Il n'y a que des hommes. Ou des Négresses. Vous en avez vu, monsieur Commerson, des femmes blanches? demanda l'un des marins.

— Vous avez raison. Il y a du mystère ici. Une ville sans femmes, c'est impossible.

— Vous êtes passés devant le magasin d'esclaves? demanda François C'est tout près d'ici. Il paraît qu'on ne les nourrit que de farine de manioc et de poissons séchés. Ce sont les jeunes comme moi, ceux qui ont entre 12 et 14 ans qui valent le plus cher, de 200 à 400 livres. Paraît que c'est un très bon prix.

— Et on m'a dit, affirma un marin qui venait de se joindre au groupe, que les femmes sont, ici, de vraies esclaves. Un marin anglais qui parlait français m'a expliqué ce matin qu'elles n'ont pas le droit de sortir, sauf pour se rendre à l'église. Y a qu'à regarder les fenêtres. Elles sont toutes fermées par des volets ou des jalousies. Les seules femmes que vous rencontrerez sont des Négresses ou des femmes de mauvaise vie. Les autres sont enfermées et n'ont pas le droit de vivre à l'air libre.

Les hommes s'exclamèrent et ridiculisèrent les coutumes des Portugais. Un peu rassurés de savoir que le soir venu, ils pourraient rencontrer des femmes, ils se dispersèrent à travers les rues et les ruelles de la ville. Jeanne était déconcertée. Comme son maître, elle était désappointée. Autour d'elle, la nature semblait d'un vert éternel, d'un été qui semblait ne jamais s'épuiser. Et pourtant, les femmes vivaient ici un continuel hiver. Elle ne comprenait pas pourquoi la beauté qui débordait de partout, tant des montagnes, de la végétation, de la baie que de la mer n'apportait pas avec elle la bonté chez les humains. Si elle avait à être découverte, elle devait l'être ailleurs que dans cette ville où les femmes sont enfermées à cœur de vie. Jamais les hommes de Rio n'admettraient qu'elle se soit permis de faire l'homme, de vivre comme un homme. Lorsque Commerson décida de retourner sur *L'Étoile*, elle le suivit sans regret. Elle était, comme lui, désenchantée. Elle ne souhaita plus hiverner à Rio de Janeiro.

Cette nuit-là, Jeanne et son maître furent réveillés par un raffut de tous les diables. On criait, jurait, s'exclamait. Il y avait de la démence dans l'air. Jeanne, à travers tous ces cris, reconnut la voix de François. Une voix apeurée, gorgée de sanglots. C'était une voix qui était embuée par la peur. Curieuse, mais surtout inquiète, elle remit en vitesse les bandages qui camouflaient ses seins, s'habilla et suivit Commerson sur le pont. François, entouré par plusieurs hommes, jurait qu'il ne s'était pas trompé, qu'il ne mentait pas: il avait vu l'aumônier Buet s'embarquer sur une pirogue et maltraiter les Noirs qui y étaient installés.

— Il les injuriait, clamait-il, un sanglot au bord des lèvres. L'aumônier avait bu et, je pense bien qu'il ne savait plus ce qu'il disait. Il les traitait de singes, de pas humains. Il leur a dit qu'ils n'avaient pas d'âme et que c'était bien normal qu'ils travaillent comme des bêtes, car ils n'étaient que ça, que des bêtes, que des chiens de quais. Et c'est là que les Nègres se sont fâchés. Ils se sont mis à plusieurs pour le battre. Ils l'ont battu à coups d'aviron. Il y avait du sang partout. L'aumônier leur criait d'arrêter, les suppliait, mais les Nègres étaient si en colère qu'ils n'étaient plus capables d'arrêter. Et puis, l'aumônier n'a plus rien crié. Et ils ont continué de le battre quand même. Ils étaient comme enragés. J'ai eu peur. Je n'osais pas m'approcher pour le défendre. Je n'ai pas été capable. Même lorsqu'ils l'ont jeté à la mer et qu'ils lui ont tenu la tête sous l'eau, je suis resté caché, j'avais trop peur. Dieu me punira, c'est sûr. C'était un aumônier, un homme de Dieu et je ne l'ai pas défendu. J'avais trop peur. Je ne voulais pas que les Nègres sachent que j'étais sur *L'Étoile* avec lui. J'ai honte, j'ai tellement honte. Dieu me punira. C'est un trop gros péché.

François sanglotait si fort qu'il faisait peine à voir. Ce n'était plus un jeune mousse que Jeanne avait devant elle, mais un enfant apeuré, encore trop jeune pour comprendre Dieu et la mort, pour ne pas être touché par elle, pour ne pas avoir peur de Lui. Pour François, la mort n'était pas encore une habitude, et Dieu était un juge intolérant. Jeanne s'approcha de lui, prit sa main, l'ouvrit et lui donna un vieux mouchoir qu'elle avait sorti de sa poche.

— Même si tu avais eu le courage de t'opposer aux Nègres, lui dit-elle, cela n'aurait servi à rien. Ton courage aurait été inutile. Et cela, ne t'en fais pas, Dieu Le sait.

— Je ne comprends pas pourquoi l'abbé a été si malveillant avec eux. Ils ne lui avaient rien fait. Ça, j'en suis certain.

— L'abbé Buet avait un caractère difficile, attesta Commerson. Il jugeait facilement et ses jugements étaient sans appel. C'est lui qui s'est attiré des ennuis et Jean a raison, tu n'aurais pu rien faire pour le défendre. Tu y aurais aussi laissé ta peau.

— Mais il est mort, s'exclama François entre deux reniflements. Et je n'ai rien fait. Je n'arrive pas à ne pas m'en vouloir. Je me suis caché. Dieu, Il voit tout. Il m'a vu me cacher. J'ai eu trop peur. Même après que les Noirs ont laissé l'abbé pour mort sur la plage, je ne suis pas revenu près de lui. Je l'ai laissé là. Je ne voulais pas être tout seul avec lui. Il avait le visage tellement brisé. Son visage n'était plus que des boudins de chair. Son visage, c'était plus un visage, c'était de la bouillie de boudins.

— Y est-il encore? demanda Vivès. Il n'est peut-être que sans connaissance. Il faudrait s'en occuper. Et s'il est mort, il faudrait récupérer le corps. On ne peut pas le laisser là. Il faut prévenir le capitaine.

— Sûr qu'il est mort. Sûr qu'il ne bougera plus jamais. Si vous l'aviez vu se faire battre, vous ne diriez pas ça. Y a pas de doute possible, aucun homme ne survivrait à une telle volée de coups d'aviron. Et puis, ils lui ont tenu la tête sous l'eau pendant trop longtemps.

— Bon, François, décida Commerson, tu vas aller avec Jean. Il s'occupera de toi. On prévient le capitaine et on s'arrange avec le reste. Tu n'as rien à te reprocher. Jean va te donner un bon bol de rhum chaud et tu oublies tout ça. L'aumônier n'a peut-être reçu que ce qu'il méritait.

Jean prit la main de François et se rendit avec lui aux cuisines. En route, ils rencontrèrent l'écrivain Michau qui, silencieux, se tenait à l'écart et semblait vraiment mal en point. Jeanne revint sur ses pas et prévient Commerson que Michau semblait étouffer.

— Il faudrait s'occuper de lui. L'aumônier était son ami, lança-t-elle aux hommes qui discutaient encore sur le pont.

Elle rejoignit François et but avec lui quelques bolées de rhum. La journée avait été longue et difficile. Elle se terminait par un drame, mais ce n'était pas tant la mort de l'aumônier qui peinait Jeanne que la consternation et la peur de François.

— Tu n'aurais rien pu faire, François. Personne n'aurait pu défendre l'abbé. Tu l'as dit, ils étaient trop nombreux. Le capitaine va faire enquête. Tu verras que c'est l'aumônier qui s'est attiré des ennuis et que défendre un homme comme lui, ce n'est pas seulement dangereux, c'est surtout inutile. Dieu, Il voit tout, mais Il est juste aussi.

— J'ai été lâche, Jean. J'ai eu peur. Dieu le sait. Quand je ferme les yeux, c'est toujours le visage de l'aumônier que je vois. Et ce n'était même plus un visage. Je ne suis qu'un lâche. Je ne mérite pas que tu t'occupes de moi.

— Tu es cent fois plus courageux que l'abbé. S'attaquer à des esclaves, avoue que c'est facile et pas vraiment méritoire. Crois-tu vraiment que Dieu approuve Buet ? Ça, je suis certain que non. L'aumônier aimait attaquer les plus faibles. Tu en sais quelque chose, et moi aussi.

— Je voudrais être à Rochefort avec ma mère et mes frères et mes sœurs. Je veux retourner chez moi. C'est trop dur ici. Je ne sais plus comment agir. Je me sens toujours à côté de ce que je devrais être. C'est comme si j'étais toujours au bout de mes forces, au bout de moi-même et que je ne me rencontre jamais. C'est comme si c'était un autre qui vivait à ma place et je n'arrive jamais à le satisfaire.

— Alors là, François, si tu savais comment je me sens moi aussi à côté de moi-même, comment j'ai toujours l'impression de marcher dans les souliers d'un autre, tu ne peux même pas t'imaginer à quel point. Allez, nous sommes les deux plus jeunes du bateau. On va s'aider. Tu n'es pas tout seul. Je suis avec toi. Tu es avec moi. On se fera une famille, toi et moi. Je ne suis pas ta mère, mais tu peux bien t'imaginer que j'en suis presque une ou même ton père. Je peux peut-être le remplacer un peu. Je suis quand même un peu plus vieux que toi. Ce sera notre secret. Viens avec moi dans l'entrepont. Il y a là une chatte que tu ne connais pas et qui te fera du bien. Elle te fera oublier l'aumônier. Et puis si elle ronronne, ce sera comme la voix de Dieu qui te rassure, qui te dit qu'Il n'a rien à te pardonner.

Lorsque Jeanne, tard dans la nuit, retourna à la cabine, Commerson dormait. Elle avait passé plusieurs heures avec François. La chatte, Jeanne n'en avait jamais douté, avait ronronné lorsque François l'avait caressée. Il en avait été un peu rassuré. Jeanne lui avait même parlé de sa boîte à musique, lui avait promis de la lui montrer, de lui faire entendre les notes. François s'était consolé, et lorsque les hommes, inquiets de leur absence, étaient venus les chercher, François ne pleurait plus. Il avait repris son regard d'homme.

Jeanne, ce soir-là, en s'endormant, sourit. Un sourire à peine perceptible, un sourire qu'elle ne devait pas faire voir aux autres. Un sourire un peu timide, un sourire teinté de malaise. Un sourire qui n'osait pas s'avouer que la mort de l'aumônier la réjouissait.

10

Le lendemain, le 18 juin, en présence d'Antonio Alvares da Cunha, vice-roi du Portugal, et de quelques nobles de Rio, tout l'équipage de *L'Étoile* assista aux obsèques de l'aumônier Francis Nicolas Buet de Kemper. L'évêque de la ville officia. Si le capitaine de La Giraudais demanda une enquête pour qu'on retrouve et punisse ceux qui avaient tué le prêtre, il sembla à l'équipage que la volonté des autorités portugaises de poursuivre les fautifs n'était pas vraiment sincère. De La Giraudais avait aussi appris par le second pilote de *L'Étoile*, Constantin, qui était avec l'aumônier quand ce dernier avait voulu prendre une pirogue, que Buet avait été malappris et qu'il s'était fait un malin plaisir de maltraiter les Noirs. « Je n'ai pas compris pourquoi il était si venimeux. J'étais avec lui lorsque nous avons demandé aux Noirs de nous transporter en pirogue. Ils ont refusé et c'est là que l'aumônier est devenu enragé. Il n'était pas beau à voir. Il semblait avoir perdu toute contenance. L'abbé était breton, il avait un caractère de Breton et il a réagi comme un Breton. Il avait bu et il avait les sangs échauffés. Moi, je ne suis pas resté. Je n'étais plus là lorsqu'ils l'ont battu. J'avais été rejoindre d'autres hommes qui avaient le sang un peu moins chaud. Je n'en suis pas fâché. J'aurais pu y rester moi aussi. »

De La Giraudais, après cette nouvelle information, n'avait plus insisté pour qu'on recherche les meurtriers. Il s'était contenté d'assister aux obsèques, avait remercié les autorités portugaises pour le faste de la cérémonie et avait fait semblant de croire le vice-roi lorsqu'il affirmait que les meurtriers seraient punis. L'équipage n'était pas non plus attristé de la mort de l'aumônier. Jeanne avait assisté aux obsèques en se tenant un peu en retrait et avait pu observer le manque de respect de la plupart des hommes. Elle vit Jossigny qui, un carnet à la main, s'occupait à dessiner quelques scènes de la cérémonie. Plusieurs marins parlaient entre eux, ne suivaient en rien la cérémonie. Personne ne semblait attristé. Les membres de l'équipage étaient présents parce que leur capitaine le leur avait demandé, mais tous avaient hâte de retourner à leur besogne. On ne regretterait pas la présence de l'abbé sur *l'Étoile*.

Seul Michau était dans tous ses états. Après la cérémonie, le capitaine avait tenté de lui expliquer que même en France, l'aumônier, avec une attitude si belliqueuse, aurait eu des ennuis. Michau ne voulait rien entendre. Il ne voulait pas admettre la mort de son ami. Toute la journée, il poursuivit le capitaine et l'accabla de reproches et de récriminations. Il menaçait de le dénoncer à Louis XV et à toute la cour de France. Lorsque, excédé, le capitaine lui intima l'ordre de cesser de le harceler, Michau se tourna vers Véron. Il reprit ses récriminations, ses reproches, ses jérémiades. L'astronome tenta, lui aussi, de lui faire entendre raison, mais l'écrivain tremblait encore de colère et d'indignation. Même Commerson avait tenté de le raisonner. Pendant cette journée de deuil, on tenta d'entourer Michau. On comprenait son malheur. Certains supposaient que l'aumônier avait été pour lui comme une armature qui lui permettait de marcher droit, et que, sans ce pôle, il aurait peine à garder la tête haute. Avec qui pourrait-il maintenant se plaindre et pourfendre tout ce qu'il méprisait depuis leur départ de Rochefort ? Il se retrouvait maintenant esseulé. Avant, ils étaient deux contre tous. Il se retrouvait maintenant seul face à ces hommes avec lesquels il lui était impossible de s'entendre.

Jeanne, comme presque tous, en avait eu pitié. Pour la première fois, elle était en présence d'un être qui avait su s'isoler de façon si absolue. S'il n'avait pourtant pas encore perdu de son arrogance, il ressemblait à un enfant plein de hargne qui bat l'air sans attraper quoi que ce soit. Jeanne avait appris que Michau n'avait jamais pris la mer auparavant. Après les obsèques, de retour sur le bateau, elle avait tenté de lui parler et de lui dire qu'elle regrettait la mort de son meilleur ami. Il l'avait toisée avec tant de mépris qu'elle en avait frissonné un peu. Michau avait répondu que ce n'était surtout pas lui qui pourrait remplacer son ami. Jeanne, courageuse, n'avait pourtant pas lâché prise.

— Voyager comme nous le faisons n'est pas facile. Je comprends pourquoi la perte de votre ami est si tragique. Si, un jour, je perdais mon ami François, j'aurais autant de peine que vous. Pour moi aussi, c'est mon premier voyage en mer. Il paraît que c'est toujours le plus malaisé, qu'il faut s'habituer à vivre si près les uns des autres. Il faut vous faire un nouvel ami. Il y en a plein sur *L'Étoile* des gens qui méritent qu'on s'attarde auprès d'eux.

— Un nouvel ami ? Des gens méritants ? Tu es aveugle. Vous êtes tous des mécréants. Je ne veux rien savoir de vous. Et de toi, encore moins. Ne serait-ce que pour respecter la mémoire de mon ami, je ne veux même pas te parler. Je sais trop bien ce qu'il pensait de toi. Tu n'es pas mieux que tous ces soi-disant scientifiques du navire. Tu es même pire. Encore plus vicieux et mécréant. Je veux retourner à Rochefort. À quoi ça sert, toutes ces expéditions ? Déjà qu'en France, on a des problèmes avec les Huguenots. Venir ici, vouloir faire le tour du monde, c'est comme vouloir aller sur la lune. C'est grotesque. Nicolas Buet l'avait compris. Il n'était pas comme tous ces hommes qui semblent te fasciner. Il t'en reste à comprendre, petit, des choses de la vie. Et ce n'est pas des hommes comme ton maître qui t'aideront à le faire. Je n'ai jamais voulu partir. Je n'ai jamais voulu aller en mer. Dès que Bougainville arrive, je lui demande de me renvoyer par le premier bateau français qu'on rencontrera. Et si ce n'est pas possible, il y a les Jésuites à Montevideo. Je vivrai avec eux. Je pourrai attendre chez eux le prochain bateau en partance pour la France.

— Je ne suis pas certain, monsieur Michau, que vous vous entendriez bien avec les Jésuites de l'Uruguay. D'après ce que monsieur Commerson m'a dit...

— Tais-toi. Ton Commerson n'y connaît rien. Je vais tous vous dénoncer. Vous le regretterez. Quand je pense que Jossigny a voulu m'offrir les dessins qu'il avait faits pendant les obsèques... Il aurait été mieux de prier. Vous êtes tous des suppôts de Satan. Je le dirai au Roi.

Jeanne avait abandonné. Elle n'avait plus insisté, il est impossible d'aider quelqu'un qui a tant de rage au cœur. Elle était allée rejoindre le dessinateur et lui avait demandé de voir les dessins des obsèques.

— J'étais si en colère que je les ai jetés à la mer. Un véritable fou furieux quand je les lui ai offerts.

— Il est malheureux. Depuis notre départ de Rochefort, il est malheureux. Buet aussi l'était.

— C'étaient deux oiseaux de malheur. Il ne nous en reste plus qu'un. J'ai toujours trouvé étrange, incompréhensible que le mal d'être soit si souvent encollé à la méchanceté. Oui, tu as raison, ils étaient malheureux, mais leur mauvaise chance, c'étaient eux qui se la faisaient. Et Michau continue. La preuve, on l'a aujourd'hui. Tu as tenté de parler à Michau; je lui ai offert mes dessins. Il a craché sur notre aide. Non, des oiseaux de malheur, ça ne peut que nous apporter des calamités. Des malheureux, ça devient souvent des charognards.

Jeanne ne put s'empêcher de donner raison à Jossigny. La vie sur *L'Étoile*, sans Buet, serait plus commode. Plus dégagée et plus libre. La mort de l'aumônier calmerait un peu les rumeurs sur elle et Commerson. Pendant que Michau trépignait à droite et à gauche pour criailler ses malheurs et ses droits, il la laisserait tranquille.

Les marins aussi avaient décidé de ne plus s'occuper de Michau et de ses épreuves. Les obsèques terminées, les tentatives de consolations avortées, tous avaient décidé de regarder ailleurs. Michau passa les jours suivants à écrire des ébauches de lettres dans lesquelles il dénonçait de La Giraudais et les passagers de *L'Étoile*, expliquant qu'ils étaient des hommes de peu de foi et combien il était dangereux de les laisser voguer en toute liberté sur les mers du globe. Il décrivait aussi les conditions de vie horribles des passagers de *L'Étoile*. Lettre à la main, il se promenait sur le pont du bateau et attrapait chacun pour en lire des extraits. On tentait de l'éviter. Quelquefois sans succès. Certains se dirent que Michau avait été engagé sur la flûte pour relater leur expédition. Il n'en avait pas écrit une ligne. L'équipage l'aurait peut-être plus apprécié s'il avait mis son talent au service de ce que lui avait demandé le Roi. De plus en plus, les hommes se demandaient si Michau était un véritable écrivain. N'était-il pas ce qu'on appelle un falsificateur. Ils ne l'avaient vu écrire qu'une fois: devant la baie de Rio. Sinon, personne ne l'avait vu remplir sa tâche. On se disait aussi que Vivès et Commerson accomplissaient le travail de Michau. Cela rassurait les marins, heureux que leur voyage soit inscrit, peut-être pour l'éternité, dans l'encre de leurs cahiers. À bord, sans que personne ne s'en soit parlé, on évita Michau et on le laissa trépigner seul dans une colère qui gommait la peine qu'elle dissimulait.

Après les obsèques, de La Giraudais avait réuni tout le monde dans la salle des officiers et décidé que, comme le bois n'était pas cher à Rio, de dégarnir le beaupré qui était carié. Les hommes se mirent presque aussitôt à l'ouvrage. On ne demanda pas l'aide de François qui faisait encore pitié à voir et qui traînait une langueur pleine de tristesse et de peur. Jeanne, en le voyant si perturbé, eut l'idée de lui apprendre à lire. Elle avait demandé à son maître la permission de montrer un peu de lettres au jeune mousse. Commerson en avait été enchanté.

— La journée, avec les obsèques, est bien entamée. On ne retournera pas sur terre herboriser. Prends une plume et des feuilles. Enseigner à lire, je te l'ai toujours dit, c'est combattre l'ignorance. C'est le premier dessein de Diderot et de son encyclopédie: combattre l'ignorance et l'intolérance par l'information. Je t'ai aidée à lire et à écrire. Fais-le pour le jeune François. Je t'en serais même reconnaissant.

Jeanne prit papiers, encre et plume et chercha François. Il s'était réfugié dans sa cachette, celle que Jeanne lui avait dévoilée. Il était assis à même le sol et caressait la chatte.

François regarda Jeanne. Il y eut d'abord de l'incompréhension dans ses yeux, puis son visage s'éclaira. Une embellie après la pluie, un arc-en-ciel de lumière après un orage. Le visage de François resplendissait. Apprendre à lire était aussi considérable et merveilleux que d'ouvrir le couvercle d'un coffre de trésors. Il n'aurait jamais cru cela possible.

— Tu es vraiment un ami. Tu es sûr que je peux apprendre?

— Même monsieur Commerson en est certain.

Ils trouvèrent au fond de l'entrepont une vieille caisse un peu bancale. Jeanne l'arrima solidement, en fit de même pour la bouteille d'encre. Elle traça sur une feuille les six voyelles. Elle les écrivit en minuscule et en majuscule. Elle les traça si énormes et si épaisses qu'elles couvrirent presque toute la feuille de papier. Elle attendit que l'encre sèche, puis elle prit le doigt de François et lui fit d'abord suivre, en formulant le son, les formes du « A », du « E » et du « I ». François répétait après elle. Son doigt, écorché et lacéré par les travaux, suivit les lettres, les caressa comme si c'étaient des filaments d'or.

— C'est un « A » ? demanda François.

— Oui, c'est un « A ». C'est la première des six voyelles. Remarque son ventre. C'est comme une bedaine à l'envers, ou, s'il est en majuscule, c'est comme une petite maison. Et l'autre c'est un « I ». Il se tient bien droit. Le I, c'est la voyelle la plus fière.

— Il est droit comme un grand mât.

— Oui, tu as compris. C'est comme le grand mât, mais tu verras qu'il y a des consonnes comme le « L » qui sont encore plus hautes. La lettre « L », elle te fera aussi penser au grand mât. Mais, je vais trop vite. Nous en étions au « A » et au « I ».

— Je sais reconnaître un « A » et un « I » ?

— Oui, et regarde le « E ». Suis-le avec ton doigt. Lui, en minuscule, il ressemble à une tête d'enfant. Lorsqu'il est en majuscule, il ressemble à des crochets d'arrimage. Et le « o », c'est le plus facile. C'est un rond. Un beau rond bien fermé. Un rond comme la terre de Magellan, ou comme le soleil ou la lune. Le « O », c'est un astre.

— Alors c'est facile de lire. Et celle-là, c'est quoi ? Ça ressemble à une fourche.

— C'est un « U », François.

— C'est drôle. Je pourrais avoir le ventre d'un « A », je vis sur un gros « O », je vogue à l'aide d'un « I » qui est retenu par des « E » et, lorsque j'ai faim, je me sers parfois d'un « U ».

Jeanne rit. Elle était contente. Son ami apprenait vite. Il lui restait le « Y ». Jeanne crut que ce serait la lettre la plus difficile, mais François l'assimila à quelqu'un d'heureux, à quelqu'un qui lève les bras en l'air parce qu'il est content, parce qu'il vient d'apprendre à lire des lettres.

— Il faut maintenant apprendre à les reconnaître lorsqu'elles sont mêlées à d'autres lettres, à des lettres qu'on appelle des consonnes. Mais attention, reconnaître les voyelles n'est pas toujours facile. Parfois, cela dépend de celui qui écrit. Le « O » est moins rond, le « A » est moins ventru, le « I » n'est plus le grand mât, il est penché comme une bôme. Écrire, c'est comme dessiner, mais on dessine des sons.

Jeanne sortit de son sac un brouillon, écrit par Commerson. Elle le montra à François et lui demanda de lui désigner des « O » et des « I ». François en trouva plusieurs. Il eut plus de difficulté avec les « A » et les « E ». Parfois, dit-il à Jeanne, les « E » étaient comme des femmes couchées parce qu'elles allaient accoucher d'une autre lettre.

— Et maintenant, regarde ce que je vais tracer sur la feuille. C'est un « P ». Le « P », c'est une consonne. Suis-le avec ton doigt. Tu reconnais la forme ?

— Oui, c'est comme un grand mât, un « I » avec une grosse tête.

— Bravo. Alors essaie de me lire ce que je vais écrire.

Et Jeanne, en grosses lettres, traça un « P » et un « A » et un autre « P », puis un dernier « A ».

— Qu'est-ce que c'est, François ? Tu peux me le dire ?

— C'est un « P », un « A » et les deux autres, c'est pareil.

— Et un « P » avec un « A », cela fait « PA ». Alors, tu peux lire « PAPA ».

— C'est écrit « PAPA » ? Je sais lire « Papa » ?

— Oui, François.

François leva ses deux bras en l'air, sourit à s'en fendre les oreilles.

— Je sais écrire un « Y » avec mes bras, et je sais lire « papa ». Merci, Jean, merci. Tu vas continuer à m'apprendre des lettres ?

— Il faut d'abord que tu t'exerces. Je te laisse la plume, l'encre et les feuilles. C'est un cadeau de monsieur Commerson. Tu dessines les lettres, tu apprends à les reconnaître et dès que nous aurons du temps, je te montrerai comment les marier avec d'autres consonnes.

François remonta de l'entrepont avec un visage si réjoui que les hommes lui demandèrent ce qui s'était passé. Pour leur expliquer, il ouvrait haut les bras en leur disant que c'était un « Y », et qu'il avait décidé que c'était la lettre la plus joyeuse de l'écriture et que Jean lui enseignerait à lire et que monsieur Commerson lui en avait donné la permission.

— Je sais déjà lire « PAPA », criait-il, heureux comme un enfant joueur, oubliant alors qu'il était forcé de voyager pendant des années pour aider à nourrir sa famille.

Jeanne, derrière lui, souriait. Le plaisir était revenu sur le visage de son ami et la langueur qu'il affichait lorsqu'il était triste ou qu'il s'ennuyait de chez lui avait disparu. Dans le regard de François, il y avait encore plus beau que la baie de Rio lorsqu'elle l'avait aperçue pour la première fois. Il y avait encore plus de beauté. Jeanne était fière d'elle, heureuse que son maître lui ait donné la permission d'enseigner à un plus jeune.

— Bravo, jeune homme, s'exclama Jossigny à Jeanne. Tu as su lui faire oublier sa peur de Dieu.

— Et il apprend vite. Il sait déjà lire « PAPA ».

— Ça, c'est évident. Tout le bateau est au courant. Il n'arrête pas de le claironner.

On avait enterré l'aumônier et le mousse avait appris à lire « PAPA ». Le soir, même Véron avait abandonné son octant à réflexion et s'était intéressé à François. L'astronome lui avait demandé de lui prouver qu'il savait écrire. À la lumière d'une lampe à l'huile, François, entouré de plusieurs marins, de Véron, de Commerson et de Jossigny, s'était penché sur une feuille, avait trempé sa plume dans de l'encre noire et, d'une main un peu tremblante, avait tracé les deux « P » et les deux « A » du mot « PAPA ». On l'avait applaudi. Il s'était alors retourné vers Jeanne, avait levé les bras vers le ciel étoilé et avait encore une fois proclamé que sa lettre préférée était le « Y ».

Michau, qui avait entendu les exclamations et les applaudissements des hommes, s'était rapproché. Lorsqu'il avait compris que ce Jean, qui ressemblait à un gnome au visage recouvert d'horribles taches de son, avait appris à un mousse, à un garçon dénudé d'intérêt et sûrement peu intelligent à écrire des lettres, il était reparti offusqué. À la lettre qu'il était en train d'écrire au Roi, il rajouta le fait suivant: « Et de plus, on se permet d'apprendre à lire à des gens qui ne sont pas de notre condition. Cela est dangereux. L'écriture est un privilège. L'offrir aussi facilement à n'importe qui est un sacrilège. Voilà donc encore la preuve que ce qui se passe sur la flûte *L'Étoile* est une offense à Dieu et donc à vous, Sire, qui êtes son représentant sur terre. »

11

Les jours suivants, pendant que les marins travaillèrent à guinder le nouveau mât de beaupré, Commerson, Véron et Jeanne retournèrent à Rio. Ils s'enfoncèrent un peu plus dans la jungle et furent ébahis par ce qu'ils trouvèrent. Il y avait là tant d'orchidées, de cactus, de broméliacées, de flamboyants qu'ils marchèrent peu, tant, à chaque pas, ils devaient s'arrêter pour contempler une feuille, une fleur, un arbre qu'ils ne connaissaient pas, ou qu'ils n'avaient vus qu'illustrés dans des livres. Ils virent pour la première fois l'arbre à cannelle, le cannellier qu'avait si bien décrit Jussieu, puis des spécimens de plusieurs cactus qu'avait répertoriés Dombey. Commerson découvrit, entre autres, un buisson dénudé de feuilles mais qui, étrangement, s'armait d'épines en forme de croix tout au long de sa tige. La plante était rébarbative. Ses épines étaient si aiguisées qu'elle en était difficile à toucher, presque impossible à manipuler. Pour en relever un spécimen, Jeanne dut prendre des gants épais, et malgré eux, les épines réussirent quand même à entailler sa chair. En riant, Commerson décida de la baptiser « colletia ». Cette plante lui permettrait de ridiculiser un botaniste, du nom de Collet, qu'il ne pouvait supporter.

— Cette plante est rétive. Elle ne supporte pas qu'on l'approche. C'est pareil pour Collet. C'est le même caractère. Cela ne m'étonnerait pas que les nodules qu'on aperçoit près des racines soient toxiques. Oui, nous l'appellerons « colletia ». Elle portera bien son nom.

— C'est ainsi que vous baptisez les plantes? s'étonna l'astronome. Vous en profitez pour régler de vieilles discordes?

— Cette plante est malveillante. Grâce à Dieu, elles ne le sont pas toutes. Regardez celle-ci, juste à vos pieds. Regardez ces énormes feuilles vertes avec du rouge en leur centre. Avouez qu'elle semble beaucoup plus avenante. Elle ne ressemble pas à Collet, un homme perpétuellement en colère et venimeux. Celle-ci est accueillante. On a le désir de la cueillir, de l'admirer. Et elle se laissera caresser. Elle n'est pas rétive comme la colletia. Je ne sais pas encore comment je nommerai cette merveille, peut-être le « caladium bicolore ». Et ce n'est pas en référence à quelqu'un, mais parce que j'ai l'impression qu'elle appartient à la famille de l'arum.

Jeanne, chargée comme un âne de montagne, suivait les deux hommes, se penchait avec eux sur mille et une merveilles. Elle mit dans son sac, entre des feuilles de papier, une énorme quantité de spécimens que Commerson voulait analyser et répertorier.

— Regardez cette plante, monsieur Véron, s'exclama le naturaliste. Regardez les étamines et les pistils. C'est là le sexe des fleurs. C'est la grande découverte du grand Linné.

— Tu savais cela, Jean? demanda Véron.

— Oui, monsieur Commerson m'a fait lire un texte que monsieur Linné avait rédigé en suédois et qui a été traduit en français. Il portait sur les ardeurs sexuelles des plantes. Comme les animaux, au printemps, elles ont le goût de se répandre. Elles agrandissent leur famille de la même façon que nous. Linné a prouvé que chez les plantes, il y a aussi des mâles et des femelles.

— Et il n'avait pas 25 ans lorsqu'il a découvert cela, poursuivit Commerson. Linné, c'est un génie. Lorsque monsieur Buffon m'a recommandé à monsieur de Bougainville pour ce voyage, il savait que je reconnaissais comme justes les théories de Linné.

— Et j'imagine, Jean, que tu connais, toi aussi, les classifications de Linné?

— Un peu. Monsieur Commerson me les a un peu enseignées. Mais je ne connais pas tout.

— Tu es vraiment un jeune garçon étonnant. Vraiment, mon cher Commerson, vous n'auriez pas pu trouver meilleur assistant. Il pourrait m'en apprendre beaucoup et pourtant il y a longtemps que je m'intéresse aux plantes.

— C'est un jeune gars intelligent, approuva Commerson en regardant Jeanne.

Jeanne se tut. L'arrivée prochaine de Bougainville angoissait son maître. Pourtant, les propos de l'astronome auraient dû le rassurer. Ses découvertes dans la forêt entourant Rio aussi. Soudain, Jeanne aperçut entre des feuilles vertes, comme un buisson ardent, une plante qui semblait grimpante et qui affichait une couleur pourpre étonnante.

— Regardez monsieur Commerson. Là-bas, on dirait que la forêt est en feu, s'exclama Jeanne en désignant une touffe de rouge qui flamboyait entre les verts de la forêt.

Commerson suivit des yeux la direction du doigt de son serviteur. Il laissa aussitôt tomber feuilles, couteaux et sacs et courut jusqu'à cette huppe d'un violet intense, qui se révéla être, à mesure qu'il s'approchait, une liane grimpante aux magnifiques fleurs d'un rouge violacé, presque pourpre. Ce fut comme devant Rio. Commerson, Véron et Jeanne se turent, émerveillés. Aucun mot n'arriverait à décrire cette splendeur. Commerson s'approcha lentement, effleura la fleur aussi délicate et mince qu'une feuille de papier de soie.

— Ce ne sont pas des fleurs. Ce sont les feuilles. Des feuilles de cette couleur, alors là, j'en perds toutes mes connaissances, marmonna le botaniste. C'est un véritable prodige. Et regarde Jeanne, les fleurs sont à l'aisselle de la feuille. N'est-ce pas extraordinaire ?

Jeanne sursauta. Il l'avait appelée Jeanne. Il ne fallait pas. Enthousiasmé pas sa découverte, il en avait perdu toute défense. Il était en train de les trahir. Son cœur fit une embardée, comme un bateau pris dans un grain. Elle jeta un coup d'œil à l'astronome. Avait-il entendu? Commerson l'avait appelée Jeanne ! Il n'avait pas dit Jean. Il l'avait appelée par son vrai prénom. Il n'avait pas dit Jean, mais Jeanne ! Dans son excitation, il avait oublié qu'elle n'était pas une Jeanne, mais un Jean. Jeanne ne savait plus où regarder. Surtout, elle avait peur du regard de Véron. Lorsque, apeurée, elle osa lever les yeux sur lui, il lui sembla que l'astronome n'avait pas remarqué la méprise. Comment en être sûre? Elle ne put qu'espérer que tout à l'attention que Véron accordait à la liane en feu, il n'avait pas prêté attention à l'erreur de son maître.

— Chaque petite fleur est blottie contre l'aisselle de la feuille, poursuivit Commerson. Voyez, monsieur Véron, c'est la feuille qui arbore la magnifique couleur.

— Vous n'en aviez jamais vu de semblable? questionna Véron.

— Pas de cette forme, ni de cette couleur. Cette plante n'a jamais été répertoriée. Et n'est-ce pas la plus belle que nous ayons vue depuis notre départ de France? On croirait un feu de la Saint-Jean, un feu de joie. Alors là, monsieur Véron, pour vous prouver que je ne baptise pas les plantes seulement par dérision, comme je l'ai fait pour la colletia, nous nommerons celle-ci du nom de notre commandant, du nom de mon ami, le comte Louis-Antoine de Bougainville. Ce que vous avez devant vous, c'est une bougainvillée. Lorsque *La Boudeuse* arrivera à Rio, je présenterai cette splendeur à monsieur de Bougainville. Il le mérite. Sans lui, je n'aurais jamais découvert cette merveille.

— Tenterez-vous de l'adapter ou prendrez-vous seulement un spécimen pour la faire sécher? demanda Jeanne, les sangs encore bouleversés par l'inattention de son maître.

— Oui, ce serait une bonne idée, approuva l'astronome. Nous pourrions la protéger et la ramener bien vivante en France.

— Inutile, trop difficile, sinon impossible, répondit Commerson. Ce serait du temps perdu. Nous la ferons sécher, mais pour que monsieur Bougainville la voie dans toute sa beauté, je l'amènerai ici pour qu'il l'admire en pleine nature. Il en sera, lui aussi, stupéfié. Et fier qu'une plante d'une telle beauté porte son nom. Je suis bien content. Quelle belle trouvaille. Un jour, je nommerai une plante en votre honneur, monsieur Véron. Mais elle doit vous ressembler. Celle-ci a le panache du comte. Elle lui ressemble.

Jeanne était un peu contrariée. Elle eut envie de contredire son maître. Elle aurait aimé tenter de faire vivre la bougainvillée sur le bateau. Pourquoi ne pas essayer d'accoutumer cette plante à la vie sur *L'Étoile*? Pourquoi ne pas rentrer avec une bougainvillée vivante en France? Peut-être survivrait-elle dans le sud de la France. Il y faisait peut-être assez chaud. Elle imagina des rues du bord de la Méditerranée bordées de haies flamboyantes, des murs où débouleraient des lianes de la bougainvillée. Elle en voulut un peu à son maître. Elle pensa à cet officier français Desclieux d'Erchigny qui, autour des années 1720, avait réussi à faire vivre trois plants de café pendant une longue traversée en mer. Il avait même dû, lorsque les rations d'eau avait manqué, partager sa maigre portion d'eau avec ses plants. Un seul avait survécu, mais il avait pu offrir à la France un caféier vivant. Pourquoi ne pourraient-ils pas imiter cet officier avec leur plant de la bougainvillée. Elle pensa insister, mais elle savait que ce n'était pas une priorité pour le naturaliste de *L'Étoile*. Il aimait sécher, coller les racines, les tiges, les feuilles et les fleurs dans des immenses cahiers, mais ne tentait pas d'acclimater les plantes pour en ramener des vivantes. Cela la désolait. Elle savait que leur voyage aurait beaucoup plus de valeur, serait plus estimable, s'ils revenaient avec du vivant et non seulement avec des plantes séchées et décolorées. C'était, songea-t-elle, comme l'idée du bonheur de Jean-Jacques Rousseau. Commerson décrirait la plante, mais il n'en montrerait qu'un vestige fané et desséché. Un vestige sans vie, une idée du bonheur qui n'est plus que l'idée étiolée du bonheur.

— Et si j'essayais ? Je pourrais m'en occuper, essayer de faire vivre cette plante hors d'ici, osa-t-elle lui demander. J'apporterais de cette terre. Je m'en occuperais bien. Je pourrais au moins essayer.

— C'est inutile. Ce que je désire, tu le sais, c'est écrire un livre qui rassemblerait tous les règnes de la nature. Ceux de la faune, de la flore et même des minéraux et des coquillages. Je n'ai pas besoin de m'embarrasser de spécimens vivants.

Jeanne n'insista pas. Véron fut étonné de la réponse de Commerson. Il trouva son projet bien ambitieux et considérait comme sensée la demande de son valet. Alors que Commerson, à genoux, une truelle dans les mains tentait d'arracher quelques racines de la bougainvillée, Véron lui dit que la demande de Jean lui semblait raisonnable.

— Vous n'en trouverez peut-être pas de plus belle, et monsieur de Bougainville en serait encore plus touché si la bougainvillée était ramenée vivante en France.

Commerson n'écouta pas. Jeanne et Véron se regardèrent. L'astronome haussa les épaules, abandonnant l'idée. Lorsque les feuilles et les racines de la bougainvillée furent enfouies au fond d'un sac, le soleil était haut dans le ciel. Ils s'arrêtèrent un moment, s'assirent près d'un lit d'énormes fougères et Jeanne sortit d'une besace quelques morceaux de pain et de poissons séchés. Elle ouvrit aussi un pichet de vin. À côté d'eux, l'arbuste flamboyant qui avait été amputé d'une de ses branches et de quelques racines avait perdu un peu de ses langues de feux. Déjà, sa beauté avait été souillée. Il lui manquait un peu de vie, un peu de ses flammes qui étaient en train de s'éteindre au fond d'un sac que Jeanne avait déposé à côté d'elle.

La forêt était si dense que le soleil perçait à peine la canopée des arbres. La lumière y était filtrée comme par une passoire qui lui donnait des reflets d'un vert très tendre, lumineux. Il y faisait frais et bon. Ils mangèrent d'abord en silence. Un silence pesant, teinté de mal être. Ils étaient pourtant entourés de tous les bruits de la forêt, mais ils les entendaient à peine, ne s'y intéressaient pas. Le refus de Commerson avait indisposé Véron et Jeanne; leur insistance avait déplu à Commerson. Pour briser cet inconfort, Véron s'attrista à haute voix de ce que ce pays où la nature était si exubérante ne soit pas français.

— Les Français ont pourtant déjà tenté de s'établir ici. Ils n'ont pas réussi, déplora l'astronome.

— Comme pour les Malouines? interrogea Jeanne.

— Presque! En 1555, un certain Nicolas Durand de Villegaignon a voulu fonder un refuge ici pour les Huguenots français. Nommé vice-roi d'Amérique, il était parti avec 600 personnes et avait fondé ici, juste là où nous sommes, dans la baie de Guanabara, une colonie française. Villegaignon avait été chevalier de Malte, et condisciple de Calvin. Il a voulu donner une direction religieuse à sa colonie. Cela a suscité des querelles entre les colons. Deux ans plus tard, les Portugais les chassaient. Oui, Jean, tu as un peu raison. Il y a des ressemblances. Aux Malouines, Bougainville a voulu soutenir les Acadiens. Ici, c'était pour protéger les huguenots.

— Pourquoi n'ont-ils pas résisté à l'invasion des Portugais? Ils n'étaient pas assez forts?

— Parce qu'ils étaient en guerre entre eux. Encore cette querelle entre huguenots et catholiques. Ils se sont tant chamaillés qu'ils avaient miné toutes leurs forces. Tous leurs rapports étaient cariés par leurs divergences religieuses. Ils n'ont pas vu l'ennemi venir tant ils se considéraient, entre eux, comme des ennemis. Les Portugais n'ont pris que deux jours pour accaparer la colonie. De Villegaignon avait pourtant plein de bonnes intentions lorsqu'il est arrivé au Brésil. Il a même vécu avec les Indiens d'ici. Vous connaissez sûrement cette histoire, monsieur Commerson, celle de l'Indien qu'il avait ramené avec lui en France. C'est une histoire intéressante et je n'arrive pas à décider si elle est triste ou amusante. Il avait amené le fils d'un chef. Il avait promis au père de le ramener dans une vingtaine de lunes, mais il en a été empêché. Le fils qui s'appelait, je crois, Essomericq n'a jamais revu le Brésil. On l'a marié à une Française, une parente de Villegaignon. Il en a eu huit enfants. Il est mort vieux, autour de 95 ans. Tu connaissais cette histoire, Jean?

— Non, mais si c'était au XVIe siècle, c'est trop loin pour moi. Mes connaissances ne vont pas si loin derrière moi. Monsieur Commerson ne m'a jamais raconté cette histoire, mais il m'a dit que les Indiens d'ici, les Guaranis, étaient peut-être des mangeurs d'hommes, des coupeurs de tête et qu'ils étaient capables de réduire un crâne humain, de le rendre aussi petit qu'une pomme.

— Oui, c'est ce qu'on prétend, répondit Véron. Qu'en pensez-vous, monsieur Commerson? Les Guaranis, ce sont des réducteurs de tête? J'ai peine à le croire si je me fie aux Jésuites qui tentent de les protéger.

Commerson ne répondit pas. Il s'était perdu dans le fouillis des plantes qu'il venait de ramasser et en avait étalé plusieurs devant lui. Il tentait de les classer, mais, observa Jeanne, il était si pressé qu'il en avait déjà brisé plusieurs.

— Attendez, monsieur Commerson. Je vais les trier pour vous. J'ai de plus petites mains.

— Ça, c'est vrai, s'exclama l'astronome. Tu as des mains de fille. Elles ne sont pas bien grandes.

— Bien assez grandes pour faire ce qu'elles ont à faire, rétorqua Commerson d'un ton vif et sans répliques. Jean n'est pas bien vieux, poursuivit-il. Malgré les apparences, c'est un garçon robuste, beaucoup plus que bien des hommes qui ont une stature plus forte.

Véron regarda l'assistant de Commerson, un sourire au coin des lèvres. Ce sourire déplut à Jeanne. Il inquiéta aussi Commerson. Les trois passaient beaucoup de temps ensemble et si quelqu'un, sur le bateau, pouvait découvrir le subterfuge, c'était bien l'astronome qui avait mis de côté tous ses calculs depuis que *L'Étoile* mouillait dans la baie de Rio. Il était de toutes leurs expéditions sur terre.

— Il court des rumeurs sur Jean et vous, monsieur Commerson. Le savez-vous?

— Je ne le sais pas et je ne veux pas en entendre parler. Je suis certain que c'est l'aumônier qui répandait des faussetés sur nous. Il est mort et s'il y avait des racontars, ils sont morts avec lui. Allez, Jean, remets tout cela dans le sac, on rentre.

Ils retournèrent au bateau en silence. Ils avaient tant recueilli de plantes que le retour fut malaisé tant ils étaient chargés et que leurs sacs et leurs outils se prenaient dans des branches ou des troncs d'arbres. Aux abords de la ville, Véron attendit le valet de Commerson qui, chargé comme un âne, prenait toujours un peu de retard sur les deux hommes. Il lui murmura, un peu mal à l'aise, qu'il n'avait pas voulu commettre d'impair. Il ne voulait pas se mettre Commerson à dos. Il voulait continuer d'herboriser avec lui.

— Je n'ai pas à vous juger. Je n'en ai ni l'intention ni la volonté.

— Il n'y a rien à juger.

— Ce que j'ai à juger, c'est un jeune garçon plein d'élan, qui est travailleur, curieux, intelligent et qui a la générosité d'apprendre à un plus jeune à lire. Loin de moi, l'idée de mal te juger. J'aurais dû me taire. La journée avait été magnifique. On revient même à bord de *L'Étoile* avec une bougainvillée. Je n'ai pas voulu assombrir cette journée. Je le dirai à ton maître.

— Peut-être pas, monsieur. Il vaut mieux oublier tout cela. Je sais bien que je suis de constitution fragile. Je n'ai même pas de barbe. C'est la nature qui m'a fait ainsi. Je ne peux rien y faire. J'ai attendu que la barbe pousse. Je l'ai espérée et pas un poil n'a poussé.

— C'est cela qui fait parler les hommes. Et tu dors dans la même cabine que ton maître. Cela aussi fait jaser. Lorsque monsieur de Bougainville sera arrivé, il faudrait peut-être faire plus attention.

— Oui, je sais que je devrai bientôt dormir avec les serviteurs. J'aide pourtant monsieur Commerson le soir.

— Rien ne t'empêche de continuer à l'aider. Même le soir. Ici, la nuit tombe vite, il est plausible que tu travailles tard. Vous récoltez le jour, vous classez le soir. Personne n'aurait rien à redire à cela, Jean. Tu es un bon petit gars. Ne donne pas aux autres du jeu pour te blesser. On vit les uns sur les autres. On commence à peine le voyage. Tu peux encore te protéger.

En traversant la ville de Rio, ils aperçurent Michau, debout, presque immobile, face à l'endroit où l'aumônier avait été assassiné. Il ressemblait à une bête en cage, marchait sur une courte distance, revenait sur ses pas, piétinait le lieu même de la mort de son ami. Il semblait hébété, avançait la tête baissée, s'arrêtait, scrutait ses pieds, refaisait quelques pas en observant ses chaussures comme si toutes les réponses à ses questions y étaient dissimulées. Il ne semblait pas avoir conscience de ce qui l'entourait. Il levait parfois la tête quelques secondes, observait les premières vagues, puis reprenait ses allers-retours le long de la grève. Il semblait sans volonté. Un bateau encalminé en train de vaciller sur son ancre, un animal en cage désespéré et vidé de son énergie.

Commerson ne s'était pas préoccupé de l'écrivain. L'avait-il même vu? Accroupi sur la grève, il venait de découvrir quelques coquillages qui semblaient le fasciner. Véron fut, quant à lui, ému par la solitude et le désœuvrement qui se dégageaient de la silhouette de Michau. Il s'approcha de lui et tenta de le convaincre de revenir sur la flûte avec eux.

— Je ne veux plus vivre sur ce bateau, répondit-il à l'astronome. Ce bateau va à la dérive. C'est un bateau sans Dieu. Buet disparu, c'est Dieu aussi qui a quitté *L'Étoile*. Vous avez remplacé Dieu par la science. Vous vous trompez. La science, c'est une fausse religion. Buet vous protégeait. Et il n'est plus. Vous ne prenez pas de leçon du passé. Avez-vous oublié Louis XIV? Même le Roi-Soleil qui, dans sa jeunesse, avait remplacé Dieu par la danse et les arts a compris que la voie du seigneur n'était pas là. En vieillissant, il est revenu à Dieu. Vous faites comme le jeune Roi-Soleil. Vous vous trompez de Dieu.

— La science et la foi ne sont pas irréconciliables, monsieur Michau. Tenter de comprendre le monde, j'en suis certain, ne déplaît pas à Dieu.

Il faut faire confiance aux gens de *L'Étoile*. Peut-être que votre ami Buet se trompait. Peut-être devriez-vous tenter de comprendre autrement notre aventure.

— Vous tournez le dos à Dieu. Vous naviguez dans des vents contraires. Je ne veux pas rester dans cette colonie où des Nègres ont tué l'aumônier de *L'Étoile* et je ne veux plus naviguer avec vous. Je veux retourner en France. Je ne veux plus continuer avec vous.

— Monsieur Bougainville devrait arriver bientôt. Peut-être pourra-t-il vous aider. Mais vous ne pouvez pas rester seul ici. Remontez sur *L'Étoile* avec nous. Venez nous aider. Regardez, Jean Barré a les bras chargés de sacs de plantes. Il nous attend.

— Que son maître l'aide. Il est encore à chercher des babioles qui ne seront d'aucune utilité. À quoi lui serviront les coquillages qu'il est en train de ramasser ? Vous venez de le dire, Jean Barré a déjà les bras pleins. N'est-ce pas suffisant ?

— Monsieur Commerson ne sait pas quand s'arrêter. Vous avez raison, mais que pouvons-nous y faire ? On m'a dit, monsieur Michau, que vous aimiez jouer aux échecs. J'ai un jeu dans ma cabine. Venez, je vous propose une partie.

L'écrivain Michau regarda Véron et opina de la tête. La perspective d'une partie d'échecs sembla lui plaire. Ils se dirigèrent vers le valet de Commerson et Michau lui offrit même de transporter quelques sacs. Non loin de là, Commerson chantonnait. Il avait oublié la remarque de Véron sur son assistant et s'exclamait, encore une fois, abasourdi par la beauté et par la diversité des coquillages marins. Il appela son assistant, lui remit quelques roches recouvertes d'algues et de coquillages.

— Regarde bien, on pense qu'il n'y a rien à découvrir sur ces cailloux. Et pourtant, tous les deux participent à des naissances. L'un signe la naissance du minéral au végétal, ce sont les mousses ; l'autre du minéral à l'animal. Ce sont les coquillages. N'est-ce pas merveilleux. Et regarde toutes ces écrevisses. Je reste ici, il y a trop à observer sur cette plage.

— Il faut rentrer, Philibert. L'écrivain Michau a accepté de nous suivre. Il va nous aider à transborder toutes nos découvertes.

— Ne m'appelle pas ainsi ! Tu ne dois jamais m'appeler Philibert ! Tu le sais, c'est dangereux. Même lorsque nous sommes seuls, tu dois m'appeler « monsieur ». C'est ce qui était convenu. Tu te le rappelles? Alors, fais attention. Tu as entendu ce qu'a dit Véron. On jase sur nous. Et *La Boudeuse* sera bientôt là. Je suis de plus en plus préoccupé. Que tu m'accompagnes n'était pas une bonne idée. C'est beaucoup trop inquiétant, contrariant.

— Mais je vous aide. Monsieur Véron l'a dit que vous n'auriez pu trouver meilleur assistant. Je vous trouve injuste.

— Allez, va rejoindre les autres. Prends ces coquillages avec toi. Je rentrerai plus tard. Il faudra discuter. On ne peut pas continuer ainsi. Que nous arrivera-t-il si on découvre notre mensonge? N'oublie pas que tu m'as promis que, si tu devais être découverte, tu jurerais que je n'étais au courant de rien.

Jeanne ne répondit pas. Elle rejoignit Michau et Véron. Elle n'avait pas osé dire à son maître que lui aussi s'était trompé, qu'il l'avait appelée par son vrai prénom. S'il se trompait encore, comment pourrait-elle faire croire qu'il ne savait pas qu'elle était une fille déguisée? Oui, ils avaient à discuter.

Le soleil déclinait déjà à l'horizon. La ville était encore animée, mais, comme les jours précédents, personne ne s'occupa d'eux. Leur présence sur le sol brésilien semblait passer inaperçue. Du moins faisait-on semblant de les ignorer. Le soir, pourtant, lorsque les marins de *L'Étoile* traînaient dans les rues de Rio, il y avait souvent des démêlés avec les habitants. La ville n'était pas des plus accueillantes. Jeanne n'aimait pas s'attarder dans la ville ou sur les abords du quai. Elle était toujours contente de remonter sur la flûte. Ce jour-là, elle n'y avait pas encore mis le pied que François, tout fébrile, l'attendait. Il avait les doigts et les joues tachés d'encre noire. Il lui montra une feuille de papier.

— Regarde Jean. Si je mets un grand mât avec un gros nez et que je le fais suivre par grand mât sans gros nez, j'écris « PI » et si je le répète, j'écris « PIPI ». C'est vrai?

— Oui, François. Tu as écrit « PIPI ».

— Je le savais. Personne ne voulait me croire. Tu le leur diras que j'ai écrit « PIPI » ?

— Dis-moi, François, tu me le donnerais ton « pipi » ?

— Tu veux mon pipi?

— Oui, le « pipi » que tu as écrit. C'est le premier mot que tu as écrit sans l'aide de personne. J'aimerais le garder en souvenir.

— Alors là, tu me fais un grand plaisir. Le voilà, mon « pipi », je te le donne.

Jeanne sourit. Elle lui demanda de l'aider à transporter tout le matériel dans la cabine de monsieur Commerson. Lorsque François vit l'endroit où Commerson et Jean vivaient, il fut consterné. Il lui demanda où ils dormaient tant le lieu était encombré de vestiges de poissons, d'amphibiens, d'insectes et de plantes.

— Et maintenant, vous ramassez des roches et des coquillages. Mais vous n'aurez bientôt plus de place pour vous, même en vous tenant debout. Vous allez être étouffés, s'exclama-t-il en riant. Et en plus, ça pue.

Jeanne s'apprêtait à expliquer à François que son maître avait l'intention de répertorier toutes les formes de vie sur la terre et que cela amènerait encore plus d'encombrement lorsqu'ils entendirent comme une clameur, des cris de joie qui se faufilèrent jusqu'à eux. Ils remontèrent sur le pont et virent, gracieuse et élégante, *La Boudeuse* entrer dans le port de Rio. Jeanne contempla avec un frémissement au cœur la frégate de Bougainville dont le grand mât pointait vers le ciel. Ces hommes avaient traversé l'océan à son bord. Ils venaient rejoindre ceux de *L'Étoile*. Comme Magellan, ils feraient le tour de monde.

Ce soir-là, lorsqu'elle fut seule, elle ouvrit sa boîte à musique et y déposa une fleur de la bougainvillée et un coquillage dont l'irisé du nacre l'avait particulièrement touchée. Enfin, elle fut fière d'y déposer le « pipi » de François.

Louis-Antoine, comte de Bougainville

12

Autour de la table, en plus du vice-roi du Portugal, Alvares da Cunha, il y avait là des hommes qui avaient enflammé l'esprit de Jeanne Barret. C'étaient tous des scientifiques, des explorateurs, des hommes qui l'avaient fascinée dès que Commerson lui en avait parlé.

Un souper avait été organisé à bord de *La Boudeuse*. Le vice-roi du Brésil venait saluer le prince de Nassau. Bougainville, sachant que les relations entre le Portugal et la France n'étaient pas toujours au beau fixe, avait voulu faire les choses en grand. Les officiers des deux bateaux français avaient même formé une double haie d'honneur pour accueillir les invités de marque. Pour encore plus de faste, le comte de Bougainville avait demandé à ce que tous les marins et matelots grimpent un peu partout dans les cordages et les vergues du bateau. Jeanne avait été avec eux et, comme eux, elle avait crié « Vive le Roi » lorsque Alvares da Cunha et les dignitaires de Rio avaient mis pied sur *La Boudeuse*.

Les invités s'étaient ensuite rendus à la salle des officiers et les hommes d'équipage de la frégate s'étaient dispersés un peu partout sur *La Boudeuse*. Ceux de *L'Étoile* étaient retournés sur leur flûte ou étaient restés discuter avec leurs compagnons de *La Boudeuse*. La veille, Bougainville avait organisé une grande fête de retrouvailles entre les deux équipages. Le vin et l'eau-de-vie avaient coulé à flots. On avait tué des poules, un mouton et un cochon. Il y avait eu fête et beuverie. Plusieurs marins des deux vaisseaux se connaissaient depuis l'enfance. Plusieurs étaient malouins et n'en étaient pas à leur première expédition. On s'était raconté les tempêtes, les avaries que les deux bateaux avaient subies. Ceux de *La Boudeuse* avaient relaté ce qu'ils avaient vu aux Malouines; ceux de *L'Étoile*, la vie à Montevideo. On avait ri et Jeanne, qui ne connaissait pas l'équipage, s'était tenue un peu à l'écart, même si François avait tenté à plusieurs reprises de lui faire partager l'euphorie de la fête.

Si la veille c'était l'équipage qui avait fêté, ce soir, c'était au tour des officiers qui, bien vêtus et faisant preuve de toute la politesse et du savoir-vivre dont ils connaissaient l'usage, mangeaient avec les notables de Rio de Janeiro.

Ils devaient déjà être en plein milieu du repas lorsqu'un serviteur était venu chercher le valet de Commerson. Son maître voulait qu'il se rende sur *L'Étoile* pour récupérer la bougainvillée. Commerson voulait l'offrir de façon officielle à son ami. Jeanne, aidée d'un matelot, avait pris une barque, était remontée sur la flûte, avait récupéré la plante qui, déjà, avait perdu de son éclat. Elle était retournée sur *La Boudeuse* et intimidée, un peu craintive, elle était entrée dans la salle des officiers. Le naturaliste avait pris la peine de présenter au vice-roi et à ses invités son valet, et même son assistant, avait-il tenu à préciser. Jeanne avait baissé les yeux, avait failli faire une révérence de fille, s'était reprise juste à temps. Elle était un peu effarouchée par tous les hommes de qualité qui se trouvaient autour de la table. Commerson lui demanda d'attendre que les invités aient eu le temps de bien admirer la plante qui, désormais, porterait le nom de leur commandant. Jeanne avait regardé la bougainvillée circuler de main en main et avait été triste de voir combien, en si peu de temps, la magnifique plante avait perdu de son panache. À Toulon-sur-Arroux, puis à Paris, elle avait souvent rêvé de découvrir une plante d'une telle splendeur. Ce n'était là qu'un désir, qu'une idée qu'elle entretenait avant de s'embarquer sur *L'Étoile*. Ce n'était là qu'un rêve qui ressemblait un peu à celui qu'on se fait du bonheur. Lorsqu'elle avait découvert la bougainvillée, elle s'était alors dit qu'elle était devant son bonheur. La plante était là palpable, visible, bien réelle. Le contentement qu'elle avait ressenti à caresser les feuilles de la bougainvillée n'était plus que de l'ordre de l'idée. Et pourtant, lorsque, ce soir, elle regardait la plante circuler de main en main, elle songea, déçue, que ce n'était déjà plus du bonheur comme le décrivait Rousseau. C'était un bonheur déjà usé, flétri. Elle en fut un peu mal à l'aise et repensa au coquillage pulvérisé qui l'avait tant chamboulée. C'était, songea-t-elle, un peu du même ordre. Y avait-il faute à accaparer ce qui vivait sans eux, en toute liberté. Tout ce qu'ils avaient récolté n'était plus que des spécimens morts qui n'irradiaient plus aucune beauté. Jeanne aurait aimé que son maître accepte l'idée de conserver vivante la bougainvillée. Elle savait pourtant qu'elle n'avait ni l'autorité ni les connaissances pour obliger son maître à faire plus attention à ce qu'il ramassait.

Tentant de mettre de côté ses craintes, Jeanne se tint bien droite dans un coin ombragé de la pièce. Les gens qui discutaient autour de la table l'impressionnaient. C'était aussi une joie de les observer. Elle en était tout autant fascinée que devant la baie de Rio ou que devant la bougainvillée. Elle en oublia ses appréhensions. Il y avait là le commandant et capitaine de *La Boudeuse*, Louis-Antoine de Bougainville. Dans la trentaine, il avait un visage avenant, plein de vie et de bonté. Jeanne savait qu'à peine âgé de 23 ans, il avait publié un traité de calcul intégral et différentiel, qu'il ne s'intéressait pas uniquement aux mathématiques, mais qu'il était aussi un féru de mécanique, de géométrie, d'histoire naturelle et d'astronomie. Il n'en paraissait pas pour autant renfermé et imbu de lui-même. Il semblait aimable et d'un caractère rieur. C'était un homme qui aimait autant rire, manger, boire que s'instruire. Cela, déjà, avait le pouvoir de l'impressionner. Il discutait avec le vice-roi du Portugal et semblait user de tout son charme pour l'amadouer. Cela ne semblait pas aussi facile qu'il se l'était peut-être imaginé.

En face de lui était assis le chirurgien Vivès. Jeanne le connaissait bien. Elle le respectait aussi. Elle regretta encore une fois le peu d'affinité qu'il y avait entre lui et Commerson. Les deux hommes ne s'aimaient pas. Pourtant Jeanne appréciait Vivès. Son maître, tout au contraire, n'arrivait pas encore, même après des mois de voyage, à supporter le jeune chirurgien. Jeanne ne comprenait pas pourquoi. C'était peut-être une question d'âge. Commerson était l'un des plus vieux de l'expédition. Dans la jeune vingtaine, Vivès avait pourtant déjà passé une bonne partie de sa vie en mer. Commerson, dans la quarantaine, avait à peine voyagé. Tous deux étaient sévères, mais Vivès était aussi un homme juste. Tous ses commentaires étaient teintés de politesse. Il avait su se faire apprécier des marins. Tout le contraire de Commerson, qui jugeait trop rapidement et doutait facilement de la valeur de ceux qui l'entouraient. Il y perdait parfois la satisfaction de rencontrer et d'apprécier des hommes qui en valaient vraiment la peine.

Le prince de Nassau, que Jeanne ne connaissait pas, était assis près de lui. Ami de Bougainville, il aimait les voyages et avait participé à toutes ses expéditions sur terre. C'était un grand parleur, un homme aux gestes amples et à la voix haut perchée. Un peu excité, songea Jeanne. Il était en train d'expliquer à Commerson toutes les péripéties qui s'étaient produites depuis leur départ de France. Il avait décrit les cérémonies un peu tristes qui avaient marqué la remise de l'archipel des Malouines à l'Espagne. Le vice-roi du Brésil, qui parlait assez bien français, se mêlait pourtant peu à la conversation. Il chuchotait parfois quelques phrases au prince de Nassau ou au comte de Bougainville, mais restait sur son quant-à-soi. On avait évité de parler de l'assassinat de l'aumônier pour ne pas l'indisposer. Non loin du prince et du vice-roi, il y avait l'ingénieur cartographe, Charles Routier de Romainville. Il expliquait au prince les difficultés qu'il avait rencontrées à bien cartographier certaines côtes et les erreurs de calcul qu'avaient faites les cartographes qui avaient dessiné des cartes avant lui. Âgé d'environ 24 ans, il avait, selon Commerson, l'un des rôles importants de cette expédition. Il était essentiel de bien dessiner les côtes, les îles, les repères. Si les cartes se révélaient inexactes, les découvertes étaient perdues, l'expédition inutile.

Jeanne en observant tous ces savants, en écoutant le capitaine de *L'Étoile*, de La Giraudais, discuter avec animation avec le second de *La Boudeuse*, Duclos-Guyot, du meilleur lieu pour hiverner, pensa soudain que c'était peut-être cela aussi le bonheur. Elle était en train de passer une bonne heure. Pendant qu'elle était encore à attendre que Commerson lui remette la bougainvillée, quatre musiciens firent leur entrée. Bougainville avait toujours estimé que, partir pour de longues expéditions sans musiciens, c'était se priver de ce qui pouvait adoucir les difficultés du voyage. La musique avait permis aux passagers de *La*

Boudeuse de passer des soirées qui permettaient d'oublier, pendant quelques heures, les inconforts de la vie en mer. Ce soir, ils venaient animer le repas. Jeanne désira que Commerson oublie de lui remettre la bougainvillée. Elle voulait entendre la musique. Il y avait là deux flûtistes, un violoniste et un joueur de viole de gambe. Sa boîte à musique, bien qu'elle l'enchantât encore, lui apparut bien pauvre, comparée aux notes qui s'égrenèrent dans la salle des officiers. Ils jouèrent d'abord du Lully. Du moins Jeanne le crut-elle. Elle ne connaissait pas beaucoup la musique de cour. Elle s'imagina ailleurs, dans un château du roi, là où la beauté fait partie du quotidien, là où la musique enchante tous les repas. Elle ferma les yeux, soupira d'aise et se crut presque au ciel. Si les conversations des membres de l'état-major recouvraient parfois les instruments, si elle les entendait discuter d'avaries, de longitudes, de cartographies ou de rencontres avec des indigènes, elle ne s'attarda qu'à cette musique toute en limpidité et en frivolité. Elle était ailleurs, peut-être dans un château de la Loire comme à Chenonceaux ou à Chambord, en présence de femmes tout habillées de satin, de brocart et de broderie, à perruque poudrée accompagnées d'hommes dont le raffinement ne laissait place qu'à une immense politesse, celle des rois.

Lorsque les instruments se turent et qu'elle ouvrit les yeux, elle se retrouva dans la salle d'une frégate beaucoup moins riche et accueillante. Pourtant, elle sourit de contentement. Elle n'aurait pas échangé sa place pour une chaise de velours cramoisi dans une salle de palais où les lustres de cristal auraient remplacé les lampes à l'huile qui peinaient à diffuser une lumière glauque sur la table des convives. Non, elle n'aurait jamais voulu être ailleurs. Tous ces hommes étaient des chercheurs, des scientifiques, des artistes. Ils avaient beaucoup plus d'importance que tous les nobles de ce monde. C'étaient des passionnés, des idéalistes, des philosophes, des hommes du XVIIIe siècle qui se réclamaient de Voltaire et de Diderot. Ce n'étaient pas des conquérants mais des chercheurs, des explorateurs. Ils poursuivaient une vérité qui ne se donnait pas d'elle-même. Une vérité en dehors des dogmes et qui, tel un prisme de couleurs, se développait dans des tons parfois irisés, parfois éclatants, mais toujours insolites parce qu'elle ne se déployait jamais dans le singulier. Elle était plurielle.

La musique avait repris. C'était maintenant un air de flûte, à peine appuyé par quelques accents de violon et de viole. En écoutant le rire de Bougainville qui perçait parfois les notes claires de la flûte, Jeanne se dit que le goût de la vie et du plaisir n'était pas en contradiction avec cette recherche de la vérité qui avait tant indisposé l'aumônier Buet. Cet appétit de comprendre le monde, en dehors des vérités toutes faites, venait de ce besoin de tolérance qui courait dans les veines de ceux qui lui faisaient face. Jeanne aussi était une rêveuse, une utopiste. Comme Commerson, et les philosophes de son époque, elle désirait que le pouvoir d'autorité accordé à certains hommes ne le soit plus par descendance, ne se transmette plus de père en fils, mais vienne de l'utilité que les hommes ont pour le monde dans lequel ils vivent. L'autorité naîtrait un jour de la fraternité humaine, de l'apport bienveillant qu'un homme accorde à ce qui l'entoure.

La musique s'allongeait entre les propos des hommes, s'étirait jusqu'à elle, la recouvrait comme une couverture de laine très douce. Non, elle n'aurait changé de place avec personne. La bougainvillée, déposée sur le sol, à côté de Commerson, avait été oubliée. On avait aussi oublié sa présence. Elle en fut heureuse, s'assit à même le sol, étendit un peu plus ses jambes, appuya sa tête contre le lambris de la coque. Elle pouvait observer les scientifiques, écouter des musiciens qui jouaient des airs de château en fête. Cela valait toute la peine qu'elle s'était donnée pour tromper son entourage. Même si bientôt elle devrait quitter la cabine de son maître, même si ses seins la faisaient de plus en plus souffrir et que même Commerson n'osait plus toucher ces masses de chair à vif, elle se crut bénie des dieux. Elle voguait sur une *Étoile* habitée par des hommes de lumières. Jeanne, ce soir-là, eut l'impression de côtoyer des géants.

Plusieurs botanistes affirment que la tonicité de la plante vient du pouvoir qu'elle a de retourner continuellement ses feuilles vers la lumière. Jeanne Barret avait, elle aussi, ce don. Même lorsqu'elle sentit entre ses cuisses couler un filet chaud qui annonçait ses menstruations, elle ne paniqua pas. Bien au contraire. Elle s'en réjouit. Elle n'était pas enceinte. Même si Commerson se retirait presque toujours à temps, même si elle avait pris l'habitude, lorsqu'elle en avait le temps et la possibilité, d'insérer dans son ventre un tampon ou une éponge enduit d'eau de potasse, de soude ou de vinaigre, elle avait toujours peur de se retrouver grosse. Cette crainte, en fait, se faisait de moins en moins pesante. Commerson ne s'intéressait presque plus à la femme qu'elle était, sauf lorsqu'il craignait que leur subterfuge soit découvert. Vêtue comme un garçon un peu pouilleux, les seins écrasés et recouvert de dartres, elle ne séduisait plus le naturaliste. Enchanté par ses découvertes, presque bienheureux, il passait ses journées dans une euphorie qui l'éloignait de la présence féminine de Jeanne. Il pensait plus à ses poissons, à ses plantes ou à ses coquillages qu'à celle qui avait tronqué sa féminité pour le suivre. Jeanne n'en était pas offusquée. Cela facilitait sa vie. Elle était satisfaite que son maître la considère de moins en moins comme une femme et la voie de plus en plus comme un assistant. Le sang chaud de ses menstrues se répandait comme une lente coulée de lave sur ses cuisses. Elle pensa à l'étoupe qu'elle avait volée dans la cale du navire. Si la filasse servait à calfater les voies et les saignées d'eau, elle serait peut-être aussi efficace pour la protéger des fuites menstruelles qui pouvaient transpercer ses hardes. Elle avait pensé glisser, entre deux linges, une épaisse couche d'étoupe qui réussirait peut-être à absorber le sang. Furtivement, en se faisant la plus discrète possible, elle sortit de la salle des officiers. De retour à sa cabine, elle s'occupa à former une serviette d'étoupe qui dissimulerait de façon plus sûre ce qui pourrait la trahir : une tache de sang menstruel qui aurait souillé ses culottes et aurait ainsi signé de façon inexorable sa féminité.

13

Ils hiverneraient à Montevideo. Les relations avec le vice-roi du Brésil s'avéraient trop malaisées. Des hostilités entre la France et le Portugal ne devaient pas mettre le voyage autour du monde en péril. Bougainville tenait à réussir cette circumnavigation. Il avait été trop étroitement mêlé à des échecs depuis quelques années. La France avait perdu la guerre de Sept Ans, elle y avait abandonné la Nouvelle-France. Le traité d'Utrecht l'avait obligée à remettre sa colonie des Malouines aux Espagnols. Cela suffisait ! L'Angleterre, l'Espagne et le Portugal avaient réussi à réduire, comme peau de chagrin, les conquêtes françaises à travers le monde. La France devait trouver de nouvelles colonies, exploiter de nouvelles terres qui l'approvisionneraient en richesses de toutes sortes. C'est dans les mers du Sud que la France pourrait satisfaire ses besoins en café, sucre, épices, cacao, coton, bois et pierres précieuses. Bougainville voulait être celui qui apporterait à son pays ces richesses. Il découvrirait de nouvelles terres, en prendrait possession au nom de la France et redonnerait à son pays sa splendeur passée. Il aurait aimé être en train de voguer sur les mers encore plus au sud que l'archipel des Malouines, mais l'hiver qui approchait les obligeait à hiverner dans des eaux plus calmes que celles de la Terre de Feu ou du détroit de Magellan.

Relâcher à Montevideo était la meilleure solution pour protéger les vaisseaux contre la violence des tempêtes hivernales. Rio était trop dangereux. Sa baie était pourtant calme et les deux bateaux y auraient été bien protégés, mais la ville n'était pas sûre. Même les marins des deux vaisseaux avaient hâte de quitter la baie de Guanabara. Les hommes ne faisaient plus confiance aux Brésiliens. Ils les jugeaient querelleurs et hypocrites. Sous leurs vêtements, à côté de leur rosaire, se dissimulait toujours un fusil ou un poignard. Plusieurs hommes des deux vaisseaux n'admettaient pas, non plus, le trafic d'esclaves dont Rio était le cœur. Ils évitaient de plus en plus de descendre dans la ville où les escarmouches avec les résidants se multipliaient.

Bougainville avait donc décidé de ne s'ancrer à Rio que le temps de réparer les avaries des deux bateaux. Le bois de qualité n'y coûtait presque rien. Il fallait en profiter. Déjà, les raccommodages étaient presque terminés. Les hommes avaient travaillé au mât de beaupré, avaient capelé les haubans, guindé les mâts de hume, nettoyé le bordage des deux navires, recherché des voies d'eau et tenté de les colmater. Il ne restait plus qu'à enverguer les voiles et ils pourraient quitter le Brésil. Bougainville espérait que les mâtures tiennent bon jusqu'à Montevideo. Ils auraient alors tout l'hiver pour les renforcer. Il était étonné de la fragilité des embarcations. Leurs armatures étaient beaucoup plus délicates qu'il ne l'avait d'abord pensé. Elles étaient fragiles et lorsque ce n'étaient pas des mâts ou des envergures qui se brisaient, c'étaient les voies d'eau qui se multipliaient. Surtout sur *L'Étoile*. Les vents de l'Atlantique menaçaient continuellement de déchirer les cacatois ou la grand-voile ou de casser tout ce qui était en bois comme les mâts ou le bout-dehors du clinfoc. Ses deux vaisseaux étaient aussi délicats et fragiles que des verres de cristal.

La veille, Bougainville avait fait retirer de la poudrière, située en dehors de la ville, les poudres de canon qu'ils avaient dû déposer à leur arrivée dans la baie. Le vice-roi avait demandé un prix d'entreposage exorbitant et, en colère contre la cupidité du gouvernement brésilien, Bougainville attendait le vent favorable qui lui permettrait de quitter la baie de Guanabara.

À quatre heures, le 13 juillet 1767, *La Boudeuse* donna le signal pour désaffourcher. Deux heures plus tard, ils appareillèrent. Le vent soufflant mou, les deux vaisseaux restèrent encalminés pendant près de deux jours au large de la baie. Ils ne voguèrent toutes voiles dehors qu'à partir du 15 juillet. La vie alors s'organisa peu à peu sur les deux bateaux.

Une vie échafaudée par des travaux de toutes sortes. Tous les hommes savaient ce qu'ils avaient à faire, tous étaient autonomes et travaillaient sans qu'il y ait controverses ou mauvaise humeur. Les vents étaient si variables qu'ils exigeaient une surveillance constante des voiles. Ils se forcèrent à longer les côtes. Les deux bateaux, pendant quelque temps, se suivirent, silhouettes bien fragiles sur ces mers agitées. Ils croisèrent quelques bateaux portugais, d'autres anglais ou espagnols. La plupart, supposèrent les hommes d'équipage, avaient la cale lestée des richesses de toutes sortes, de richesses qu'ils ramenaient dans leur pays. On les envia.

Au départ de Rio, Jeanne et Commerson mirent de l'ordre dans tous les spécimens qu'ils avaient récoltés. Il y avait déjà plus de 20 caisses remplies de plantes, de coquillages, de poissons séchés ou noyés dans des pots d'alcool. Commerson, depuis leur départ de Rio, tentait de conserver ses poissons par une nouvelle manière. Il les fendait en deux, en détachait la colonne vertébrale et enlevait les viscères. Il étendait ensuite la peau sur du bois de tilleul et fixait les nageoires avec des épingles. Il faisait ensuite sécher cette peau au soleil sur les cages des poules qui encombraient le pont. Il demandait souvent à son assistant de transporter les planches de tilleul pour qu'elles puissent suivre le soleil. Les jours de brume ou de pluie, tout cet attirail revenait dans la cabine de Commerson ou était déposé sur les couvercles des barils d'eau de l'entrepont. Les hommes de *L'Étoile* se plaignirent de tout ce désordre qui augmentait l'encombrement des ponts. Ils étaient déjà à l'étroit. D'autant plus que Commerson avait exigé qu'ils prennent d'infimes précautions lorsqu'ils travaillaient près de ses spécimens. Le naturaliste s'était pris aussi d'une véritable passion pour les plus gros poissons comme les requins ou les espadons. Il les vidait et les rembourrait de paille. La cabine n'était plus qu'un débarras, un véritable fouillis funéraire. Lorsque la décision avait été prise, peu après leur départ de Rio, de transférer la couche du valet de Commerson sous le gaillard d'avant, Jeanne en avait été presque contente. La cabine de Commerson était devenue inhabitable tant les caisses de bois, les peaux d'animaux séchées, les oiseaux et les poissons empaillés prenaient toute la place.

Les premières nuits furent sans sommeil. Elle ne cessa de se défendre contre les avances des hommes. Ils voulaient, prétendaient-ils en riant, rendre visite à leur nouveau locataire, lui rendre aussi les hommages qu'il méritait. Jeanne avait caché, sous la couverture de son hamac, une arme et en avait menacé les hommes trop pressants. Ils avaient ri encore plus, n'avaient pas pris au sérieux ses avertissements. Jeanne avait eu beau leur répéter qu'elle n'avait jamais eu de rapports coupables avec son maître et qu'elle n'en aurait pas plus avec eux. Dieu l'avait fait fragile, un peu comme les eunuques dont les Arabes font les gardiens de leur harem, ne cessait-elle de leur répéter sur tous les tons.

— J'aurais aimé être aussi bien bâti que vous et ne croyez pas que je ne souffre pas de ma constitution trop fragile. Et vos sarcasmes ne m'aident pas. Vous l'avez vu, je suis quand même dur à l'ouvrage. Alors, laissez-moi en paix. Moi aussi, j'ai besoin de me reposer et de dormir sans craindre vos malices.

Ces propos avaient un peu troublé les hommes. Certains, pourtant, n'avaient pas cessé leurs avances. Jeanne s'en était plainte au capitaine de *L'Étoile*. De La Giraudais avait puni les contrevenants et on avait déplacé son hamac dans un coin plus reculé du gaillard d'avant. Jeanne ne dormait jamais sans son arme près d'elle. Les hommes le savaient, lui en voulurent un peu, mais le travail qu'elle accomplissait pour aider les marins lorsque Commerson n'avait pas besoin d'aide suffit à calmer leur colère. Le respect que lui vouaient les scientifiques contribua aussi à calmer les doutes de ceux qui voyageaient avec ce jeune garçon un peu trop féminin.

François aussi l'aidait. Il prenait toujours sa défense lorsque des hommes faisaient des sarcasmes sur la taille de Jeanne ou sur ses joues imberbes. Jossigny avait décidé d'aider le jeune mousse dans son apprentissage de la lecture. Il lui avait montré un livre, le *Robinson Crusoé* de Daniel Defoe, roman anglais paru autour des années 1720 et qui avait été traduit en français. François l'avait feuilleté comme si un trésor y était dissimulé. Il avait tourné les pages, les avait caressées avec une délicatesse qui toucha le dessinateur. Jossigny lui avait alors lu les premières pages du roman, celles où le père de Robinson lui explique pourquoi son désir de courir les mers est néfaste et ne peut lui apporter que des malheurs. François avait écouté en silence, la tête déjà dans la ville de York en Angleterre. Il avait été particulièrement touché par une phrase du père de Robinson: « Il n'y a que les hommes dans l'adversité ou les ambitieux qui s'en vont chercher aventure dans les pays étrangers, pour s'élever par entreprise et se rendre fameux par des actes en dehors de la voie commune. » François avait prié Jossigny à plusieurs reprises de lui répéter cette phrase. Il voulait s'en souvenir pour la répéter à son ami Jean. François voulait lui demander s'il n'était qu'un ambitieux ou, comme lui, un homme dans l'adversité. Il se disait que cette idée du père de Robinson, qui ressemblait aux propos de l'abbé Buet, était incomplète, mais il ne savait pas pourquoi. Lorsque Jossigny eut terminé la lecture du premier chapitre, il demanda à François de reconnaître certaines lettres dans les pages qu'il venait de lui lire. L'enfant en découvrit plusieurs et Jossigny se plut quelques instants à lui désigner des lettres que François connaissait déjà mais qui, mariées à d'autres, donnaient de nouveaux sons. Il avait ainsi appris le son que donne le « O » lorsqu'il est associé au « I » et celle du « A » lorsqu'il est collé au « I ». François était si heureux qu'il raconta à tous les hommes de l'équipage pourquoi le père de Robinson Crusoé s'inquiétait du goût de son fils pour les voyages en mer.

C'était alors devenu un rituel. Lorsque la mer était sans rides, que le vent se faisait brise et que la flûte n'exigeait pas de travaux urgents, Jossigny s'assoyait sur un baril et, à la lumière de deux ou trois lanternes, entouré de quelques hommes, il lisait les aventures de Robinson. Ceux qui ne pouvaient assister à la lecture étaient informés le lendemain de la suite des péripéties. Ils assistèrent à sa fuite de la maison de ses parents. Ils vécurent avec lui son premier naufrage dans la baie de Yarmouth, la capture de son bateau par le corsaire de Sallé. Ils s'apitoyèrent des misères que Robinson dut supporter alors qu'il servait d'esclave au capitaine qui l'avait sauvé de la noyade. Ils se réjouirent de son évasion. Les marins, entre deux lectures, tentaient d'imaginer la suite, s'obstinaient sur ce qui arriverait au jeune marin, attendaient avec impatience les soirs où, parce que *L'Étoile* était encalminée, Jossigny pouvait laisser pénétrer à son bord le jeune Robinson Crusoé. Parfois, lorsque le dessinateur était occupé ailleurs et que les hommes insistaient pour connaître la suite des aventures, Jeanne empruntait le roman et d'une voix qu'elle voulait masculine, celle de Jean Barré, lisait quelques pages. Elle lisait beaucoup moins vite que Jossigny. Le rythme en était beaucoup plus haché et hésitant. Les hommes ne s'en plaignirent pas. Ils préféraient quand même la voix de basse du dessinateur qui avait l'habileté de changer d'intonation lorsque différents personnages prenaient place dans l'histoire.

François n'était pas encore capable de lire avec aisance, mais dès qu'il avait un moment de libre, il sortait plume, encre et papier et se mettait à l'œuvre. Il savait maintenant écrire son nom. S'il avait perdu de sa langueur tant il était excité par l'univers qui s'ouvrait à lui, il était maintenant continuellement barbouillé de taches d'encre. Sur ses joues, ses doigts, ses vêtements, il en avait partout. Il rêvait du moment où, à son tour, il serait capable de lire une histoire à d'autres hommes qui l'écouteraient avec autant d'attention que lorsque Jossigny lisait. Le jeune garçon travaillait fort, il y mettait tout son cœur et Jeanne continuait à l'aider. Il apprenait lentement, mais un soir, aidé de Jeanne, il réussit presque à lire seul la première ligne du roman: «En 1632, je naquis à York, d'une bonne famille, mais qui n'était point de ce pays.» Il en fut fasciné. Il avait peine à y croire. Lorsque Jossigny s'assit près de lui pour continuer à leur lire les aventures de Robinson qui était devenu un riche planteur du Brésil, François n'écouta presque pas. Il avait lu, presque seul, une phrase complète! Il en était émerveillé. Il y eut alors autant d'étoiles dans ses yeux que dans le ciel de cette Amérique de l'Atlantique du Sud qui, ce soir-là, était sans nuages.

Et c'est ainsi que peu à peu, que lieue après lieue, nœud après nœud, vague après vague, ils se rapprochèrent de Montevideo. L'écrivain Michau sortait à peine de sa cabine. Depuis que Véron était passé de *L'Étoile* à *La Boudeuse*, il s'enfonçait dans un silence morne. Il ne pouvait plus jouer aux échecs avec l'astronome et même s'il avait vu, un soir, Commerson et Jossigny assis devant la tablette de 64 cases, jamais ils ne lui avaient offert de jouer. Pour eux, l'écrivain n'existait plus. Michau l'avait senti. Depuis, on le voyait à peine. Il vivait dans sa couchette ou se réfugiait dans les coins peu fréquentés de *L'Étoile*. Bougainville avait refusé de le laisser à Rio et comme aucun bateau français n'y était attendu, Michau avait été obligé de continuer le voyage avec eux. N'était-il pas, lui avait dit le capitaine, l'écrivain officiel du voyage? Peu pourtant l'avaient vu écrire. Peu aussi souhaitaient le voir écrire. Ce qu'il raconterait sur leur expédition ne serait pas bien réjouissant. Les hommes, pour témoigner de leur aventure, se fiaient beaucoup plus à Vivès. Lorsque le chirurgien ne s'occupait pas d'un malade, il écrivait. Il passait des heures à décrire les mers qu'ils traversaient, à inscrire les forces et les directions du vent, à mettre sur papiers ses impressions. Il avait même demandé à Jossigny de dessiner dans son cahier quelques paysages montagneux que *L'Étoile* longeait et qui l'avaient impressionné.

Jour après jour, ils virent le soleil se coucher dans différents tons de rosés, matin après matin, ils le virent se lever dans des brumes presque toujours constantes mais qui se dissipaient lentement à mesure que le soleil montait dans le ciel. Ils admirèrent quelques arcs-en-ciel, travaillèrent sous des pluies torrentielles, naviguèrent dans des brumes si compactes que les deux vaisseaux avançaient à l'aveugle. L'hiver approchait. Ils eurent des vents variables et essuyèrent quelques tempêtes. Plusieurs animaux, surtout les plus fragiles comme les poules et les moutons, périrent. La chatte, dorlotée par les deux plus jeunes de l'expédition, ne souffrit pas des trop fortes mers. Elle se nourrissait des rats qui fourmillaient de plus en plus nombreux dans l'entrepont et dormait souvent dans un recoin où Jeanne et François avaient installé une vieille couverture. Dorlotée, elle n'était pas la meilleure attrapeuse de rats. Elle n'avait pas assez faim. Elle se pointait toujours pour se faire caresser quand François et Jeanne venaient se reposer, lui offrir quelques poissons frais et passer quelques moments avec elle.

Des voies d'eau s'ouvrirent dans la coque de *L'Étoile*. Un matin, ils trouvèrent plus d'un pied d'eau dans la cale de la flûte. Les hommes négligèrent les aventures de Robinson et ne s'occupèrent plus qu'à pomper l'eau qui menaçait la stabilité du bateau. *L'Étoile* menaçait de couler bas. Les marins n'arrivaient pas à bien couturer les ouvertures, parfois si minces qu'il était difficile de les découvrir. Jour et nuit, ils se remplacèrent à la pompe, et on obligea même Michau à donner des coups de bras. Malgré tout, *L'Étoile* prenait du retard et *La Boudeuse* devait souvent diminuer ses voiles et même s'ancrer pour l'attendre. Certains soirs, surtout lorsque *L'Étoile* avait eu de la difficulté à suivre la frégate et que les hommes s'étaient échinés à pomper l'eau sans arrêt, Bougainville leur envoya ses musiciens. Ils venaient réconforter les marins épuisés et abattus. Ils jouèrent des airs de bateliers, des chansons que les hommes connaissaient. Plusieurs contenaient des paroles si salaces que Jeanne se retint de rougir.

Pendant la journée du 25 juillet, les marins assistèrent à une éclipse solaire que l'astronome Véron avait prédite. Ils en furent abasourdis. Qu'on puisse prévoir que, à telle journée de tel mois, le soleil disparaîtrait peu à peu, à mesure qu'un croissant de noirceur s'élargirait, deviendrait demi-lune, et en arriverait à recouvrir entièrement l'astre solaire pour répandre la nuit en plein jour, les fascina tous. Pour plusieurs, être capable de deviner ce qui relevait de la décision de Dieu relevait de la sorcellerie. Véron était-il subordonné à Satan? N'était-ce pas là la part du diable? Ils en restèrent muets et regardèrent Véron autrement, comme quelqu'un dont il faut se méfier. L'astronome, devant leur étonnement, emmena les plus sceptiques, ou les plus curieux, dans la salle des cartes et leur montra l'astrolabe. Les hommes regardèrent, intrigués, mais plusieurs doutèrent encore de la bonne foi de Véron. L'astrolabe n'était qu'un plateau rond, en cuivre, recouvert de lignes, de lettres et de chiffres. En son centre, il y avait un trou d'où jaillissait un axe. L'instrument semblait lui aussi bien intrigant. S'ils l'avaient déjà vu, ils n'en avaient jamais compris l'usage.

— Ce mécanisme nous permet de lire le ciel pendant la nuit, expliqua Véron. Vous avez déjà remarqué que selon l'endroit où l'on se trouve, le ciel est différent. Les étoiles ne sont pas à la même place. Les astres et les constellations semblent se promener. Mais ce n'est pas eux qui bougent, c'est la terre qui tourne. C'est cela qu'a expliqué Copernic. L'astrolabe permet de lire le ciel, même lorsqu'on est en mouvement. Il indique aussi la route du soleil et des planètes, ou plutôt celle de la terre dans l'immensité du ciel. C'est donc grâce à des calculs que j'ai pu prédire l'éclipse d'aujourd'hui. C'est aussi par des calculs que nous savons que Vénus passera devant le soleil l'année prochaine.

Les hommes, tant de *L'Étoile* que de *La Boudeuse*, restèrent perplexes. Ils n'avaient pas compris toutes les explications.

— Mais les éclipses comme les comètes ne sont-elles pas des messages de Dieu? demanda l'un des matelots. C'est Dieu qui dirige le ciel. Ce n'est pas un instrument. Il me semble qu'on ne peut pas calculer le moment où Dieu décidera de nous envoyer des signes. Les comètes, les éclipses, les étoiles filantes, ce sont tous des présages. C'est Dieu qui nous les envoie pour nous prévenir.

— Non, je ne crois pas que ce soit des présages. Mais c'est Dieu qui a structuré le système solaire, tenta d'expliquer Véron. Il l'a si bien organisé que l'on est capable de prévoir le moment où les étoiles filantes glissent dans le ciel. On peut même calculer le parcours des comètes et le calendrier de leur passage. Connaître le jour d'une éclipse n'est pas plus difficile. Il suffit de comprendre l'ordre du ciel. Tout cela n'est pas uniquement engendré par la fantaisie de Dieu. Il y a des causes physiques qui déterminent les trajectoires des astres. L'astrolabe nous permet de les calculer. Il y a du raisonnable dans les œuvres de Dieu. On peut, par la raison, arriver à les comprendre. Ses manifestations ne sont pas aléatoires. Parce que Dieu y a mis un ordre, Il nous permet, à nous, pauvres humains, de déchiffrer les grands mouvements de la voute céleste. Et tout cela, par des observations, des calculs faits par la raison. Il y a de la logique dans les affaires divines. Grâce à des calculs, j'ai pu déterminer que l'éclipse du soleil était située dans une longitude de 149, 30'.

— Et c'est avec cet instrument que vous êtes capable de tout prédire ? C'est quand même curieux.

— En partie, avec cet instrument, mais il y en a d'autres qui nous aident aussi à bien calculer et à bien prévoir. Ce n'est pas de la sorcellerie. C'est de l'astronomie.

Les hommes ne crurent pas vraiment Véron. Tout cela paraissait un peu trop magique; satanique, prétendirent certains. Les hommes comprenaient le travail de Jossigny, celui de Commerson et même de Romainville qui tentait de dresser des cartes des côtes que les deux vaisseaux longeaient. Prédire des phénomènes aussi éloignés que ceux qui se développaient dans le ciel où Dieu réside était d'un tout autre ordre. Plusieurs décidèrent d'éviter l'astronome. Ils ne voulaient pas se tenir près d'un homme qui était peut-être l'allié de Satan.

Le 27 juillet, ce fut l'anniversaire de Jeanne. Elle eut 27 ans. Elle n'en parla qu'à sa chatte, mais se permit d'écouter quelques instants les notes claires et métalliques de sa boîte à musique qui était encore dissimulée dans la cabine de Commerson. Elle caressa quelques instants les quelques fils de cheveux de son fils disparu. Elle embrassa la médaille de la Vierge, admira l'irisé de son coquillage. La fleur de la bougainvillée avait déjà perdu de son éclat. Elle était devenue si sèche que Jeanne n'osa pas la toucher. Elle ressemblait à une grande larme rougeâtre en train de s'assécher. Du doigt, elle suivit les lettres du mot « pipi » que François avait écrit et sourit. Elle était fière de ses trésors. Elle écouta encore quelques minutes les notes de musique, referma sa boîte et se dit que malgré les difficultés du voyage, elle fêtait son anniversaire de l'autre côté du monde et que c'était son plus beau présent.

Quatre jours plus tard, *la Boudeuse* et *L'Étoile* pénétrèrent dans la rade de Montevideo.

14

Tous furent contents de revoir la presqu'île où la ville de Montevideo avait été érigée. Les hommes carguèrent, serrèrent et ramenèrent les voiles avec une célérité qui démontrait leur désir de revoir la ville où ils s'étaient sentis si à l'aise. La seule vue des chevaux et des bœufs sur le quai rassurait les marins. Plusieurs bateaux mouillaient dans la rade. Des vaisseaux anglais, portugais et espagnols étaient chargés de bois précieux, de café, d'indigo, d'ambres gris, de perles, de cacao ou de nacre, trésors qu'ils ramèneraient dans leur pays. Leurs mâts découpaient le ciel d'étroites lignes qui firent penser à François à des lettres écrites au bas du ciel, au ras de la mer, et qui, telle une signature en majuscule, endossaient un traité d'alliance.

Le port abritait une population hétéroclite, un mélange de colons et de marins venus pour la plupart des bords de la Méditerranée. On y parlait plusieurs langues, et il était bon de s'y glisser comme dans un abri où les êtres humains, malgré leurs différences, peuvent se côtoyer en toute quiétude. Si on oubliait les esclaves venus d'Afrique et les Indiens guaranis mis en servitude, ceux qui habitaient la ville étaient tous des aventuriers. Ils avaient traversé l'Atlantique, bien sûr, pour les richesses à acquérir, mais aussi, pensa François, pour l'esprit d'aventure qui devait, comme le jeune Robinson Crusoé, les habiter depuis qu'ils étaient jeunes. Si on oubliait les déserteurs de Montevideo, François se croyait le seul à naviguer sur les grandes eaux sans en avoir l'envie. S'il savait que l'abbé

Buet et Michau étaient partis comme lui à contrecœur, il ne voulait surtout pas leur ressembler. Il cachait son dégoût de la mer qui lui avait volé son père et, sauf parfois à Jean Barré, il préférait cacher son inconfort. Il ne voulait pas que les hommes sachent à quel point il détestait la vie sur l'eau. Lorsqu'il observait les hommes de *L'Étoile*, il ne croyait voir que des hommes aguerris au travail de la mer, des hommes heureux de défier les eaux et les tempêtes. Peu d'entre eux se plaignaient de leur sort et lorsqu'ils le faisaient, c'était surtout de la nourriture, de la fragilité des mâtures ou des voies d'eau qu'ils n'arrivaient pas à couturer. Ces hommes semblaient heureux d'affronter les défis que les grandes traversées supposent.

Déjà six mois que François avait quitté sa famille, déjà six mois qu'il vivait les rigueurs de la vie en mer. Il en était malheureux, mais la seule pensée qu'il était en train d'apprendre à lire et à écrire lui donnait une énergie et une joie qui l'étonnaient lui-même. Il savait déjà écrire son prénom. Lorsqu'il sentait le mal du pays le prendre, il sortait, dès qu'il le pouvait, sa plume et ses papiers et travaillait les exercices que Jean et Jossigny lui donnaient à faire. Il voulait écrire une lettre à sa mère. Il savait que des vaisseaux français viendraient mouiller dans la rade de Montevideo. Il rêvait que l'un d'entre eux reparte vers Rochefort avec, à son bord, une lettre pour sa mère, une lettre écrite de sa propre main. Il n'avait qu'à imaginer son visage lorsqu'elle recevrait de ses nouvelles pour retrouver son contentement et sa vaillance. Il l'imaginait recevoir ce pli, courir vers le curé de la paroisse pour se le faire lire et comprendre soudain que c'était là l'écriture de son fils. Il pensait à la fierté qu'elle ressentirait lorsqu'elle dirait aux voisins que son fils avait appris à écrire. En aidant les hommes à déverguer, il écrivait la lettre dans sa tête. Il la voulait simple, sans fioritures. Il devait choisir des mots à sa portée, des mots qui diraient quand même à sa mère qu'il se portait bien et qu'il l'aimait. C'était là le rêve de François, un rêve qu'il savait maintenant accessible. Jean et Jossigny l'aideraient. Cela le réconfortait. Les aventures de Robinson Crusoé aussi.

Plusieurs soirs plus tôt, François et les hommes de *L'Étoile* avaient assisté à la tempête qui avait détourné le bateau de Robinson de sa route. Ils avaient senti la violence, le déferlement des vagues sur le pont de la *Santa Lucia*. Ils craignirent avec Robinson que le navire se brise en mille morceaux. Ils se désolèrent lorsque le bateau échoua sur un banc de sable et imaginèrent les flots qui le brassaient comme une bouteille à la mer. Ils retinrent leur respiration lorsque le jeune marin fut emporté par une vague, luttèrent avec lui pour nager jusqu'à une île inconnue. Ils se réjouirent lorsque Robinson réussit à toucher terre. La suite les intrigua. Comment serait l'île? Comment Robinson survivrait-il? Depuis, lorsque le temps le permettait, les hommes avaient suivi la lutte de Robinson pour récupérer ce qu'il pouvait trouver sur la *Santa Lucia* échouée, travaillé avec lui pour tenter de se construire un abri. François se disait en écoutant tous les malheurs qui s'abattaient sur Robinson que lui n'était pas seul. Il était avec des hommes qui l'aimaient, des hommes qui, comme Jean, Jossigny, Véron ou même Commerson le reconnaissaient comme quelqu'un qui mérite qu'on s'occupe de lui. Cette seule pensée lui donnait des forces.

La Boudeuse était ancrée non loin de *L'Étoile*. Déjà, une barque avait été mise à la mer et François, appuyé sur la lisse de bois, observait Bougainville, accompagné de son capitaine et de quelques hommes, se rapprocher du quai. Jeanne vint le rejoindre. Elle lui dit que dès que *L'Étoile* serait bien ancrée, ils pourraient, eux aussi, se rendre sur le quai. Jeanne, comme à son habitude, était impatiente. François le lui reprocha. Elle se contenta de rire.

— Tu as raison. La patience n'est pas ma plus grande vertu. On me l'a souvent dit: « Tu ne sais pas attendre ». Mes parents, mes frères, mes sœurs. Mais avoue que revenir ici est plaisant. On connaît déjà la ville, on sait un peu ce qui nous attend. Ce n'est pas comme à Rio.

— Tu as remarqué, Jean, comme il y a du monde sur le quai. De loin, on dirait que c'est une foule qui attend monsieur de Bougainville.

— Alors, tu vois pourquoi il faut descendre le plus vite possible. Plus vite nous serons sur le quai, plus vite nous saurons pourquoi il y a toute cette foule. Il ne sert à rien de rester à bord. Allez, il faudrait monter dans la première barque.

François ne se trompait pas. Il y avait foule sur le quai. Les pavillons français qui flottaient sur les mâts des deux vaisseaux qui venaient de s'ancrer avaient rassemblé tous les Acadiens déportés des Malouines. Ils attendaient Bougainville. Ils avaient besoin de son aide. Encore bloquées à Montevideo, plus de soixante-dix personnes désespéraient de quitter l'Uruguay. La plupart ne voulaient pas s'installer à Montevideo; elles voulaient retourner en France, pays pourtant que la plupart n'avaient jamais vu.

À mesure que la barque de Bougainville se rapprochait du quai, le commandant de *La Boudeuse* reconnaissait les hommes, les femmes et les enfants qu'il avait installés aux Malouines. Il en eut le cœur brisé. Ces gens avaient fait preuve d'un courage et d'une volonté remarquables. Si on parlait souvent d'eux comme des Canadiens, des Français du Canada, Bougainville savait que c'était d'abord et avant tout des Acadiens qui avaient refusé de servir la couronne d'Angleterre. Lorsque les Anglais, en l'an 1755, avaient pris possession de l'Acadie, ils avaient déporté plus de 18 000 personnes. Certaines en Louisiane, d'autres en Angleterre. Plusieurs aussi avaient été éparpillées dans les différentes colonies de l'Angleterre. Quelques-uns, et c'étaient ceux qui l'attendaient sur le quai, avaient préféré s'enfuir. Femmes, hommes, enfants de tous âges avaient marché pendant de longues semaines pour rejoindre Gaspé, puis, pour les plus forts ou les plus déterminés, pour se rendre jusqu'à Québec. Bougainville se souvint d'eux lorsqu'ils les avaient vus pour la première fois. Déguenillés, épuisés, affamés, ils avaient payé le prix fort pour avoir voulu éviter la déportation. Bougainville les avait admirés. Il les avait regardés avec respect.

Ces Acadiens s'étaient ensuite attelés à défricher des terres nouvelles et avaient tenté de se refaire un nid où ils pourraient conserver leur langue et leur religion. Quatre ans plus tard, lorsque la France, en 1759, avait perdu Québec, puis la Nouvelle-France, plusieurs Acadiens avaient refusé, encore une fois, de vivre sous le régime anglais. Bougainville leur avait proposé de les installer aux Malouines. C'était là un grand projet qu'il voulait réussir, mais ces Acadiens n'y avaient pas vécu assez longtemps pour pouvoir se bâtir une nouvelle vie. Bougainville s'en voulait. Il n'aurait jamais cru que ce ne serait pour eux qu'un autre revers. Pour Bougainville aussi. Les Acadiens étaient maintenant là, l'attendant sur le quai. Bougainville ressentait, même à la distance qui le séparait du quai, le désespoir de ces Acadiens continuellement expatriés.

Lorsqu'il descendit de la barque et monta sur le quai, aucun d'eux ne bougea. Ils semblaient tous accablés, démunis comme si toutes leurs forces s'étaient écoulées dans une attente inutile et vide. Que leur réservait l'avenir ? Où se retrouveraient-ils ? Toutes ces questions étaient dans les yeux de tous ces gens qui n'osaient s'avancer vers lui. Ils restaient là, debout, immobiles, et cette immobilité peina encore plus Bougainville que s'il avait eu à faire face à une foule en rogne et revendicatrice. Il s'approcha d'eux, caressa quelques cheveux d'enfants, sourit à quelques femmes et s'arrêta devant celui qui avait toujours démontré le plus de courage, de force, devant celui qui, en fait, était le plus rassembleur. Il ne semblait pas beaucoup plus solide que les autres. Il salua Bougainville d'un lent hochement de la tête et d'une voix éteinte, à peine audible, lui raconta ce qui se passait.

— Les Espagnols expulsent tous les Jésuites du pays. Ils s'approprient aussi tous leurs biens. Ils ne veulent plus d'eux ici. Nous étions censés partir sur le prochain bateau en partance pour la France ou l'Espagne, mais il paraît qu'il n'y a plus de place pour nous. Nous ne voulons plus rester ici. Nous sommes entassés dans des baraquements insalubres. Et presque tous les enfants sont malades. Et nous n'avons pas de travail. Les journées se passent dans l'attente, dans le désœuvrement. Nous ne savons plus quoi faire.

— Vous ne voulez pas vous installer ici ? Je croyais que cela serait possible.

— Certains, pas beaucoup, le désirent, mais même cela paraît difficile. L'administration espagnole ne semble pas vouloir de nous. La plupart ont décidé de gagner la France. Moi aussi. Nous savons pourtant que ce ne sera pas non plus bien commode. Nous nous demandons de plus en plus si la France nous acceptera. Nous ne connaissons même pas ce pays. Ce sera encore du nouveau. La plupart d'entre nous sont nés en Acadie. Il n'y a pourtant qu'en France où nous pourrions nous refaire une vie sans craintes d'être déportés. Nous ne voulons plus nous trimballer d'une terre à l'autre. Nous voulons tenter de nous installer à demeure. Nous n'arrivons jamais à commencer notre véritable histoire. Nous sommes toujours entre deux pays, entre deux parenthèses. C'est trop. Sauf votre respect, monsieur Bougainville, les Malouines, déjà, c'était trop. Nous n'avons presque plus de courage de nous réhabituer à une nouvelle vie, à un nouveau climat, à une nouvelle nature, à de nouvelles gens, à de nouvelles mentalités. C'est en France qu'il nous sera le plus facile de nous réinstaller. Je me dis que les Français doivent nous ressembler. Il faut nous aider, monsieur Bougainville. Je vous en supplie, nous n'avons plus aucune force.

— J'essaierai. Non, je n'essaierai pas, je vais vous aider. C'est moi qui vous ai encouragés à vous installer aux Malouines et qui en ai eu l'idée. J'ai des responsabilités par devers vous. Je vous croyais déjà partis d'ici. Je ne savais pas qu'on chassait les Jésuites du pays. Vous me l'apprenez. D'ici quelques jours, dès que j'aurai donné des ordres pour que *La Boudeuse* et surtout *L'Étoile* soient réparées, je me rendrai à Buenos Aires. Je parlerai de vous au gouverneur général, dom Francisco Bucarelli. Il faut garder courage. Je ne vous laisserai pas ainsi. Et soyez assurés que je ferai tout pour que vous soyez bien accueillis en France. Ne doutez pas de cela.

— Nous n'avons été à l'abri de rien, dit une femme en s'approchant de Bougainville. Cela fait des années que je suis incapable de mettre mes enfants à l'abri. Ils vivent toujours dans l'errance. Nous avons tenté de vivre en Acadie, puis près de Québec, puis aux Malouines, et nous avons toujours bâti sur du sable mouvant. On ne peut pas élever des enfants sur du sable mouvant. C'est comme si nous n'avions prise sur aucune terre.

— Vous avez raison, madame. Je vous aiderai. Croyez-moi, je vais tout tenter pour que vous vous trouviez une terre qui vous permettra de vous enraciner. Il le faut. Le gouverneur n'est peut-être pas au courant de toute votre histoire. Je l'obligerai à vous aider. Vous quitterez bientôt Montevideo. Je vous le promets.

Bougainville fit le tour de ces gens qu'il connaissait. Il les salua presque tous. Il croisa leur regard malheureux et leur accorda le sien que la honte de son échec aux Malouines voilait. Plusieurs de leurs malles et de leurs caisses étaient encore sur le quai. Elles étaient déformées par la pluie et le vent salin. Les baraquements qu'on leur avait cédés n'étaient pas assez vastes pour contenir leurs maigres biens, expliqua quelqu'un à Bougainville. Il s'adressa à quelques enfants qui eurent, contrairement à leurs parents, la force de lui sourire. Ce furent surtout ces sourires d'enfants perdus dans un port d'Uruguay qui renforcèrent la détermination de Bougainville de tout faire pour leur assurer un avenir où ils ne seraient plus jamais trimballés d'un endroit à l'autre. Leur retour en France devrait être marqué par une reconnaissance du Roi, une reconnaissance qui leur permettrait de vivre la tête haute et avec aisance. En attendant, il devait s'assurer que ces gens puissent quitter Montevideo le plus rapidement possible, expulsion des Jésuites ou pas.

Lorsque Bougainville revint sur *La Boudeuse*, il fit venir Vivès et Commerson. Les Acadiens avaient besoin de soin. Les deux chirurgiens s'en chargeraient. Il avait vu des enfants recroquevillés contre leur mère, des enfants au teint trop blême, à la démarche claudicante, aux yeux éteints, aux sourires un peu trop forcés. Certains avaient des plaies suppurantes aux jambes ou aux bras. Il avait promis de les aider. Il commencerait par faire soigner les enfants. Pendant ce temps, il remonterait la rivière de la Plata. Une goélette était prête à partir. Il y embarquerait. Il défendrait la cause des Acadiens. Il voulait aussi comprendre pourquoi on expulsait les Jésuites du pays. Lorsqu'il parla aux deux chirurgiens, Commerson rechigna. Il aurait voulu remonter la rivière avec lui pour pouvoir explorer les alentours de Buenos Aires. Il en rêvait depuis leur départ de Rio.

— On prétend que les plaines qui entourent la ville foisonnent de reptiles et d'insectes qu'il serait important de répertorier, tenta-t-il d'expliquer. On m'a aussi parlé de tigres. J'ai peine à y croire. Je voudrais vérifier si c'est une fable ou une vérité. Il y a aussi les poissons d'eau douce qui m'intéressent. C'est la première rivière que nous avons l'occasion d'explorer. Monsieur Vivès peut s'occuper de ces Acadiens. N'est-il pas le chirurgien officiel de l'expédition? N'en suis-je pas d'abord le naturaliste?

— Vous vous occuperez de vos insectes plus tard! s'exclama Bougainville. Vous remonterez la rivière lorsque ces enfants seront en meilleure forme. Vous ne pouvez comparer des enfants malades à des insectes ou à des poissons. Ce serait immoral. J'ai promis à ces gens de les aider et vous m'aiderez à tenir cette promesse. Vous demanderez à votre valet, Jean Barré, de vous assister. J'ai aussi pensé au jeune mousse, François. Il pourrait soutenir Vivès.

— Pour le développement de la science, mon travail autour de Buenos Aires serait tout aussi important, grogna Commerson. Ma mission à bord de *L'Étoile* est de répertorier de nouvelles espèces, pas de soigner des enfants.

— Vous n'avez pas honte ? Reprenez vos esprits. Ces enfants croupissent à Montevideo depuis des semaines. Plusieurs, et leurs parents aussi, souffrent de dysenterie. Vous ne pouvez privilégier le ramassage de serpents à l'assistance que vous pourriez apporter à ces Acadiens. J'ai honte pour vous.

— Et les Indiens que nous avons vus depuis notre arrivée en Amérique ? Et les esclaves qui vivaient dans des conditions déplorables à Rio ? Vous n'avez pas pensé à les aider ? tenta d'argumenter le naturaliste. N'est-ce pas deux poids, deux mesures ?

— Je ne peux refaire le monde, monsieur Commerson. Ces Acadiens sont pour moi une priorité. C'est moi qui les ai encouragés à s'installer aux Malouines. Ces enfants ont souffert depuis des années. Leurs parents ont tout tenté pour garder leur langue et leur religion. Ils vivent comme des errants depuis la déportation de 1755. Nous sommes en 1767. Si des êtres humains méritent notre compassion, c'est d'abord eux. Pensez aux grands principes que nous tentons de défendre. Comment vous, qui vous réclamez de Voltaire et de Rousseau, qui recherchez l'égalité entre les êtres humains, pouvez tenir de tels propos ? Je ne vous crois pas le cœur si froid. Vous êtes aveuglé par vos recherches. Ces gens méritent plus d'attention que tous les insectes, plantes, poissons, coquillages ou crustacés que vous pourriez ramasser.

Commerson n'avait plus répliqué. Bougainville avait raison. Il ferait taire son impatience, mais il tenterait de trouver un bateau qui pourrait transporter les caisses de spécimens qu'il voulait envoyer en France. Demeurer à Montevideo lui donnerait le temps de tout emballer. Il décida de faire contre mauvaise fortune, bon cœur. Vivès, à ses côtés, s'intéressait déjà à ce qu'il devait assembler comme potions, pommades, médicaments et instruments. Déjà, il pensait couvertures, bandages, vêtements chauds, remontants alcoolisés. Aider les Acadiens lui plaisait. Il avait même hâte d'en parler à Jean et à François. Les deux garçons leur seraient d'une grande aide. C'étaient de bons petits gars. Ils sauraient être attentifs à la souffrance des enfants. Il regarda Commerson et lui répéta, comme Bougainville, que ce qu'il ferait ici valait tous les insectes et les poissons du monde. Commerson soupira.

— Je sais que vous avez raison. Je le ferai, c'est certain. Je le ferai avec soin. Ma réaction peut vous paraître grossière, mais je me faisais vraiment une telle joie de remonter la rivière que j'en ai été aveuglé. Les serpents n'ont qu'à attendre. Et les supposés tigres aussi. Mais, dites-moi, monsieur Bougainville, vous croyez qu'une frégate en partance pour la France, celle, entre autres, qui est censée rapatrier les Jésuites, embarquerait quelques-unes de mes caisses. Cela libèrerait ma cabine et Buffon serait heureux de recevoir tous les spécimens que je lui enverrais.

Bougainville fut soulagé de constater le changement d'attitude du naturaliste. Il lui promit de tenter de le satisfaire. Commerson et Vivès prêts à soigner les enfants, il partirait moins inquiet. Moins coupable aussi. Même s'il savait que Commerson avait un caractère malcommode, il connaissait sa générosité. Malgré son mauvais caractère, Commerson, à n'en pas douter, avait un bon fond. Bougainville en était convaincu.

— Nous les aiderons. Mon valet et François nous assisteront. Ils travaillent bien ensemble, affirma Commerson. Mais n'oubliez pas mes caisses. Les voir partir pour la France compenserait mon retard à me promener le long du rio de la Plata. J'aiderai de meilleur cœur le chirurgien Vivès.

— Et n'oubliez surtout pas que vous devrez vous entendre, Vivès et vous, leur conseilla Bougainville. Vous ne pourrez atténuer la souffrance des enfants que si vous travaillez de concert. J'ai entendu parler de vos altercations.

— Nous ne nous sommes jamais querellés, s'exclama Vivès.

— Il y a des altercations silencieuses qui sont aussi néfastes que des colères tonitruantes. Allez, je vous fais confiance. Lorsque je reviendrai de Buenos Aires, je veux que ces enfants soient en meilleur état. J'espère aussi revenir en pouvant leur assurer qu'il y aura de la place pour eux sur le prochain bateau en partance pour la France. Et pour vos caisses, monsieur Commerson, n'ayez crainte, je ne les oublierai pas.

~

— Pourquoi ne veulent-ils pas s'installer ici? demanda Vivès. Le climat est doux, la nourriture est facile à trouver, les terres sont bonnes à cultiver, le bétail semble inépuisable. Ici, il n'y a pas de neige ni de froid comme ils ont connus au Canada. La vie paraît si agréable à Montevideo que certains de nos marins ont déserté lors de notre dernier mouillage.

— Oui, je sais, j'en ai même aperçu quelques-uns qui tentaient de se dissimuler lorsque j'étais au port. Ils n'auront pas la vie aussi facile qu'ils le croient. Le gouvernement espagnol ne veut pas de Français sur ses terres, encore moins de déserteurs. Il ne veut même pas des Acadiens. Cela aussi, je veux en discuter avec le gouverneur. Allez, ensemble, nous tenterons d'aider ces gens. C'est notre devoir.

15

Le 9 août, Bougainville s'embarqua dans une goélette en direction de Buenos Aires. Les jours suivants, Jeanne, François et les deux chirurgiens passèrent presque toutes leurs journées à laver et à oindre des plaies, à donner des sirops contre les diarrhées, à tenter de remettre des membres cassés en place. Vivès et Commerson durent amputer un enfant d'une jambe que la gangrène avait envahie et qui, brûlant de fièvre, risquait de mourir. Jeanne eut souvent le cœur au bord des lèvres. Elle travaillait du matin au soir, remontait sur *L'Étoile* épuisée, regrettant pourtant de ne pouvoir faire plus. Les adultes aussi étaient en mauvais état. La dysenterie sévissait. Plusieurs étaient si fiévreux et si faibles qu'ils avaient peine à s'occuper de leurs enfants. Ils se traînaient de leur baraquement au quai, mangeaient à peine tant la diarrhée et la fatigue qui en résultaient prenaient toute la place. Vivès demanda à François de faire rougir un boulet et de l'immerger dans l'eau que les Acadiens buvaient. Il se méfiait de l'eau de la rivière et voulait ainsi la purifier.

Commerson fut aussi touché par la détresse de ces expatriés. Il en oublia son désir de remonter le rio de la Plata. Plusieurs des gens qu'il soignait étaient d'origine bretonne ou normande. Plusieurs avaient des parents qui vivaient en Charente-Maritime. Commerson connaissait ces régions de France et avait même découvert des liens de parenté entre des gens qu'il y connaissait et ces Acadiens qu'ils soignaient. Parfois, avant de retourner sur la flûte, Jeanne et François réunissaient les enfants. Ils leur chantaient des chansons ou leur racontaient des histoires.

Un soir, les musiciens vinrent jouer pour eux. Au clair de lune et à la lumière des flambeaux, les Acadiens, assis à même le sol, avaient écouté les sons cristallins des flûtes, ceux plus graves du violon et de la viole. Leur visage s'était éclairé de plaisir. Ils souriaient d'aise. Les musiciens avaient choisi des airs dont plusieurs Acadiens connaissaient les mots. Ce soir-là, le vent était tombé et un large croissant de lune illuminait les quais. Les Acadiens se souvenaient surtout des refrains, mais Commerson, dont la voix était juste et chaude, avait eu plaisir à chanter les couplets. Jeanne en écoutant la voix de son maître recouvrir, comme une couverture, ceux qui étaient rassemblés sur le quai, fut fière de lui. On ne s'attendait pas à ce qu'il ait cette générosité. Il avait plaisir à chanter. Jeanne espéra que ceux qui dénigraient le caractère de Commerson soient, après cette soirée, plus indulgents à son égard. Commerson n'était pas qu'un naturaliste fou au caractère trop enflammé. C'était aussi un homme magnanime.

Plusieurs des hommes d'équipage vinrent rejoindre les Acadiens sur le quai et ce furent des moments merveilleux où la musique eut le pouvoir de réunir en un seul chant des gens venus de tous les coins du monde, tous français, mais qui, malgré un destin différent, entonnaient dans une même lancée des airs qui montaient au-delà de la rade de Montevideo. Un peu plus tard, quelques Uruguayens se rapprochèrent et s'assirent eux aussi, à même le sol. Jeanne vit même deux des hommes qui avaient déserté *L'Étoile* se dissimuler derrière des tonneaux. Des Espagnols, quelques Indiens guaranis écoutèrent aussi ces chansons d'une autre langue que la leur, mais qui les touchèrent aussi profondément que si elles leur appartenaient, que si elles faisaient aussi partie de leur histoire. Quelques Guaranis tentèrent même de fredonner. Leur voix était juste et belle. Ils rirent ensuite en dissimulant leur bouche avec leurs mains. Jeanne sourit lorsqu'elle s'aperçut que quelques otaries qui habituellement dormaient sur des rochers au ras de la mer s'étaient rapprochées et semblaient intriguées par la musique qui se répandait au-delà du quai. Lorsque la nuit s'épaissit et que la lune fut dissimulée par des nuages qui venaient de l'ouest, les musiciens jouèrent des airs sans paroles. La viole de gambe, le violon et les deux flûtes laissèrent couler des notes qui s'allongèrent le long de la rade, remontèrent le long du quai, se dispersèrent dans les rues de Montevideo avant de se perdre comme des effiloches de brouillards le long du rio de la Plata.

Plusieurs enfants, lovés contre leurs parents, fermèrent les yeux et s'endormirent. Ils étaient en paix. Une paix venue de la musique qui avait pansé leurs blessures presque aussi efficacement que tous les onguents appliqués pendant la journée. Le dernier morceau joué ce soir-là le fut par le violoniste. L'air était si doux, si enchanteur que Jeanne en eut les larmes aux yeux. Jossigny, assis à ses côtés, lui dit que c'était une musique écrite par Jean-Marie Leclair, l'un des meilleurs violonistes de France. Lorsque les musiciens rangèrent leurs instruments et se préparèrent à rentrer, la foule resta silencieuse. On transporta les enfants endormis et, sous un ciel maintenant sans étoiles, les Acadiens retournèrent à la lumière de leurs flambeaux dans leur baraquement. Ils avaient le cœur chargé d'une paix dont ils avaient oublié la douceur. Jeanne pensa que Bougainville serait fier de ses hommes. Il aurait aimé ce qui s'était passé, ce soir-là, sur le quai de la presqu'île de Montevideo.

Tant sur *L'Étoile* que sur *La Boudeuse*, les hommes se couchèrent heureux du bonheur qu'ils avaient donné et connu. Jeanne ne crut pas nécessaire de dissimuler son arme sous les couvertures. Elle savait que cette nuit-là, personne ne viendrait l'agacer. Aucun homme n'aurait le besoin de venir se distraire en cherchant à s'amuser de ses colères. Tous étaient repus. Même Michau qui avait écouté, appuyé sur la lisse de la flûte, les musiciens de *La Boudeuse.*

Lorsqu'ils se réveillèrent le lendemain, le temps était si pesant qu'il semblait suspendu comme un poids de plomb liquide prêt à se déverser au-dessus de la ville. Tout était immobile, stagnant. Tous savaient que le pampero, ce vent du sud-ouest qui ne se présente que sous la forme de tourmentes se transformant parfois en ouragan, s'avançait vers la rade. Tout était trop immobile. Même les oiseaux avaient déserté le ciel. On n'entendait plus rien. Le ciel était bas, chargé de nuages accalminés qui, de gris insipide, se chargeraient de noir charbon à mesure que la tempête se rapprocherait. Il fallait se préparer. Des consignes de vigilance furent données par de La Giraudais et Duclos-Guyot. Les hommes d'équipage furent tous réquisitionnés. On permit pourtant à Vivès, à

Commerson et à son valet de se rendre sur terre pour continuer à donner des soins aux malades. François resta à bord. Vivès en fut désappointé. Une femme allait probablement accoucher pendant la journée et il craignait que l'accouchement soit difficile. François n'aurait pas été de trop. De La Giraudais leur fit promettre de revenir dès que les nuages s'assombriraient, surtout ceux qui s'étalaient pesamment vers le sud-ouest. Michau décida de suivre Vivès. Il emporta avec lui sa malle et quelques effets dans des sacs de cuir. Il avait décidé d'aider les Acadiens, de vivre avec eux, d'attendre avec eux le bateau qui les ramènerait en France. Le capitaine ne s'y opposa pas. Il se contenta de saluer Michau en lui souhaitant bonne chance et l'assura qu'il ne serait pas considéré comme déserteur. En fait, le capitaine avait d'autres tourments, et le départ de l'écrivain ne pouvait que le soulager un peu. Le pampero qui s'annonçait l'inquiétait beaucoup plus. Les tempêtes d'hiver aux confins du monde habité se présentaient presque toujours avec une fureur qui mettait tous les navires en danger. Il fit encore une fois promettre à ceux qui descendaient de revenir dès que le temps se gâterait et que la mer deviendrait grosse. La flûte aurait besoin de leur force. Il ne faudrait pas que *L'Étoile* chasse sur son ancre.

Sur le quai, pendant que Jeanne aidait Commerson et Vivès à suturer des plaies ouvertes, à faire des saignées pour faire baisser des fièvres, à donner des potions réconfortantes aux enfants, les hommes larguaient les huniers, grimpaient dans les haubans pour vérifier leur solidité, carguaient les voiles pour les soustraire à la force du vent, mettaient la flûte sous une double ancre. On vérifia l'état des animaux, solidifia toutes les amarres. On tenta de mieux calfeutrer les voies d'eau qui restaient encore ouvertes. Les hommes de *La Boudeuse* en firent autant. On connaissait la puissance des pamperos. François prit quelques moments pour vérifier si la chatte était en sécurité et lui apporta quelques restes de poissons.

C'est sous un ciel de plomb que Jeanne et ses compagnons travaillèrent toute la journée. Ils virent les loups-marins s'enfoncer dans la mer pour aller se réfugier dans un lieu plus protégé. Les oiseaux restèrent silencieux. Il n'y avait pas un brin de vent. Tout semblait appesanti par une main de géant qui aurait empêché tout mouvement, toute fuite. Commerson, Vivès et Jeanne scrutaient souvent le ciel, espérant que la tempête ne se présenterait qu'en fin de journée. Vivès espéra, lorsque la femme eut ses premières douleurs, que le pampero passe au large de Montevideo. Il craignait que l'enfant ne se présente par les pieds. Déjà la femme hurlait de douleur, et ses forces semblaient s'amenuiser à mesure que l'enfant refusait de se présenter. Vivès demanda à Jeanne de l'aider.

— Ton maître est occupé ailleurs. Et Michau a disparu. Il avait pourtant dit vouloir nous aider. Quel mauvais esprit. Enfin, peu importe, j'ai besoin de toi. Tu as déjà vu le corps d'une femme? As-tu déjà aidé à un accouchement? J'en doute. Mais, peu importe, jeune homme. Tu n'as pas le choix. Si tu n'as jamais connu de femme, ce n'est pas la meilleure façon de découvrir ses charmes, mais il faut un début à tout. Le tien sera différent des autres gars. Tu auras de l'avance lorsque tu auras le plaisir de pénétrer l'endroit secret d'où l'enfant viendra. Tu n'as pas peur? Tu sauras m'aider?

Jeanne ne répondit pas tout de suite. Elle ne savait quoi dire. Elle avait déjà assisté une sage-femme et savait comment aider une mère à donner naissance, mais elle ne pouvait rassurer Vivès. Au bout d'un moment, elle se décida à lui répondre.

— Je ferai mon possible. N'en doutez pas. Je n'ai pas peur avec vous.

— Alors, occupe-toi de faire bouillir de l'eau et reviens avec les linges les plus propres que tu trouveras. Ton maître continuera d'aider les plus faibles. Il y a encore bien à faire et il y a un homme qui présente une plaie à un bras qui inquiète Commerson. Si, par hasard, tu vois Michau, dis-lui que je lui ordonne de venir nous aider. Et, dépêche-toi. On n'a pas de temps à perdre.

La femme souffrit longtemps. Comme l'avait craint Vivès, l'enfant se présentait par les pieds et le chirurgien, les mains ensanglantées, n'arrivait pas à retourner le bébé. Il ne fallait pas que la tête de l'enfant soit bloquée par le bassin osseux ou que la dilatation de l'utérus cesse. Les forces de la mère s'épuisaient. Elle perdit conscience à deux reprises et Jeanne l'aida à revenir à elle en lui faisant respirer quelques sels. Le chirurgien était en sueur, tentait vainement de rejoindre avec ses mains et ses avant-bras, les épaules de l'enfant pour mieux le retourner. Jeanne encourageait la mère en lui caressant les cheveux, en épongeant son front en sueur. Elle l'aida aussi à garder ses genoux levés contre sa poitrine, afin que la vulve reste bien ouverte pour que Vivès travaille à son aise. La tempête se rapprochait. Nul ne pouvait le nier. Même les gens qui entouraient au début la mère pour l'encourager étaient occupés ailleurs. Ils s'inquiétaient de la solidité de leur baraquement. Avec quelques vieux bouts de bois et des clous le plus souvent rouillés, ils tentaient de solidifier les planches et de boucher les endroits du toit où le ciel, de plus en plus noir, était visible. Jeanne eut, à un moment, stupidement l'impression que c'étaient les hurlements de la femme en couches qui noircissaient les nuages, qui appelaient au-dessus de Montevideo une obscurité qui assombrissait, à mesure que la journée avançait, le ciel sous lequel une femme tentait de donner la vie. Vivès réussit enfin à sortir l'enfant. Le périmée fut déchiré.

Lorsque Vivès mit le corps vivant de l'enfant sur le ventre de la mère, elle était morte. Au même moment, le vent enfla, déchira l'immobilité qui avait pesé pendant toute la journée sur la rade. Vivès remit l'enfant à une femme qui pleurait son amie perdue, alors que le père amenait ses autres enfants donner un dernier baiser à leur mère dont l'esprit était déjà loin du pampero qui entrait avec rage dans la rade.

On vint chercher Commerson, Vivès et Jeanne. Il était presque trop tard et ils eurent de la difficulté à maîtriser la barque qui les ramenait sur *L'Étoile.* Vives entoura de ses bras les épaules de Jeanne et lui dit que cela arrivait souvent lorsque l'enfant se présentait par les pieds et qu'il ne devait pas se sentir responsable de la mort de la mère.

— J'aurais aimé, Jean, t'éviter cela. Mais, sache bien que tu m'as vraiment aidé et que pour un jeune garçon qui n'avait encore jamais vu les organes intimes d'une femme, tu t'en es tiré comme un chef. Nous n'aurions pu éviter la mort de cette femme. Il faut oublier cela, mais dis-toi bien que si j'ai encore à accoucher une femme, je te demanderai de m'aider. Voir la vie naître dans tout son naturel est une véritable splendeur. Je veux, jeune homme, que tu connaisses cela, que cela efface chez toi le souvenir du sang et de la mort qui se sont répandus aujourd'hui.

Lorsque les hommes les virent embarquer sur la flûte, ils furent consternés de voir l'état de Vivès et du jeune valet de Commerson. Tous les deux étaient ensanglantés. Leurs vêtements étaient souillés, leurs mains et leur visage étaient noircis par le sang séché de l'accouchée.

Lorsqu'ils apprirent qu'ils avaient réussi à sauver l'enfant, mais que la mère n'avait même pas entendu son premier cri, ils se turent par respect pour cette femme et pour le travail de ceux qui n'avaient pas réussi à la sauver. De La Giraudais leur ordonna d'aller se laver, que la tempête requerrait bientôt tous les efforts. Jeanne refusa de partager ses ablutions avec Vivès. Elle demanda à de La Giraudais s'il lui était possible de se nettoyer dans la cabine de son maître. Le capitaine accepta en haussant les épaules. Ce jeune garçon lui paraissait de plus en plus étrange. Il a des manières de filles, se dit-il en regardant s'éloigner le valet du naturaliste. C'est François qui alla quérir le baquet d'eau pour l'apporter à son ami. Jeanne était abattue. Lorsqu'elle défit les bandages qui aplatissaient ses seins et qu'elle les lava, elle eut de la difficulté à ne pas crier. L'eau la brûlait et les gales qui protégeaient les plaies, surtout celles des mamelons, se détachaient en laissant la peau à vif. Elle ne s'attarda pas à la souffrance. Elle remit des bandages propres sans même prendre la peine de recouvrir d'onguents les meurtrissures. Le vent, qui orchestrait une symphonie d'éclairs et de tonnerres, la convainquit qu'elle ne devait pas s'attrister de son sort. *L'Étoile* aurait besoin d'elle, nécessiterait les bras de Jean Barré.

Ce soir-là, vers sept heures et demie, le *San Fernando,* qui mouillait près de *L'Étoile* et qui luttait, comme les vaisseaux de Bougainville, contre le pampero, désancra et chassa sur *L'Étoile*. Le choc fut terrible. Il cassa le mât de beaupré au ras de l'étambrai. Un marin, Émile, en eut la jambe fracturée. Pendant que les hommes tentaient de colmater les voies d'eau et d'éviter par différentes manœuvres que le bateau gîte, Vivès chercha de l'aide pour assister l'homme dont la jambe était si ouverte que tous les tendons étaient à découvert. Il souffrait et criait, mais ses cris étaient presque muets. Ils étaient avalés par les rugissements du vent, par les cris des marins qui tentaient de sauver la flûte. Vivès tenta de nettoyer la plaie, de replacer l'os, mais il savait que la blessure était si profonde qu'elle serait difficile à soigner. Nulle lanterne n'avait résisté à la force du vent. L'obscurité était si intense, le tangage et le roulis si rapides qu'il ne pouvait travailler avec efficacité. Il tenta de soulager un peu le marin en lui faisant boire assez de rhum pour que le sommeil le gagne. L'homme vomit plus qu'il ne s'endormit.

De partout, à travers les bourrasques de vent, les éclats du tonnerre et du martellement de la pluie, on n'entendait que cris et clameurs. *L'Étoile* était en péril. Le vent emporta des morceaux de vergues. Les mâts étaient si fragiles qu'on craignit qu'ils se rompent. Tous travaillèrent encore une fois sous la pluie, défiant le vent, travaillant à tâtons dans une obscurité si complète qu'ils devinaient à peine qui était l'un à côté de l'autre. Tous leurs efforts se réunirent pour ne former qu'une seule force, qu'un seul être qui tentait de protéger l'embarcation d'une puissance beaucoup plus grande qu'elle. Lorsque le pampero s'épuisa, que sa route progressa plus au nord pour aller essaimer sa fureur sur d'autres paysages, les marins constatèrent à quel point *L'Étoile* était abîmée. La flûte ne pourrait plus voguer dans un tel état. Il fallait ou l'abandonner ou la décharger pour la virer en quille et tenter de réparer les voies d'eau. Le mât de beaupré n'était pas réparable. Il faudrait en trouver un autre. *L'Étoile* ressemblait à un animal blessé. De La Giraudais aussi.

16

Du 18 août, jour où le *San Fernando* brisa la coque et le mât de *L'Étoile,* au 23 août, jour du retour de Bougainville, tous les hommes, tant ceux de la flûte que de la frégate, se demandèrent si *L'Étoile* pouvait être sauvée. Pendant que de La Giraudais tentait vainement de trouver un mât de beaupré dans tout Montevideo, les hommes pompèrent l'eau de la coque, calfatèrent encore une fois les voies d'eau qu'il était possible de couturer avec de l'étoupe, évacuèrent les carcasses d'animaux, tentèrent de trouver des lieux où ils pourraient résider si Bougainville décidait de sortir la flûte de l'estuaire. De La Giraudais était anéanti. Il était autant brisé que son *Étoile,* aussi cassé que le mât de beaupré. Jeanne eut l'impression que les voies d'eau qui s'étaient ouvertes ne remplissaient pas seulement d'eau de mer la coque de la flûte, mais se répandaient avec autant de régularité dans le cœur du capitaine. En regardant les hommes, tous aussi abattus que leur capitaine, elle comprit pour la première fois la force du lien qui unissait les marins à leur bateau. Ils sont indivisibles. Si l'une des deux parties était malade, l'autre l'était tout autant. Les hommes et leur bateau étaient comme des frères siamois, ils étaient soudés l'un à l'autre. L'un ne pouvait vivre sans l'autre. Les marins étaient les organes vitaux du bateau et lorsque l'organisme dans lequel ils vivaient était abîmé, ils en étaient aussi profondément atteints. *L'Étoile* était estropiée; les hommes l'étaient pareillement. La tempête, c'est encore et toujours la mer. Et les hommes respectaient la mer. Vaisseaux, marins et mer: trois mots qui se confondaient les uns aux autres, qui ne pouvaient vivre sans une union aussi intime que celui de l'enfant à sa mère. Même François était mal en point. Il faisait partie lui aussi d'un corps éclopé qui ne survivrait peut-être pas à ses blessures.

Le marin blessé pendant la tempête n'était pas en meilleur état. La cassure était si large, les chairs si ouvertes que les deux chirurgiens ne voyaient que l'amputation pour éviter que la gangrène fasse son nid dans l'entaille, se répande dans la jambe, puis dans tout le corps. Déjà, Émile était fiévreux et Commerson évalua que d'ici quelques jours, il serait trop tard pour le sauver. Ils décidèrent d'un commun accord d'amputer la jambe. Ils demandèrent au valet de Commerson de les aider. On transporta Émile dans une auberge de Montevideo et Jeanne, pendant que les deux hommes s'affairaient à sectionner muscles et os, tentait de rassurer l'homme qui à travers ses cris et ses pleurs, serrait si fortement ses mains qu'elle eut peur d'en avoir les doigts brisés. Jeanne devait tenir la tête de l'homme immobile qui, malgré les sangles qui le retenaient fermement à la table, tentait de se redresser. Seule la tête et les mains pouvaient bouger et toute la puissance de l'homme immobilisé s'y retrouvait en force. Jeanne se retint pour ne pas hurler avec l'opéré, pour ne pas, non plus, prendre ses jambes à son cou et se sauver pour ne plus voir le masque de souffrance qui avait recouvert le visage du marin. Ses yeux étaient exorbités, sa bouche n'était plus qu'un trou béant d'où des cris presque inhumains s'échappaient. Jeanne n'avait jamais vu tant de souffrances, elle n'avait jamais été forcée de tenir immobile une tête d'homme qui n'était plus qu'un horrible cri, une souffrance qu'aucun peintre encore n'avait réussi à reproduire. Lorsque l'homme s'évanouit, tant Commerson, Vivès que Jeanne en furent soulagés. Ils terminèrent de couper l'os dans un silence presque religieux. Ils recousirent ensuite la peau de ce qui deviendrait le moignon d'Émile. Lorsqu'ils quittèrent l'auberge, l'homme n'avait pas repris conscience, mais il vivait encore.

Ce soir-là, Jeanne se camoufla dans un coin de l'entrepont, appela la chatte et pleura comme elle ne l'avait jamais fait depuis le début du voyage. Elle pleura de bon cœur, comme une femme, sans retenir ni sanglots ni cris. La chatte en fut même effrayée et tenta de s'enfuir. Jeanne la retint de force. La frayeur de l'animal la calma. Elle le caressa plus doucement, lui chuchota des mots pleins de tendresse, des mots, qu'en fait, elle s'adressait à elle-même, comme pour se rassurer, comme si elle était un Jean qui consolait une Jeanne. Peu à peu, ses sanglots s'amenuisèrent. Elle ferma ses yeux, des yeux si enflés qu'elle en était défigurée.

Elle s'endormit à l'instant où l'amputé ouvrait les yeux et poussait un cri où toute la douleur du monde était englobée. Au même moment, Bougainville, de retour de Buenos Aires, découvrait les plaies de *L'Étoile*. Tout comme La Giraudais, il en fut déconfit.

Le lendemain, Bougainville rendit visite avec les deux chirurgiens au marin amputé. Celui-ci semblait se remettre un peu de l'opération. Du moins, ne criait-il plus et passait-il plus de temps à dormir qu'à se plaindre. Commerson se dit confiant de son rétablissement. Bougainville assura l'homme qu'il y aurait une place pour lui sur *L'Étoile* ou, lui dit-il, s'il le désirait, il pourrait rester à Montevideo et ne serait pas considéré comme déserteur. L'homme ne répondit pas. Il se contenta de fermer les yeux après avoir esquissé un maigre sourire. Bougainville en sortant de l'auberge informa de La Giraudais qu'il avait décidé de sortir la flûte de la mer. On ne pourrait savoir si le vaisseau était réparable sans le virer en quille. Cette opération ne pouvait se faire à Montevideo. Le port ne possédait pas les installations permettant de radouber *L'Étoile*. Il faudrait d'abord demander au gouverneur général, don Bucarelli, la permission de remonter le rio de la Plata jusqu'à l'Encenada de Baragan, situé à 10 ou 12 lieues en aval de Buenos Aires. Il faudrait aussi décharger complètement le bateau, puis trouver un pilote qui assurerait que la flûte ne s'échouerait pas sur les hauts-fonds. La remontée serait périlleuse. Le rio ne possédait pas de véritable chenal et ses courants, subordonnés aux marées qui la pénétraient, étaient le plus souvent imprévisibles.

Bougainville réunit les hommes des deux navires et leur demanda d'agir avec célérité. Décharger une flûte comme *L'Étoile* de tout son barda, de ses animaux, de ses instruments, de tout ce qui était essentiel à la vie en mer était un travail de titans. Tout cela retarderait le départ pour le détroit de Magellan. Défier les eaux de l'Atlantique Sud n'était possible qu'en été. Il fallait agir vite, sinon le voyage de Bougainville autour du monde ne serait plus qu'un désir avorté.

Pendant que les matelots, les marins et les scientifiques du bateau s'occupaient de décharger le bateau, Bougainville tentait d'obtenir l'autorisation de remonter la rivière, de La Giraudais, de trouver un mât de beaupré et Duclos-Guyot, un pilote qui saurait remonter la rivière. Le gouvernement espagnol rechignait, le mât était introuvable et le pilote aussi. Lorsque Bougainville obtint enfin la permission du gouverneur, il n'avait pas encore trouvé l'homme qui les aiderait à remonter la rivière. Décharger le bateau occupa les hommes pendant plusieurs jours. Ce fut un défilé de caisses, d'animaux et de barils qui, presque sans interruption, se prolongeait, à la lueur des flambeaux et des torches, jusque tard dans la nuit. Les chevaux et les bœufs qui traînaient habituellement sur le quai avaient été menés jusqu'aux portes de la ville. Véron prit un soin méticuleux pour transporter ses instruments astronomiques. Il enveloppa avec soin télescopes de cuivre, échelles de Jacob, compas et surtout le précieux astrolabe. Commerson et Jeanne travaillèrent aussi sans arrêt pour charroyer leurs appareils, leurs caisses et leurs pots. Il y en avait beaucoup et c'est sans interruption qu'ils transportèrent par barques les trésors de Commerson sur le quai.

Les hommes entassèrent les biens de *L'Étoile* dans un baraquement voisin de celui qui servait de refuge aux Acadiens qui, depuis le retour de Bougainville, étaient plus confiants. De plus, comme ils s'abstenaient de boire l'eau de la rivière sans qu'elle ne fût traitée, leur dysenterie semblait moins virulente. Ils étaient un peu plus forts. Bougainville avait obtenu la promesse de Bucarelli que ces anciens résidants des Malouines pourraient embarquer sur le prochain bateau en partance pour la France ou l'Espagne. Ils en étaient si soulagés qu'ils aidèrent un peu les hommes en entretenant les feux et en dégageant le quai des animaux qui y traînaient encore. Jeanne et François qui devaient remonter la rivière avec Bougainville se préoccupèrent de leur chatte. Ils ne voulaient pas la perdre. Ils la confièrent à trois enfants acadiens qui promirent de s'en occuper comme si c'était la leur et que, si par bonheur, ils devaient quitter Montevideo pendant leur absence, ils la confieraient à l'un des marins de *La Boudeuse*.

Lorsque *L'Étoile* fut vidée de tout son chargement, qu'elle fut aussi vide qu'un ventre affamé, Bougainville décida de piloter lui-même la flûte. Il ne voulait plus attendre. Commerson était enfin heureux. Il remonterait enfin le rio de la Plata. Il décida qu'il se rendrait d'abord jusqu'à l'Encenada de Baragan puis qu'il remonterait jusqu'à Buenos Aires. Mille merveilles, dit-il à son valet, les y attendaient.

17

Le 8 septembre, à cinq heures et demie, le comte de Bougainville, accompagné de La Giraudais, de Vivès, de Commerson, de son valet et de quelques marins expérimentés, entra dans le rio de la Plata. Le cartographe Romainville se joignit à eux. Il voulait dresser la carte de la rivière. Le jeune mousse François était aussi du voyage. *L'Étoile* était précédée d'une chaloupe et d'un canot qui sondaient les fonds pour diriger la flûte. Deux heures à peine après leur départ, *L'Étoile* touchait le fond. La marée était trop basse et la flûte dut attendre que la marée remonte pour être remise à flot. Bougainville navigua à la sonde, tenta de faire avancer le navire qui était en si mauvais état qu'il menaçait continuellement de gîter ou de couler bas. Le courant allait vers l'aval, *L'Étoile* le défiait en allant vers l'amont. La flûte avançait à peine et devait louvoyer entre des bancs de sable et de vase. Bougainville n'avait jamais navigué dans de telles conditions. Tous les hommes avaient le regard en alerte, recherchaient les indices qui leur permettraient d'éviter encore une fois de s'enliser. Il y allait de la survie de *L'Étoile*. Même Commerson comprit l'importance des dangers qui menaçaient la flûte. Il en oublia de se réjouir et s'inquiéta, comme tous les autres, de la bonne remontée du vaisseau.

Tous avaient le regard soudé au lit de la rivière. Tous, sauf Jeanne. Elle était ravie de cette remontée. On apercevait l'une des deux rives. Elle ne naviguait plus dans l'immensité froide de la mer, mais longeait une guirlande d'arbres de toutes natures, souvent chargés de fleurs si immenses et de couleurs si intenses qu'elle les confondit d'abord avec des volatiles. Des pins, des eucalyptus, des mimosas bordaient la rivière. Des cocotiers aux troncs tordus se penchaient vers la rivière et leurs larges feuilles, tout en découpe, se reflétaient dans une eau qu'aucune vague, ce jour-là, n'agitait. Elle vit des cascades de bougainvillées débouler jusqu'à l'eau et fut ravie du plaisir que le comte de Bougainville manifesta lorsqu'il vit la plante qui portait son nom se déverser avec tant d'exubérance jusqu'au lit de la Plata. La rivière, ce jour-là, paraissait défier de son impassibilité *L'Étoile* qui raclait parfois son lit. Le rio semblait inoffensif et pourtant, c'était l'une des rivières les plus difficiles à remonter. Jeanne le devinait par la frénésie des hommes qui dirigeaient la flûte et par les cris qui fusaient du canot et de la barque. François était installé dans le canot et lui, si souvent indolent, démontrait une acuité qui prouvait combien la remontée était périlleuse.

Jeanne n'arrivait pas à se détacher de la beauté des lieux. Elle en était incapable, tant était grande sa fascination de se mêler à cette agitation qui, tel un spasme continuel, parcourait *L'Étoile* de sa poupe à sa coque. Elle aurait aimé que Jossigny soit avec elle. Jeanne s'ennuya de lui, de son regard calme, de sa façon d'appréhender le monde. Il aurait été fasciné et n'aurait pas participé à l'excitation générale. Comme elle, il n'aurait pu détacher son regard des beautés entre lesquelles *L'Étoile* avançait. Jeanne l'imagina, son cahier de dessin sur les genoux. Aurait-il même été capable de dessiner ? Il y avait tant à contempler. Sur la rive, rien ne venait profaner la cathédrale d'arbres, de plantes, de fleurs et d'oiseaux qui s'allongeaient telle une broderie de lumière verte. Seules quelques touches de couleurs vives venaient enluminer ce tissu de verdure. Jeanne devina plus qu'elle ne vit une profusion d'oiseaux-mouches qui se nourrissaient dans le calice des fleurs. C'était comme un essaim d'abeilles, mais d'abeilles aux couleurs aussi éclatantes que les fleurs dont elles s'abreuvaient. Elle aurait aimé débarquer pour s'approcher de ces bijoux ailés. Parfois, comme si la forêt voulait se retirer, elle laissait place à d'immenses murailles qu'une mousse verte et ouateuse recouvrait.

À quelques reprises, un trou de nature, un bout de savane laissa entrevoir de petites cases entre lesquelles Jeanne aperçut quelques Guaranis.

Presque nus, leur peau brune, leur corps un peu trapu, leurs cheveux noirs coupés courts et droits, parfois teintés de larges coulées de roux, s'harmonisaient à merveille avec ce qui les entourait. Ces Guaranis lui parurent beaucoup plus beaux que ceux qu'elle avait rencontrés à Montevideo ou à Rio. Ils étaient sur leur terre, une terre qui leur ressemblait et sur laquelle ils étaient libres. Jeanne, quelques instants, repensa au coquillage pulvérisé. Avait-on le droit de forcer leur habitat comme Bougainville et ses deux équipages étaient en train de le faire ? Avait-on le droit de mettre ces Indiens en esclavage comme le faisaient sans aucun remords les Européens ? Ces Guaranis avaient-ils une âme ? Plusieurs Portugais de Rio prétendaient le contraire. Que signifiait pour ces Indiens l'expulsion des Jésuites ? On lui avait dit que ces prêtres protégeaient les Guaranis. En était-il vraiment ainsi ? Jeanne n'avait aucune réponse à ses questions. En regardant pourtant les Indiens vaquer à leurs occupations dans toute la beauté qui les environnait, elle se prit à penser encore une fois à l'idée de Rousseau sur le bonheur. Était-ce vraiment la civilisation, la sienne, qui rendait les hommes malheureux ? Elle aurait aimé en parler à Commerson ou même, si elle avait osé, au comte de Bougainville. Elle se dit aussi qu'avant de rencontrer Commerson, elle était ignorante et ne se posait pas tant de questions. Pourtant, toutes ses interrogations la rapprochaient des lumières qu'elle recherchait.

Tous étaient pourtant à mille lieues d'un tel questionnement, tant la navigation paraissait malaisée. Jeanne se retourna, se décida à les rejoindre, mais ne fit que quelques pas. Elle venait d'apercevoir, elle en était presque certaine, le dos d'un dauphin.

Elle était si prise par la beauté que Jean Barré, cette fois, n'était d'aucune aide. Il fallut que son maître lève le ton pour que son valet soit plus attentif aux manœuvres de louvoyage.

— L'heure n'est pas à la contemplation, s'exclama Commerson. Aide-nous. Suis l'exemple de François. Tu ne vois par les difficultés que nous rencontrons. Bougainville se demande si nous serons capables de nous rendre jusqu'à l'Encenada de Baragan et tu es là, immobile, à admirer les rives. Jauge au moins le fond de la rivière, sois de quelque utilité. Si nous n'atteignons pas Baragan, notre voyage autour du monde s'arrête ici. Fais un effort.

— Mais vous avez vu comme c'est beau. Je n'ai jamais rien vu d'aussi beau. Je n'arrive pas à comprendre que vous ne soyez pas comme moi subjugué par tout cela!

— Tu n'as pas encore compris, s'exclama Commerson, l'importance qu'il y a à se rendre jusqu'à Encenada. Tu ne réfléchis pas. Il faut que nous puissions faire réparer *L'Étoile*. Il y va de sa survie. Et de la suite de notre expédition. C'est cela pour le moment qui est le plus important. Les plantes et les oiseaux peuvent attendre. On dirait que tu ne le comprends pas. Il faut d'abord arriver à l'Encenada. Ensuite, j'ai dans l'idée de remonter jusqu'à Buenos Aires. Il y a souvent des goélettes qui s'y rendent. Et de là, nous redescendrons à pied pour rejoindre *L'Étoile*. Nous aurons tout notre temps pour examiner cette forêt. Pour le moment, nous devons aider Bougainville. Nous devons nous rendre utiles. C'est pour cela que nous sommes à bord.

Jeanne obéit à son maître. Elle aida les hommes. Elle ne jetait que quelques coups d'œil rapides aux merveilles qu'elle longeait, faisait des efforts pour ne pas tout abandonner pour aller s'appuyer sur la lisse et admirer les rives en toute quiétude. Elle se retint et redevint le Jean Barré courageux et dur à l'ouvrage, celui qu'appréciait l'équipage. Avant que la noirceur ne tombe, on mouilla la flûte sur deux ancres, on l'affourcha pour renforcer sa tenue. Le vent s'était levé et la rivière devenait de plus en plus tumultueuse. Ils mangèrent sur le pont de la viande fraîche, des poissons séchés, du fromage et quelques biscuits. Bougainville ouvrit quelques cruches de vin. À la lumière des lampes à l'huile, les hommes l'écoutèrent ensuite leur expliquer que Magellan, en 1518, avait cru, lorsqu'il était arrivé à l'embouchure du rio de la Plata, qu'il avait découvert le passage qui lui permettrait de naviguer vers les mers de Chine. Il y avait envoyé trois bateaux qui revinrent au bout de 15 jours sans qu'aucun pavillon de réjouissance ne flotte à leur mât. Le rio de la Plata n'était qu'un fleuve, ne débouchait sur aucune mer. Il dut descendre beaucoup plus vers le sud pour traverser un détroit qui porte maintenant son nom. Ce détroit, nous le traverserons aussi, leur expliqua-t-il.

Bougainville leur décrivit ensuite le Saint-Laurent qui, affirmait-il, lui rappelait ce fleuve même si son lit était beaucoup plus profond. Le Saint-Laurent coulait ample et gigantesque en séparant des rives si éloignées l'une de l'autre qu'on ne pouvait, pendant plus de la moitié de son parcours, les apercevoir du vaisseau.

— Si la rivière de la Plata est difficile à remonter, le Saint-Laurent l'est tout autant. Mais, pour des raisons toutes contraires. Il est large et salé pendant des centaines de lieues. L'eau ne devient saumâtre que près de l'île d'Orléans, à quelques lieues de Québec. C'est presque une mer intérieure qu'il est difficile de lire, car ses courants sont souvent surprenants, surtout près de la rivière Saguenay qui se jette dans le fleuve. Là, des centaines de baleines et de marsouins peuplent ses eaux. La Nouvelle-France était un pays grandiose, s'exclama-t-il. Parfois, ajouta-t-il d'une voix plus tenue, je me disais qu'il n'était pas à notre mesure, qu'il n'était pas à mesures humaines. Trop gigantesque, quasi indomptable. La France a perdu un grand pays. L'Angleterre en a gagné un. C'est une perte qui m'attriste encore, même après tant d'années. Cela fera bientôt 10 ans que nous l'avons perdu et j'en veux encore à Versailles et même à Voltaire de ne pas lui avoir accordé l'importance qu'il méritait. Et les Acadiens qui attendent à Montevideo ne font que me rappeler ce pays que la France a abandonné.

— Si nous découvrons de nouvelles terres, demanda de La Giraudais, cela ne compensera-t-il, pas pour vous, la perte de la Nouvelle-France?

— On ne peut pas calculer ainsi. Nous sommes en deçà de la ligne de l'Équateur. Nous sommes en Atlantique Sud. Tout ici est différent. Les pays nordiques ne peuvent être comparés à l'Uruguay ou au Brésil. Je ne sais ce que nous découvrirons dans les mers du Pacifique, mais même si nous trouvons de l'or, de l'ambre ou des épices, nous ne pourrons jamais compenser la perte de la Nouvelle-France. L'un ne peut se comparer à l'autre. Il faut avoir vécu des années dans ce pays pour en mesurer la grandeur. Les printemps y sont remarquables et les forêts en automne s'enflamment, mon cher Commerson, comme les tiges de la bougainvillée que vous m'avez offertes. L'hiver y est rude, c'est vrai, mais la beauté des paysages enneigés compense la rigueur des froids. La neige, c'est de la lumière. Et le ciel, les jours de grands froids, est d'un bleu si intense, d'un bleu que je n'ai jamais vu ailleurs. L'hiver, là-bas, est lumineux. Et rude. Les Français, qui ont colonisé ce pays, ont traversé et traversent encore des mois de froid où ils deviennent aussi fragiles, aussi cassants qu'une branche morte. Les Canadiens sont remarquablement robustes. Qu'ils aient la force de traverser l'hiver en combattant des froids encore plus terribles que ceux que nous rencontrerons dans le détroit de Magellan est extraordinaire. Et vous devriez voir leur allégresse lorsque l'hiver fond et que le printemps redonne vie à tout ce qui était gelé. On a l'impression qu'eux aussi sont en train de reverdir, de revivre. C'est une merveille.

« Oui, vous avez raison, nous rencontrerons sûrement des terres aussi riches, et sûrement plus facilement colonisables que ce pays dont la France n'a pas su mesurer la grandeur et les possibilités. Je le regrette. Je pense souvent à ces gens qui vivent encore sur les rives du Saint-Laurent. Comment cohabiteront-ils avec les Anglais ? Garderont-ils leur langue ? Leur religion ? La France a perdu non seulement un pays, mais des hommes, des Français qui me sont toujours apparus comme des êtres forts et courageux. Je les ai beaucoup aimés. Ce sont, eux aussi, comme vous, des aventuriers, mais qui, pour survivre, ont dû prendre racines. Ce goût pour l'aventure, on le retrouve pourtant encore à vif chez les coureurs des bois, et même chez les défricheurs qui ont, derrière leur terre, une étendue presque océanique de forêts. Cet esprit d'aventuriers, on le devine aussi dans l'acharnement de ces hommes et de ces femmes qui ont abattu arbres et forêts pour déchiffrer des terres, pour en faire des emblavures. On le sent aussi dans le sens de la fête qu'ils manifestent à la moindre occasion. Leurs fêtes sont généreuses, comme eux. Ils sont faits forts. N'empêche que je doute de leur survie.

— Il y avait des Jésuites au Canada ? demanda Véron.

— Ils y sont encore. Je ne crois pas que l'Angleterre agira avec eux comme le font l'Espagne et le Portugal. Leur situation est beaucoup plus complexe. Peut-être parce que je la connais plus que celle des Guaranis d'ici. Là-bas, il y avait des guerres entre les tribus. Les Français se sont alliés aux Hurons et aux Algonquins contre les Iroquois. Les Anglais, quant à eux, ont appuyé les Iroquois. Quelques Jésuites ont été tués par des Iroquois. Une mort affreuse qu'il est difficile de raconter. On peut parler d'eux comme des martyrs. Il y a aussi, vous savez, du mal chez les Sauvages. Cela, je l'ai vu au Canada. Là-bas, j'ai douté des idées de Jean-Jacques Rousseau sur le mal qui viendrait de la civilisation. Le mal, je crois, est dans l'homme, peu importe l'endroit où il se trouve, peu importe son degré de civilisation. Au Canada, il y avait des Sauvages meilleurs que d'autres. Il y avait de bons Sauvages, comme l'affirme Rousseau, mais il y en avait aussi des cruels. Comme partout, j'en ai bien peur. Je me demande souvent ce que deviendront les Indiens d'Amérique du Nord. Les Français n'ont jamais eu les mêmes relations que les Espagnols, les Portugais ou les Anglais envers les Indiens. Du moins, j'ose l'espérer. Tout cela est bien compliqué. Il est difficile de vivre dans un pays, de connaître son histoire et de l'abandonner lorsqu'il est en pleine tragédie.

Le visage de Bougainville était attristé. Ses yeux bruns, souvent si doux, étaient habités par une tristesse que Jeanne n'arriva pas vraiment à comprendre. Il regarda autour de lui, tenta de sourire à ceux qui, silencieux, l'avaient écouté. Ce que leur commandant leur racontait était un monde inconnu. La perte de ce pays qui n'était, comme l'avait prétendu Voltaire, que quelques arpents de neige, les avait peu touchés. En 1759, la plupart n'avaient pas 20 ans. Les hommes tentaient de comprendre la tristesse de Bougainville, mais ils étaient beaucoup trop attirés par l'univers qu'ils se préparaient à découvrir. Ce pays perdu ne les touchait pas vraiment. Ils étaient des jeunes hommes tournés vers l'avenir. Leur vie n'avait pas encore été assez longue pour alimenter des regrets. Ceux qui, pourtant, comme François, Jeanne, Vivès ou Commerson, avaient soigné les Acadiens comprenaient beaucoup plus la peine de Bougainville. Eux aussi s'étaient attachés à ces hommes et à ces femmes venus du froid, à ces gens qui avaient vécu dans un pays qu'ils n'arrivaient même pas à imaginer. En pensant à ce pays perdu pour la France, ils ne voyaient que des étendues de neige où rien ne pouvait pousser, où rien n'était estimable.

Peu à peu, les hommes se dispersèrent, chacun se préparant un coin où passer la nuit. Comme François, Jeanne décida de dormir sur le pont, en plein air, dans un hamac. Elle en suspendit un, s'y installa et comme la largeur de l'étoffe le lui permettait et que le vent avait fraîchi, elle s'y étendit en diagonale et se recouvrit le corps par les parties restées libres du tissu. Elle n'eut pas besoin de dissimuler une arme pour se protéger. Elle savait qu'avec le comte de Bougainville sur le bateau, aucun homme ne viendrait l'agacer. Au loin, elle entendait les rumeurs de la forêt. Cette nuit-là, mille cris d'oiseux, mille feulements, mille appels, mille clameurs envahirent le silence de la rivière. Ils remplacèrent sa boîte à musique. Quelques chauves-souris voletèrent autour d'elle. Elle eut même l'impression que des ailes frôlèrent son visage. Elle avait toujours perçu leur vol comme désarticulé, presque dément. Il y avait dans leur vol une logique qu'elle ne comprenait pas.

Après que François lui eut souhaité une bonne nuit, Jeanne Barret se posa mille questions. Comment une chauve-souris voyait-elle le monde ? Comment la tortue, le dauphin qu'elle avait aperçus ce jour-là le voyaient-ils ? Et sa chatte ? Elle souhaita quelques instants devenir chauve-souris ou bien chatte. Pour voir autrement. Pour saisir le monde dans leurs dimensions. Si le vol de la chauve-souris lui apparaissait déraisonnable, il s'appuyait pourtant sur une logique, une dimension où elle était incapable de pénétrer. Depuis des mois, elle tentait de penser et d'agir comme un homme. Elle avait réussi à tromper tout l'équipage, d'abord celui de *L'Étoile* puis de *La Boudeuse*. Pourtant, elle ne pensait pas comme un homme. Elle essayait, mais elle savait que tout en elle respirait encore en femme. Comment pensait un homme ? Et les Guaranis ? Et les Jésuites ? Et les scientifiques du voyage ? Et tout ce qui était différent d'elle ? Déjà, elle avait été étonnée du regard que posait Jossigny sur le monde. Il voyait des couleurs, des nuances qu'elle n'arrivait pas à saisir. Et il avait un regard d'humain. Comme elle. Être pendant quelques heures un insecte et voir un brin d'herbe aussi haut qu'une falaise entourant Rio. Ou un dauphin qui habite le fond des océans et s'amuse quelque temps à suivre des bateaux. Ou un poisson volant qui pousse son élan de la mer jusqu'au ciel. Comment la petite mouche et la grande baleine voyaient-elles leur univers ?

Elle aurait aimé voir le monde autrement, le voir comme une tortue ou un insecte le voit. Là serait le véritable voyage, la véritable connaissance. Jeanne regrettait de n'être soumise qu'à son seul regard d'humain. C'était la limite qu'elle ne pourrait jamais dépasser. Elle ne verrait jamais la terre du ciel comme les oiseaux. Elle ne verrait jamais, comme les tortues de mer, le fond des océans. Elle ne percevrait toujours que les odeurs, les couleurs, les formes, les sons que lui accordaient ses sens d'humains. Et cela, jusqu'à la fin de son existence. Récolter des poissons, les vider, en arracher la peau pour la faire sécher et la coller sur du papier étaient importants pour Commerson. Pourtant Jeanne savait que là ne résidait pas la véritable connaissance. Elle voulait voir le monde en oiseau-mouche, en otarie. Ne lui était pourtant perceptible que ce que ses sens humains lui permettaient. Avant de fermer les yeux, elle observa encore longtemps le vol désordonné des chauves-souris.

La vie, la nuit, au milieu de cette rivière du bout du monde, était aussi intense que celle du jour. C'était un autre monde, un univers où les humains n'ont pas leur place. Pourtant, même si elle regrettait de ne pouvoir s'y intégrer complètement, elle pouvait s'en imprégner, dormir comme dans son cœur, un cœur qu'elle ne comprenait pas mais dont elle pouvait entendre ses battements. Elle se cala un peu plus confortablement dans le fond de son hamac et sourit.

Jeanne Barret, connue sous le nom de Jean Barré, ferma enfin les yeux et s'endormit ce soir-là en respirant l'air pur du rio de la Plata, en écoutant un concert donné par des êtres invisibles, concert qui lui parut plus mystérieux et encore plus beau que toute la musique déjà entendue.

18

Après avoir chenaillé à la sonde et louvoyé pour éviter que *L'Étoile* ne s'envase, ils aperçurent enfin, l'après-midi du 10 septembre, les mâts des bateaux ancrés à Encenada. Ils furent soulagés. Tous leurs sens depuis leur départ de Montevideo avaient été au service de *L'Étoile*. Seul Romainville n'avait pas passé ses journées à sonder le fond de la rivière. Il n'avait pourtant jamais éprouvé autant de difficulté à cartographier un plan d'eau. Il avait même noté le lieu d'une balise qui s'était révélée ensuite n'être que le mât d'un bateau portugais coulé. Commerson et Véron furent heureux de l'arrivée au port. Ils avaient, pendant la remontée, mis de côté leurs propres intérêts pour aider Bougainville. Les voies d'eau ne cessaient de se multiplier. Comme Jeanne, tous les hommes, à l'exception du cartographe, avaient pompé l'eau qui entrait dans la cale. Lorsqu'ils n'étaient pas penchés vers l'eau de la rivière, ils étaient dans la cale à faire fonctionner la pompe. Véron n'avait touché à aucun de ses instruments et c'est à peine si Commerson avait regardé la nature dans laquelle la flûte avançait. Ce fut, pour les deux scientifiques, un intervalle obligé, un moment où la science doit s'incliner devant les nécessités pratiques. Leurs recherches ne pouvaient exister sans *L'Étoile*. Elles étaient étroitement reliées à la santé de leur bateau. C'est lui qui leur permettait d'avancer dans un monde inconnu.

Plusieurs vaisseaux mouillaient dans la rade. Plusieurs d'entre eux se préparaient à partir pour l'Europe, leur cale chargée surtout de cuir.

Jeanne fut déçue de la ville. En fait, ce n'était qu'un minuscule port bâti à l'embouchure d'une petite rivière qui se jette dans la Plata. Il y avait peu de maisons, et elles étaient faites de joncs et recouvertes par endroits de lambeaux de vieux cuir séché. Elles étaient bancales et menaçaient de s'écrouler. Ce qui étonna surtout, ce fut le nombre de Jésuites qui attendaient près du port. Il y en avait plus d'une centaine. De tous les âges et de toutes les tailles. Ils avaient pourtant tous ce même air désœuvré, et dans le regard, la même incompréhension de ce qui leur arrivait. Plusieurs étaient dans ce pays depuis des années. Ils y avaient fait leur vie, construit des villages, des églises, s'étaient faits amis avec les Guaranis qu'ils avaient décidé de protéger de l'esclavage. Ils avaient toujours été fiers de leur œuvre et avaient tous le sentiment que ce qu'ils accomplissaient ici était juste et plaisait à Dieu. Pourtant, on les chassait, et cette incompréhension qui marquait tous les visages frappa d'abord les hommes de *L'Étoile*. Quelques Guaranis étaient avec eux. Jeanne fut surprise par l'attitude des Indiens. Ils n'étaient pas comme ceux qu'elle avait vus à Rio ou à Montevideo. Ils étaient presque nus, les femmes avaient la poitrine découverte et leur corps était orné de plusieurs tatouages. Ils semblaient fiers et, surtout, ils la regardaient droit dans les yeux. Même si leur visage était aussi marqué par la tristesse, certains lui sourirent. Lorsqu'elle s'approcha d'eux, ils lui dirent bonjour dans leur langue.

Commerson et Véron étaient aussi surpris que Jeanne. Ils se rapprochèrent des Jésuites et s'assirent avec eux. Jeanne et François, plus timides, s'installèrent un peu en retrait. Ils étaient curieux et voulaient eux aussi comprendre ce qui se passait vraiment. Les Jésuites répondirent d'abord à peine aux questions des Français. Ils étaient, se dit Jeanne, mal à l'aise. Elle réussit à comprendre qu'ils n'admettaient pas qu'on les expulse. Il n'y avait pas de colère dans leur voix. Ils semblaient l'accepter sans se révolter. Lorsque Commerson leur demanda pourquoi ils ne s'étaient pas opposés à leur renvoi, pourquoi ils n'avaient pas résisté, leurs réponses dévoilèrent alors tout le désespoir qu'un cœur humain peut contenir. Ils s'étaient soumis à la décision du gouvernement espagnol. Ils n'avaient pas eu le choix. C'était cela ou le carnage. Ceux qui avaient résisté en avaient payé le prix de leur vie. Plusieurs Jésuites, et encore plus de Guaranis, hommes, femmes et enfants avaient été tués. Ils ne voulaient plus de sang, plus d'enfants abattus, de femmes violées et éventrées. Les Guaranis qui étaient avec les Jésuites les écoutaient et leurs yeux étaient aussi chargés d'incompréhension que ceux des prêtres. Jeanne se dit que si les Guaranis ne marchaient pas le dos courbé comme ceux qu'elle avait vus à Rio ou à Montevideo, une inquiétude était déjà en train de monter dans leur regard. Une peur encore à marée basse, mais qui n'était plus à l'étale, qui était dans son montant. Elle aurait aimé demander aux Jésuites ce qui arriverait à ces Indiens après leur départ, mais elle n'osa pas. C'est Véron qui, à voix basse, posa la question à l'un des Jésuites qui semblait plus bavard que les autres.

— Nous avons regroupé les Guaranis dans de petits villages que nous avons fortifiés. Cela fait 150 ans que nous sommes ici, que nous tentons de les protéger. C'est un peuple pacifique, quoi qu'en disent les Espagnols qui les capturaient comme des bêtes sauvages, dans des filets. Ils les sortaient de la forêt et en faisaient des esclaves. Nous les avons éduqués, nous leur avons donné un métier, nous leur avons appris à jouer des instruments de musique. Ils ont un talent inné pour le chant et la musique. Leurs voix semblent venir du ciel. Nous avons construit des églises, nous leur avons fait connaître le véritable Dieu. Nous avons tenté de créer un paradis ici. Mais un paradis d'Indiens n'est pas du goût du gouvernement espagnol. Encore moins du gouvernement portugais. Que deviendront-ils après notre départ? me demandez-vous. Je vous répondrai simplement que les Espagnols pourront les réduire en esclavage. Nous avons l'impression de les abandonner. Lorsque je regarde ceux qui sont encore avec nous, j'en ai la peur au ventre. Nous rentrerons en Europe et les filets pour capturer des Guaranis réapparaîtront dans le sommet des arbres. Ils tomberont sur eux et ils seront pris au piège comme des bêtes sauvages. Et pourtant, ce sont des gens doux et bons. Il est faux de prétendre qu'ils n'ont pas d'âme et qu'ils sont des réducteurs de têtes. Cela, je le défendrai jusqu'à la fin de mes jours.

Le Jésuite se leva et prit un enfant dans ses bras. Il lui parla dans une langue que Jeanne ne comprit pas. L'enfant rit et la mère se rapprocha et prit la main de l'enfant et la mit sur le cœur du Jésuite. Jeanne et François regardaient ces gens et n'arrivaient pas à comprendre vraiment pourquoi on prétendait qu'ils n'étaient pas humains, qu'ils n'avaient pas d'âme. L'un des enfants, une petite fille d'à peine douze ans, aux seins à peine naissants et au regard franc, s'assit face à Jeanne. Elle regarda longtemps son visage, puis elle éclata de rire. Elle appela une autre petite fille. Elles se parlèrent ensemble à voix basse et les deux se mirent à rire de bon cœur. Jeanne, intimidée, baissa les yeux, puis la tête. Deux petites mains brunes, aux doigts tatoués de barres ocre, prirent le menton de Jeanne et l'obligèrent à relever la tête. Jeanne regarda l'enfant. Les yeux bleus de Jeanne rencontrèrent les yeux couleur d'ambre de la petite fille. Puis, l'enfant, redevenue sérieuse, mit doucement son doigt sur les taches de son qui mouchetaient le visage de Jeanne. En langue guarani, elle semblait les compter. Elle riait. Plus elle comptait, plus elle riait. Jeanne, rassurée, rit aussi. Puis, l'enfant, redevenue sérieuse, regarda Jeanne dans les yeux et sa main descendit jusqu'à la poitrine de Jeanne, la caressa, puis appuya ses mains sur ses petits seins qu'elle caressa aussi. Il y avait une question dans ses yeux. Jeanne comprit que l'enfant avait découvert son secret, qu'elle lui demandait pourquoi elle dissimulait ses seins. L'enfant remit ses mains sur la poitrine de Jeanne et lui posa une question que Jeanne ne comprit pas. L'enfant la regardait dans les yeux et Jeanne mit son doigt devant sa bouche en tentant de lui faire comprendre que c'était un secret, son secret. La petite fille comprit et sourit à Jeanne. Elle lui chanta une chanson en guarani, une chanson douce et joyeuse à la fois. François, assis au côté de Jeanne, avait vu la scène, mais Jeanne espéra qu'il n'avait pas vraiment compris ce qui s'était passé entre elle et la fillette. Il demanda à Jeanne ce que la petite voulait.

— Elle est curieuse, c'est tout. Je pense qu'elle n'avait jamais vu de taches de rousseur. Elle est gentille, et elle me chante une chanson.

— Tu as séduit cette fille, Jean. Tu pourrais en profiter. J'ai dans l'idée qu'elle ferait tout ce que tu lui demanderais.

— Nous ne sommes pas ici pour ça. Je n'ai pas à profiter de ces Indiennes. Et puis, je te l'ai dit, ce sont mes taches de rousseur qui l'ont intriguée. Tu te fais des idées.

Jeanne avait eu peur. Le regard de la fillette lui avait promis qu'elle ne dévoilerait pas son secret, mais elle sut alors que certaines personnes pouvaient percevoir qu'elle n'était pas un homme. Pour quelles raisons? Elle n'en savait rien. Pourquoi cette enfant avait-elle perçu son secret, alors que les hommes de *L'Étoile* et de *La Boudeuse* croyaient encore qu'elle était un jeune homme imberbe qui avait mal vieilli ? Jeanne avait envié aussi la liberté des femmes guaranis qui se promenaient la poitrine nue. Elle avait convoité les seins naissants de la petite fille. Leur peau était douce et ferme, et surtout, ils n'avaient pas à être camouflés. Ils n'étaient qu'une partie du corps de la femme, n'étaient aucunement sujets à l'interdit, ne supposaient aucune provocation. Les seins des femmes guaranis prenaient le soleil comme le reste de leur corps. Ils n'avaient pas plus d'importance que leurs bras et leurs jambes. Elles portent leurs seins avec indifférence, pensa Jeanne. Leurs seins ne sont pas des objets de provocation ou de désir comme en France. C'étaient tout simplement des seins, des seins de jeunes filles, de mères, de nourricières. Chez les Guaranis, ils n'obéissaient qu'à une seule et unique fonction : nourrir. Là était peut-être la cause de leur beauté. Même ceux des femmes plus vieilles qui avaient nourri plusieurs enfants lui avaient semblé beaux. Ils avaient rempli leurs rôles, et les femmes, le sachant, n'éprouvaient aucune honte à vivre nues avec des seins qui pendouillaient comme des sacoches vides. S'ils étaient mous, c'est qu'ils avaient nourri la vie. Ils n'étaient pas tuméfiés, écrasés comme les siens.

Lorsque Bougainville revint, il était heureux. Le bois nécessaire à la réparation de *L'Étoile* était arrivé de Buenos Aires. Il se rapprocha des Jésuites avec lesquels Commerson et Vivès discutaient. Quelques instants plus tard, l'un des Jésuites appela les Guaranis qui se mirent aussitôt en rangs face au comte de Bougainville. L'un des Jésuites donna un violon à un Indien. Commerson vint s'asseoir près de Jeanne.

— Ils vont nous chanter des airs que les Jésuites leur ont appris. Je suis curieux d'entendre ça.

Et lentement, presque timidement, le son du violon s'épanouit. Jeanne regarda cet Indien ne portant qu'un petit drap pour cacher son sexe, le corps peint d'ocre et de noir, toucher le violon comme un véritable musicien. Et soudain, des quelques Indiens qui entouraient le violoniste, s'échappèrent des voix pures, qui devaient vraiment, comme le Jésuite l'avait prétendu plus tôt, ressembler à celles des anges. Non loin du violoniste, la petite fille qui avait découvert son secret chantait en la regardant. Jeanne lui sourit et des larmes brouillèrent son regard. Commerson aussi était touché. Sans s'en apercevoir, ou parce qu'il était trop ému pour maintenir ses défenses, il recouvrit de sa main celle de Jeanne qui était appuyée sur le sol. Il la pressa doucement, presque religieusement. Il ne la regarda pas. Jeanne, lentement, tenta de retirer par petits coups presque caressants sa main sous celle de Commerson. Il retint sa main en appuyant un peu plus fortement. Elle en fut touchée. Elle prit alors un morceau de tissu qui lui servait à protéger sa tête du soleil et qu'elle avait mis dans sa poche et s'en servit pour recouvrir leurs deux mains réunies. Commerson laissa sa main sur celle de Jeanne. Il la caressait. Jeanne eut l'impression que sous ce bout de tissu qui cachait leurs deux mains, c'était tout son corps que Commerson enveloppait. Jeanne ferma les yeux, croyant à peine à l'audace de Commerson. Les voix des Guaranis lui avaient enlevé toutes ses peurs. Il était heureux et, pendant quelques instants, avait complètement oublié qu'il ne devait jamais montrer de l'affection pour son jeune valet. Personne n'avait vu le geste de Commerson. Tous les hommes de l'équipage avaient été transportés, eux aussi, par ces voix venues du ciel et qui émanaient de ces Guaranis qu'on prétendait sans âme. Ce soir-là, dans une petite case un peu en retrait de l'Encenada, Jeanne dormit avec son maître.

Le lendemain, ils assistèrent au départ des Jésuites. Les Guaranis les regardèrent embarquer sur une goélette qui se rendait à Montevideo. Avant de monter, l'un des Jésuites donna au Guarani violoniste son violon. L'Indien le remercia en baissant la tête. Le Jésuite lui dit quelques mots et le Guarani l'embrassa. La petite fille qui avait caressé Jeanne était près de lui. Elle pleurait. Jeanne s'avança vers elle et la prit dans ses bras. Elle caressa ses cheveux courts et raides et, pour la faire rire, suivit de son doigt les tatouages que l'enfant avait sur le visage. La fillette comprit le jeu, sourit et de son doigt recompta, comme la veille, en guarani, le nombre de points de rousseur qui constellaient le visage de Jeanne. Lorsque l'enfant eut fini de compter, les Jésuites étaient tous à bord. Appuyés sur la lisse de la goélette, ils saluèrent une dernière fois ceux qu'ils avaient tenté de protéger. Et qu'ils avaient aimés, fut persuadée Jeanne. Du haut de la goélette, les Jésuites récitèrent une prière que connaissaient les Guaranis. Tout l'équipage de *L'Étoile* resta silencieux. Il savait qu'il assistait à une certaine fin du monde. Ni le comte de Bougainville ni Commerson, Vivès ou Romainville n'avaient voulu prendre parti pour le gouvernement espagnol ou pour les Jésuites, mais tous savaient que le départ de ces prêtres marquerait une nouvelle forme de colonisation. Disciples de Rousseau et de Voltaire, ils craignaient l'extinction de ces Indiens qu'ils avaient, même s'ils les avaient peu connus, appris à aimer. Ce soir-là, Jeanne se demanda encore une fois si l'Europe en venant ici ne transportait pas avec elle toutes ses horreurs et ses injustices.

L'Étoile fut longue à sortir de l'eau. On découvrit, et Bougainville et de La Giraudais en furent consternés, que la ceinture de barbes dans le bas de la coque était, sur une longueur de plus de quatre pouces, complètement privée d'étoupe. Il y avait aussi deux trous de tarière privés de chevilles. Il fallait aussi faire un nouveau mât de beaupré. Et tout le calfeutrage de la flûte. Le navire serait long à réparer. Difficile aussi.

François, lorsqu'il apprit que Jean quittait l'Encenada pour Buenos Aires et qu'il ferait la route de retour à pied, fut désolé. Il ne voulait pas que son meilleur ami parte. Il demanda même à Commerson s'il pouvait les accompagner, mais le naturaliste refusa. Il serait plus utile s'il restait à l'Encenada, lui répondit-il. Il aiderait les hommes à réparer la flûte et pourrait peut-être même assister Vivès qui voulait soigner quelques malades guaranis. François comprenait, mais ce qui l'attristait aussi, c'était qu'il ne pourrait continuer, en l'absence de Jeanne, son apprentissage de la lecture et de l'écriture. Il lui en parla.

— Déjà que je suis privé des aventures de Robinson. Monsieur Jossigny a gardé le livre avec lui à Montevideo. J'espère qu'il n'en continue pas la lecture aux hommes restés là-bas. Je veux savoir ce qui arrive à Robinson, moi aussi.

— Si ce n'est que ça, François, je te promets de te lire la suite des aventures. J'emprunterai le livre. Ne t'inquiète pas. Tu sauras ce qui arrive à Robinson

— Si tu pars, comment vais-je continuer à apprendre à lire et à écrire? Je n'ai aucun livre pour m'exercer. J'aurais aimé aussi que tu m'aides à écrire une lettre à ma mère. Une petite lettre que les Acadiens ou les Jésuites auraient pu apporter avec eux. Ils seront peut-être tous partis quand nous reviendrons à Montevideo.

— Écoute, tu fais des histoires avec des riens. Tu trouveras de l'encre et une plume ici. Et puis, monsieur Vivès et monsieur Romainville ne quittent pas l'Encenada. Ils pourront t'aider. Je demanderai à mon maître de leur en parler.

— Oui, il le faut. Tu te souviens, dans le roman de Robinson, quand il fait le bilan de sa vie et qu'il joue avec les « mais ». C'est juste après le grand naufrage et qu'il s'aperçoit qu'il est seul sur l'île. C'est là que Jossigny s'est arrêté de lire. Robinson décrit sa mauvaise posture, mais il l'adoucit toujours avec un « mais ». Il dit qu'il est seul, mais qu'il est vivant. Il dit qu'il est sur une île perdue, mais que cette île a un bon climat et qu'il n'y a pas encore vu de bêtes dangereuses. Tu te souviens de cela? J'ai fait comme lui dans ma tête. J'ai pensé à un bilan et je me suis aperçu que j'aime bien les « mais » qui suivent ce que je n'aime pas. Je n'aime pas être sur l'eau, mais j'ai vu des terres que je n'aurais jamais connues sans cela. J'ai les deux mains pleines de plaies parce qu'elles ont trop travaillé, mais elles me servent aussi à écrire. Je suis privé de ma mère et de ma famille, mais j'ai rencontré un ami, toi, et des hommes qui m'aident et pour lesquels j'ai de l'attachement. Alors, tu vois, si tu pars et que tu me laisses sans moyens de pratiquer ma lecture, c'est comme si une grosse partie de mes « mais » s'en allait. Je n'aurai plus mon meilleur ami et Jossigny est à Montevideo. Je ne pourrai ni lire ni écrire, et je continuerai à travailler comme une bête à remettre *L'Étoile* en état de naviguer. Mes mains seront encore plus écorchées. Tu comprends?

— Je te promets que je ne partirai pas avant que les « mais » de Robinson reviennent. Ou par Vivès, ou par Romainville. Et je ne serai pas absent longtemps. De Buenos Aires à l'Encenada, il n'y a pas tant de lieues.

Le lendemain déjà, Jeanne put dire à François que Romainville l'aiderait à continuer à apprendre à lire et à écrire. Pendant la journée, elle prit quelques moments pour aider François à écrire une lettre à sa mère. Le port de l'Encenada était occupé, et chaque semaine, il en partait un navire qui se rendait à Montevideo. Il y serait facile de demander à un matelot d'apporter la lettre de François. Le jeune mousse était content. Il s'installa à côté de Jeanne, et, concentré, les yeux à demi fermés, il dicta à Jeanne quelques phrases; « Maman, j'espère que cette lettre te trouvera en bonne santé. Et toute la famille aussi. Je vais bien. Ne t'inquiète pas. Je me suis fait des amis qui me montrent à lire et à écrire. Tu seras fière de moi. C'est mon ami Jean qui commence à écrire cette lettre, mais je vais essayer de continuer. Même s'il y a des taches et des lettres mal formées, tu sauras que c'est ton fils François qui a tracé ces lettres. » Et François prit la plume. Former des lettres était encore difficile. Jeanne avait souvent à reprendre la forme des lettres, surtout celle du « S » et du « a », mais François était si content qu'elle prit le temps qu'il fallait pour que les quelques lignes qu'il rajouta soient lisibles. « Maman, je t'aime et je pense souvent à toi. Mon ami Jean te salue. Je n'ai pas été malade et je serai content de revenir. Ton fils, François. »

Jeanne plia le papier, puis chauffa le baton de cire sur une chandelle. Elle en fit tomber quelques gouttes sur le pli et le scella ainsi. Ils allèrent presque aussitôt dans un café du port et trouvèrent des matelots qui quittaient le lendemain pour Montevideo. François rayonnait. C'est lui qui avait écrit le nom de sa mère et celui de leur village sur la lettre. Ils la remirent à un matelot comme s'il s'agissait d'un trésor. Il le pria à plusieurs reprises d'y faire attention et de ne pas l'oublier. Il devrait la remettre à un des Jésuites ou à un Acadien qui serait sur un bateau faisant voile vers la France. Ils allèrent ensuite rencontrer Romainville qui assura François que lorsque son ami Jean reviendrait, il serait encore plus habile et saurait encore mieux lire et écrire. Il serait sévère, lui dit-il, mais il apprendrait encore plus. Il lui montrerait aussi peut-être à lire les cartes qu'il avait dessinées.

Ce soir-là, Jeanne s'endormit le cœur content.

19

Avec Bougainville, Jeanne et Commerson s'embarquèrent une semaine plus tard sur une petite goélette et remontèrent le fleuve jusqu'à Buenos Aires. Bougainville devait y rencontrer le gouverneur général de la province de La Plata. C'est de cette ville que devaient partir Commerson et Jeanne pour marcher les dix lieues qui séparaient Buenos Aires de l'Encenada.

Buenos Aires comptait près de vingt mille habitants. C'était une mosaïque de Blancs, d'Indiens, de Noirs et de Métis. Presque toutes les maisons n'avaient qu'un rez-de-chaussée et possédaient quasi toutes un jardin. Cela plut d'abord à Jeanne. Tant la citadelle, la cathédrale que l'hôtel de ville étaient bâtis au bord de l'eau, et cela donnait de la prestance à la ville. Comme il n'y avait pas de véritable port, tous les navires mouillaient à plus de trois lieues de la ville. On n'avait pas cette impression de désordre qu'on retrouve si souvent dans les ports. De plus, les rues y étaient larges et les églises, nombreuses.

Tout cela aurait dû charmer Jeanne et Commerson, mais ils ne rencontrèrent pas cette atmosphère bon enfant qui régnait à Montevideo. Ce n'était que religiosité, hypocrisie et mensonges. Qu'à si peu de distance de Montevideo les coutumes des habitants soient si différentes surprit Commerson. Il ne pouvait admettre que les habitants qui se présentaient comme de bons chrétiens, les meilleurs, selon eux, qu'on puisse trouver dans cette partie du monde, ne soient que des menteurs.

Tout n'apparut à Jeanne et à Commerson que comme de fausses dévotions qui se métamorphosaient en batailles ou en prostitution de toutes sortes. « S'ils récitent le rosaire à tout moment, dit Commerson à son valet, s'ils adorent se promener en procession en portant des saints de plâtre, et en récitant des litanies, leurs manières de prier et de danser se rapprochent plus du paganisme que de la chrétienté. »

Commerson et Jeanne constatèrent, à leur grand étonnement, qu'il y avait même une guerre entre les saints qui représentaient les différents quartiers de la ville. Les processions se rencontraient au coin d'une rue, tournaient souvent en tiraillements puis en véritables batailles. C'était le saint d'un quartier contre le saint d'un autre, et il leur fut difficile de comprendre la logique de ces échauffourées. Les statues y subissaient des blessures parfois irréparables et Jeanne se dit que les fabriques de statues de plâtre ou de bois devaient faire, ici, d'énormes profits. Commerson et Jeanne trouvèrent aussi des manifestations de superstitions comme ils n'en avaient pas encore vues depuis le début de leur voyage. À côté de leur rosaire que tant les hommes que les femmes portaient à leur cou ou à leur ceinture, ils exhibaient presque tous un fruit, ressemblant à une châtaigne de mer, et des noix de muscade censés les protéger des sorciers et du mauvais œil. Les femmes, en plus d'un collier d'amulettes, se revêtaient souvent d'une sorte de bure qui ressemblait à l'habit des saints dont elles avaient la charge. Elles s'occupaient des saintes statues en les nettoyant et en les parant d'habits et de bijoux. Toutes ces coutumes leur parurent des superstitions d'un autre temps. Ainsi, les gens se confessaient souvent et la flagellation y était de bon goût. Les femmes, surtout, en étaient adeptes. On montra aux voyageurs des murs encore tachés par le sang de ces pénitentes. Les habitants étaient fiers de ces témoignages de leur pitié envers Dieu et qui prouvaient à quel point cette ville était marquée par la sainteté. Ils apprirent aussi que plusieurs se faisaient enterrer dans un habit de moine qu'ils avaient acheté avant leur mort. Cela les protégeait de l'enfer. Toutes ces simagrées, ces religiosités les médusèrent. Surtout que des prostituées se promenaient en toute indécence pendant la journée et semblaient toujours fort occupées. Peu de nuits se déroulaient sans que des batailles se transforment en tueries.

Jeanne et Commerson avaient hâte de quitter Buenos Aires. Ce qu'ils y découvraient dépassait leur entendement. Comment Bougainville pouvait-il être si indulgent face à toutes ces manifestations de paganisme ? Commerson était pressé de quitter la ville même si plusieurs lui déconseillaient de marcher les dix lieues qui séparaient cette ville de l'Encenada. Même si sa plaie à la jambe était guérie, il fallait faire attention à ce qu'elle ne s'ouvre pas de nouveau. Plusieurs habitants avaient tenté de les dissuader. La pampa entourant la ville était peuplée de bêtes sauvages, peut-être moins dangereuses que les brigands qui les essaimaient. Les Indiens qui les parcouraient étaient, leur dit-on, les plus sauvages de l'Amérique du Sud.

Pourtant, cela ne changea en rien le désir de Commerson. Il y tenait vraiment. Cette partie du monde n'avait jamais véritablement été explorée par des scientifiques et il voulait être le premier à l'inventorier. Ils prirent quelques semaines pour préparer leur expédition. Il faudrait plus d'un mois pour que *L'Étoile* soit en état de reprendre la mer. Jeanne avait hâte de quitter Buenos Aires. Elle serait seule avec Commerson. Elle pourrait vivre plus librement et surtout défaire les bandages qui aplatissaient et meurtrissaient ses seins. Elle revoyait souvent en pensée ceux des femmes guaranis et se promettait que, pendant qu'elle serait seule avec Commerson, elle s'occuperait de ses seins, les laisserait respirer, leur redonnerait leur liberté. Pourtant, elle savait que malgré la latitude que cette marche lui offrait, les jours à venir ne seraient pas faciles.

Un matin, ils furent enfin prêts. Ils traversèrent d'abord le fleuve et prirent deux chevaux qui porteraient leurs bagages. Encore une fois, Commerson transportait fioles, bêches, pots, carnets et livres de botanique, en plus de la nourriture, des couvertures et des fusils. On leur avait expliqué que les chevaux, les chiens et les bêtes sauvages étaient si nombreux qu'ils n'auraient aucune difficulté à se procurer de la viande fraîche. À peine à quelques heures de Buenos Aires, les eucalyptus et les mimosas se firent de plus en plus rares. Ce ne fut plus une jungle, mais une pampa à perte de vue. Jeanne et Commerson, pendant cette première journée, traversèrent des herbes hautes que le soleil allumait comme des brins d'or. Parfois, un arbre fruitier ou un eucalyptus isolé montait la garde devant cette immensité sans frontières. Le pays était plat, avait à peine quelques dénivellations, et ils durent se diriger à l'œil. Il ne fallait surtout pas manquer les gués des rivières, sinon ils n'arriveraient jamais à l'Encenada.

Il y avait tant de chevaux et de chiens errants qu'ils devaient souvent crier ou tirer des coups de feu pour les effrayer. Ils eurent à plusieurs reprises de la difficulté à tenir la bride aux chevaux qui transportaient leurs bagages. Les bêtes sentaient la liberté, la reniflaient comme si elles étaient en rut. Les chevaux piaffaient, cherchaient à se défaire de leurs attaches. Jeanne n'était plus qu'une ancre qui retenait de force les bêtes près d'elle. Elle se fit penser à un quai, un quai malveillant qui entravait la liberté de ces animaux encore sauvages. Lorsque leurs bêtes apercevaient d'autres chevaux qui, crinière au vent, galopaient dans les hautes herbes de la plaine, elles tentaient de couper leurs amarres. Personne ne les avait prévenus de cette difficulté. Si les chevaux étaient si difficiles à diriger, c'est qu'ils ne savaient sans doute pas comment s'y prendre pour les amadouer. Retenir les bêtes fut si malaisé qu'ils ne franchirent qu'une lieue pendant cette première journée. Ils parlèrent peu.

Jeanne avait défait ses bandages. À sa grande surprise, ses seins lui semblèrent si lourds, si encombrants qu'ils l'indisposèrent. Elle ne ressentit pas le soulagement qu'elle espérait tant. Vers la fin de l'après-midi, ils s'arrêtèrent près d'une petite rivière. Une tente de lambeaux de cuir avait été installée par quelque autre voyageur. Elle était à moitié écrasée, mais était protégée par des arbres qui leur permettraient de bien attacher les chevaux. Ils étaient épuisés, abattus, mais heureux de pouvoir enfin se reposer.

— Ce ne sera pas possible, si les chevaux sont si rétifs, d'herboriser. C'est à peine si on peut s'arrêter. Et il n'y a presque jamais d'arbres où on peut les attacher, se plaignit Commerson en ramassant des branches sèches pour allumer un feu qui leur permettrait de réchauffer un bouillon.

— Je crois que c'est parce que nous ne savons pas comment les mener. Ils sont encore sauvages. Ils voient d'autres chevaux en liberté. Ils veulent les suivre. On nous a dit que si les chevaux ne nous convenaient pas, ou que s'ils étaient trop fatigués, nous n'avions qu'à en prendre d'autres au lasso. Qu'on pouvait même tuer ceux qui sont avec nous pour la viande.

— Tu serais capable d'attraper un de ces chevaux?

— Il faudrait les attirer avec de la nourriture.

— De la nourriture. Ils vivent dans un véritable pâturage. Ils ne manquent de rien. Non, nous tenterons d'apprivoiser ceux que nous avons. Tu serais capable d'en tuer un pour le dépecer? Donnons-leur d'abord à boire. Installons-nous, mangeons et dormons. Demain, ils seront peut-être plus habitués à nous.

Jeanne, en silence, s'occupa de donner à boire aux chevaux. L'eau de la rivière semblait claire et bonne. Sans demander la permission à son maître qui s'occupait à allumer quelques brindilles d'herbes sèches, elle se déshabilla et entra dans l'eau calme de la rivière. Elle soupira de contentement. Elle lava d'abord ses vêtements qui étaient si sales que l'eau autour d'elle en devint brune de crasse. Elle les suspendit ensuite sur les branches d'un arbuste épineux. Elle retourna à l'eau, frotta ses jambes, son sexe et finalement, avec courage, immergea ses seins dans l'eau. Elle ressentit d'abord une douleur qui faillit la faire crier, mais peu à peu, elle fit face à l'eau, s'étendit dans le lit de la rivière et présenta ses seins aux quelques remous qui tourbillonnaient autour d'une roche. Elle ferma les yeux et la douleur fit place à un grand soulagement. Ce fut comme si l'eau de la rivière emmenait avec elle le mal en aval, vers le rio de la Plata, la débarrassait des saletés, des croûtes, des plaies, des dartres qu'elle avait amassées depuis sept mois. Sans ouvrir les yeux, elle les massa doucement, les caressa. Finalement, elle rinça ses cheveux courts, se coucha dans le lit de la rivière et faillit s'endormir. Elle ne voulait plus que se laisser caresser par l'eau, se fondre à son courant, se laisser nettoyer en toute impudeur.

Commerson avait oublié son feu. Il regardait Jeanne. Il scrutait ses seins tuméfiés, son sexe qui s'ouvrait sous la pression du courant. Il eut du désir pour cette femme qui l'avait suivi, qui avait supporté la fatigue, l'inconfort, le mensonge pour découvrir le monde. Il n'avait jamais douté que Jeanne soit partie avec lui seulement par amour. La certitude d'être avec une femme qui désirait bourlinguer le réconfortait. Il l'en estimait encore plus. En regardant les dartres qui enlaidissaient ses seins, qui la rendaient peu désirable, il pensa aux femmes de France, à celles qui refusaient d'allaiter pour ne pas briser la beauté de leurs atours. Cette femme qui, à côté de lui, se laissait imprégner de la douceur de l'eau valait cent fois plus que toutes celles qui, à Versailles, moulaient leur poitrine dans des bustiers de soie, de satin, de brocart ou de dentelles. Les seins de Jeanne lui parurent alors aussi invitants que tous ceux de France, que toutes les plantes aussi qu'ils désiraient herboriser.

Il se déshabilla et alla la rejoindre. Il prit d'abord une feuille de plantain, entra dans l'eau, mouilla la feuille et, en gestes très doux, presque religieux, il massa délicatement les seins de Jeanne. Elle n'ouvrit pas les yeux, laissa les grandes mains de Commerson caresser les blessures. Lorsqu'il la pénétra, elle eut l'impression que ce n'était plus un simple geste d'accouplement, mais une prière de remerciement, une reconnaissance. Si Commerson avait fait peu attention à elle depuis le début du voyage, ce n'était pas tant qu'il ne la désirait plus, mais qu'il avait l'esprit occupé par tant de choses qu'il ne lui restait plus de place pour l'honorer. Peu importaient la laideur de ses seins, l'écorchure de ses mains, la crasse de son corps, Commerson l'estimait. Son désir allait au-delà des apparences, et elle lui en fut reconnaissante. Il y avait si longtemps qu'il l'avait pénétrée qu'il eut un peu de mal à se frayer un passage, mais peu à peu, Jeanne sentit son sexe se mouiller, s'ouvrir à celui qui lui avait permis de découvrir le monde. Dans cet endroit perdu, aux confins des mondes habités, au cœur d'une plaine peuplée de chevaux, de chiens et de bêtes sauvages, Jeanne Barret fut heureuse. Elle jouit doucement, aussi doucement que la rivière qui coulait en accomplissant son rôle de rivière. Elle était femme, femme malgré tout, et un homme, l'un des meilleurs naturalistes de France, savait l'honorer et la respecter comme si elle était l'une des plus belles de la cour de Versailles.

Lorsqu'ils sortirent de l'eau, le feu n'était pas complètement éteint. Quelques braises rougissaient encore. Commerson le ranima. Il mit ensuite un baquet d'eau sur le feu et y ajouta plusieurs feuilles de plantain.

— Nous ferons bouillir ces feuilles. Tu laveras souvent tes seins avec l'infusion. Cela devrait t'aider à nettoyer les blessures, à les cicatriser. Nous ne reverrons personne avant notre arrivée à Montevideo. Cela devrait t'aider. Cela les reposera. Il nous reste encore plusieurs mois à vivre sur *L'Étoile*. Il faudrait trouver une autre façon de les dissimuler. Tu dois souffrir et, même si c'est toi qui as insisté pour m'accompagner et que je t'avais avertie des dangers, cela ne me plaît pas de voir tes seins dans cet état.

— Ils me font mal, c'est vrai. Mais je n'ai pas été découverte.

— C'est ta couronne d'épines, lui dit Commerson en souriant. N'empêche, tu ne dois pas être découverte.

— Il y a eu pourtant des rumeurs, murmura Jeanne. Plusieurs pensent que nous forniquons et que nous vivons dans le péché. Certains croient que vous vous êtes attaché un jeune homme pour satisfaire votre vice.

— J'en ai entendu parler. Vivès s'est fait un plaisir de me faire quelques allusions. Mais je crois vraiment que les hommes d'équipage sont maintenant convaincus que tu n'es qu'un jeune garçon qui n'a pas vieilli comme il le faudrait. Un peu comme les eunuques.

— Il est étrange, Philibert, que dissimulant mon sexe, je devienne comme un eunuque. Les eunuques, ils ont un sexe?

— Attention, prends garde, tu ne dois pas prendre l'habitude de m'appeler par mon prénom, ni de me tutoyer. Ce serait dangereux. Philibert n'existe plus. Jeanne Barret, non plus. Il n'y a plus que Jean Barré et monsieur Commerson. Ne l'oublie pas. Ce n'est pas parce que nous sommes seuls que nous devons perdre nos habitudes. Il y va de notre survie. Je continuerai de t'appeler Jean et toi monsieur Commerson. Si je peux te tutoyer, toi, tu ne le peux pas. Tu as compris? Ce serait trop dangereux autrement.

— Vous avez raison, monsieur Commerson, s'exclama Jeanne en riant. Mais, pour les eunuques, qu'en est-il? Les castrats qui ont une si belle voix ont-ils un sexe?

— Le nom qu'on leur a donné l'explique. Ils ont été castrés. Ils ont un sexe mort entre les jambes. Un sexe inutile qui ne leur sert qu'à uriner. Ce ne sont plus des hommes. Ils n'ont pas de barbe, comme toi. Ils ont la peau aussi douce, la voix aussi claire. Il est normal qu'on pense que tu sois comme eux, que Dieu t'a fait ainsi. C'est pratique pour nous que les eunuques existent. Il y a ainsi une explication à ton allure.

Jeanne ne répondit pas. Une meute de chiens s'était approchée. Ils avaient humé l'odeur du bouillon, celle aussi des morceaux de viande crue que Commerson s'apprêtait à cuire. Ils étaient près d'une dizaine. Des chiens maigres, aux poils blonds, aux yeux presque noirs. Ils se dissimulaient dans la haute végétation herbeuse et la couleur de leur robe se fondait à celle des hautes herbes de la plaine. C'est à peine si on les apercevait. Ils étaient beaux à voir, semblaient si bien mariés au lieu qu'ils habitaient que Jeanne, malgré sa peur, admira l'harmonie qui se dégageait de l'union de ces bêtes et du lieu. Jossigny, se dit Jeanne, aurait admiré ces nuances d'or, cette harmonie d'herbes qui ployaient sous le passage du vent et des chiens. Cette fois, je vois les nuances. Il y avait toutes celles de l'or, de l'ocre et de l'argent que le soleil couchant allumait comme des gouttes de rosées sur des feuilles de matins d'été. Les chiens avaient trouvé leur place. On lui avait dit que, souvent, comme des loups ou des lions, ils s'attaquaient en meute à des chevaux et s'en nourrissaient. À cette pensée, la crainte remplaça le lyrisme. Il fallait protéger les chevaux, leurs provisions de bouche. Déjà, Commerson avait sorti son fusil et se préparait à faire feu. Il tira en l'air. Le coup fit fuir les chiens. Ils se dispersèrent rapidement. Quelques-uns, plus courageux, restèrent immobiles, mais une autre détonation les fit fuir. Il ne resta plus qu'un chiot qui dépassait à peine des herbes de la plaine.

— Regardez, monsieur, il reste un petit, là-bas, à votre droite. Il est figé. Il a peut-être eu trop peur.

— Ils reviendront le chercher. Ne t'inquiète pas. Il faut d'abord manger et monter notre nourriture en haut de cet arbre. Il faudrait aussi protéger les chevaux. Il faudrait monter la garde cette nuit.

— Je peux le faire. Je n'ai pas vraiment sommeil.

— Tu dormais presque dans la rivière. Non, je monterai la garde. Si j'ai trop sommeil, je te réveillerai.

Ils mangèrent en silence. Lorsque la nuit tomba, ils crurent entendre des tigres feuler. Commerson se demanda encore une fois si la présence de tigres dans cette région du monde n'était qu'une légende. Les feulements semblaient pourtant confirmer leur présence, mais Commerson s'obligea à le croire seulement lorsqu'il en verrait réellement un. Par précaution, il vérifia que son arme était à côté de lui. Jeanne se coucha sous la tente de cuir, mais eut peine à s'endormir. Commerson, le dos appuyé sur l'arbre où étaient attachés les chevaux, chantait pour rester éveillé. Il entretenait aussi le feu pour éloigner les bêtes. Jeanne finit par s'endormir. Ce fut la voix de Commerson qui, telle une berceuse, calma son cœur qui battait encore un peu trop vite.

Quelques heures plus tard, Commerson la réveilla.

— Je ne suis plus capable de garder les yeux ouverts.

Jeanne prit la place de Commerson. Le feu était presque éteint et elle s'employa d'abord à le ranimer. Les herbes et les bois étaient secs. Le feu reprit vite de la vigueur. Elle espérait que les flammes effraieraient les animaux pour qu'elle n'ait pas à se servir du fusil. Elle aussi tenta de fredonner quelques airs pour ne pas s'endormir. La nuit était claire. La lune était dans sa pleine grosseur et les étoiles étaient si nombreuses qu'elles éclairaient la plaine comme si une lumière était diffusée à travers un voile de fine mousseline. L'air était tiède. Elle entendit au loin quelques feulements, mais la nuit s'amincit lentement et les premières lueurs du jour enflammèrent la plaine. Commerson dormait encore. Ses ronflements s'entremêlaient aux premiers chants des oiseaux. Elle était à ramasser ses hardes lorsqu'elle entendit quelques bruissements dans les herbages au ras de la tente. Elle s'immobilisa, puis, la peur au ventre, s'approcha doucement de l'endroit d'où venait le bruit. Elle aperçut alors le chiot qui léchait les quelques miettes qui restaient de leur repas qui traînaient sur le sol. Lorsqu'il vit Jeanne, il s'assit et lança un petit jappement qui ressemblait à des pleurs retenus. Jeanne fut touchée. Elle s'assit près du chiot et, délicatement, approcha une main pour que l'animal la sente. Le chiot s'approcha lui aussi, sentit la main de Jeanne, puis la regarda. Il avait de grands yeux, des yeux couleur d'ébène, des yeux où toute la naïveté sauvage s'était rassemblée.

— Bonjour, petit chien. Tu es seul? On n'est pas venu te chercher. N'aie pas peur. Je ne suis pas méchante.

Lorsque Commerson sortit de la tente, il vit Jeanne assise à même le sol, un petit chiot dans les bras. Elle le caressait et lui parlait à voix basse. Elle semblait calme et heureuse. Il en fut bouleversé.

— Que fais-tu avec ce chien? Il est peut-être malade. Sa meute n'en voudra plus. Il sentira l'humain. Tu n'as quand même pas l'intention de le garder?

— On n'a pas de chien sur *L'Étoile*. C'est toujours la coutume, m'a-t-on dit, d'avoir un chien sur un vaisseau du Roi. Plusieurs hommes regrettent qu'il n'y ait pas de chien sur notre flûte. Il s'occupera des rats. La chatte de *L'Étoile* n'est pas un très bon chasseur de rats.

— La faute à qui ? Ne crois pas que j'ignore que toi et François nourrissez cette bête en cachette. Si ce chien s'occupe des rats comme le chat de *L'Étoile*.

— Philibert, non, excusez-moi, je ne dois pas oublier, monsieur Commerson, donnez-moi la permission de m'en occuper. Sinon, il mourra. Vous avez raison, la meute ne voudra plus de lui. Il est tout petit et regardez ses yeux. Il y a toute la bonté des yeux de chien dans les siens. Ce serait un bon chien, j'en suis certaine. Et n'oubliez pas que si notre chat, à François et moi, n'est pas mort comme ceux que nous avons embarqués à Rochefort, c'est que nous nous en sommes occupés.

Commerson ne fut pas difficile à convaincre. Lui aussi aimait les chiens. Il avait surtout été touché par la tendresse de Jeanne envers le petit animal. Il savait que quelques hommes, peut-être, rechigneraient à avoir un chiot avec eux à bord de la flûte, mais il se dit qu'il saurait les convaincre que l'animal serait leur porte-bonheur, qu'il apporterait les bontés de Dieu sur *L'Étoile*. Et puis Jeanne avait raison. Il était coutumier d'avoir un chien, ou même plusieurs, à bord d'un vaisseau du Roi.

Lorsqu'ils quittèrent leur campement de fortune, le soleil était déjà haut dans le ciel. Ils ne laissèrent derrière eux que des tisons de bois, et une tente faite de lambeaux de cuir qu'ils avaient tenté de remonter.

Les chevaux furent beaucoup plus calmes. Peut-être parce qu'ils ne rencontrèrent que peu de chevaux sauvages. Ils se dirigèrent à l'œil, s'arrêtèrent à plusieurs reprises pour ramasser quelques plantes, en déraciner quelques autres. La région s'avérait beaucoup moins riche que celle entourant Rio de Janeiro. La richesse de la forêt qui bordait le rio de la Plata avait cédé la place à de grandes étendues herbeuses sans grand intérêt pour Commerson. Ils virent plusieurs oiseaux qu'ils auraient été incapables d'identifier. Ils marchèrent ainsi plusieurs heures. Le chiot avait peine à les suivre. Jeanne le prit quelque temps dans ses bras, puis elle l'installa dans une casserole qu'elle bourra de hardes et qu'elle attacha sur le dos de son cheval. Commerson rit. Le chiot était drôle à voir. Le museau à peine sorti de la casserole, il regardait autour de lui comme un pacha sur le dos d'un éléphant.

En fin de journée, alors que le soleil déclinait déjà, ils aperçurent au loin une bande d'hommes à cheval qui se dirigeaient vers eux. Jeanne eut à peine le temps de remettre le bandage qui comprimait ses seins. Elle le gardait toujours près d'elle, sachant qu'une rencontre imprévue pouvait toujours révéler son secret. Les brigands, Commerson et Jeanne n'en doutèrent pas un instant, s'arrêtèrent, armes pointées vers eux, ils les interrogèrent et leur demandèrent de leur donner leurs biens. Ils furent sauvés par l'un d'eux, un déserteur de *L'Étoile* était parmi eux.

— Laissez-les aller. Ils n'ont rien à vous donner. Je les connais. Ils étaient sur *L'Étoile* avec moi. Ils ne m'ont jamais ennuyé. Lui, il ne cherche pas d'or, il s'occupe des plantes et des poissons. C'est un drôle de bonhomme. Il n'est pas avenant, mais il n'est pas méchant. Le plus jeune, c'est son valet. Du cœur à l'ouvrage, mais un cœur de fille. Il est bizarre, mais lui non plus n'est pas à la recherche de l'or. Ils ne sont pas intéressants pour nous.

— Que cherchez-vous dans ces pâturages ? demanda l'un des hommes.

— Nous ne faisons qu'herboriser, que ramasser des plantes et identifier des oiseaux. Nous ne cherchons pas de l'or. Je suis naturaliste, pas un chercheur d'or.

— Alors, il vous faudra bien du courage. Ou de la folie. Et faites attention à ne pas rater les gués des rivières, sinon, ce seront les oiseaux qui vous identifieront et vous mangeront, répliqua un autre en riant.

— Vous devez toujours marcher vers le sud-est, recommanda le déserteur de *L'Étoile*. Ne l'oubliez pas. Et lorsque vous arriverez à la rivière Sainte-Lucie, attendez que des Guaranis vous aident à traverser. Seuls, vous n'y arriverez pas. Pas avec vos bagages et vos chevaux. Vous ne saurez pas comment faire. Le courant vous emportera.

Commerson et Jeanne se tenaient immobiles. Le chiot, du haut de son cheval, jappait comme un forcené, tentant de défendre ceux qu'il pensait menacés et qu'il avait déjà commencé à aimer. Jeanne tenta de le faire taire. Les hommes se mirent à rire et tournèrent la monture de leurs chevaux. Commerson et Jeanne les virent s'éloigner. Ils furent longs à réagir. La peur les clouait sur place. Le chien qui exigeait de descendre du cheval leur remit l'esprit en place.

— J'ai eu peur, souffla Jeanne. J'ai eu vraiment peur.

— Ils sont partis. Quelle veine nous avons eue que Gauthier soit avec eux. Gauthier ou Fauteux ?

— Gauthier. Jean Gauthier. Il était aide-cuisinier. Il a déserté pendant notre premier mouillage à Montevideo.

— Drôle de vie qu'il s'est choisie ! s'exclama Commerson. Je me demande si tous les déserteurs rejoignent comme lui les brigands des plaines. On m'a dit que ceux qui s'acoquinaient avec eux s'accouplaient souvent avec des Indiennes et qu'ainsi une nouvelle race était en train de naître. Si tous les déserteurs essaiment les plaines comme ces brigands, ils n'aideront pas à la colonisation de ce pays.

— J'en ai vu qui sont restés à Montevideo. Ils ne sont pas tous remontés jusqu'ici.

Le chien sur le sol gambadait, heureux comme un vrai chiot en liberté, fier d'avoir protégé ses nouveaux amis. Il poursuivit quelques instants des sortes de sauterelles qui intéressèrent Commerson. Le naturaliste en prit quelques spécimens qu'il mit dans un pot. Ils installèrent leur campement à l'endroit où les brigands les avaient arrêtés, se disant que si ce territoire leur appartenait, ils ne seraient plus harcelés. Ils firent un feu, se couchèrent à même le sol. Le chiot vint se blottir auprès de Jeanne qui lui caressa les flancs. Ils s'endormirent vite. Ils avaient naïvement l'impression que le chien les protégeait, qu'il saurait les défendre contre les bêtes de ces grandes plaines sauvages.

20

À Montevideo, pendant que Jeanne et Commerson traversaient les grandes étendues herbeuses qui séparaient Buenos Aires de l'Encenada, les hommes de *La Boudeuse* s'occupèrent à raccommoder les voiles, à calfeutrer les quelques voies d'eau qui risquaient de s'agrandir. Jossigny regrettait de ne pas avoir remonté le rio de la Plata avec Bougainville. Il s'ennuyait un peu. Pour se distraire, et parce que les hommes ne cessaient de lui réclamer la suite des aventures de Robinson et qu'il voulait attendre le retour de François et de Jean pour continuer sa lecture, il avait décidé d'illustrer quelques-unes des aventures. Il dessina d'abord le père de Robinson, homme âgé aux longs cheveux blancs. Il le reproduisit assis, son fils debout près de lui. Le vieil homme tentait de convaincre son jeune fils de ne pas s'embarquer sur les mers. Les hommes discutèrent longtemps de ce dessin. Certains voulaient que le père soit plus jeune et reprochaient à Jossigny d'avoir dessiné un grand-père. Tous les dessins que Jossigny fit suscitèrent autant de discussions. Les vêtements étaient trop précieux ou trop pauvres; les bottes, trop serrées ou trop étroites, les cheveux trop longs ou trop courts. Les paysages, aussi, n'étaient pas assez ressemblants. Lorsque Jossigny reproduisit Robinson esclave, on lui reprocha son air un peu trop calme et le désespoir qui ne se lisait pas vraiment dans ses yeux. Les dessins du bateau suscitèrent aussi beaucoup de mésententes. La lisse n'était pas assez travaillée; les mâts, pas assez hauts. Seul, celui d'une tempête fit l'unanimité. Jossigny avait dessiné des vagues si hautes qu'on discernait à peine le bateau, du vent qui tordait tant les voiles qu'il les déchirait en lambeaux, et des hommes si courbés qu'ils en paraissaient minuscules sous la force de la tempête. Sa tempête était une belle tempête, dirent-ils au dessinateur.

Jossigny, même si ses dessins étaient continuellement remis en question, trouvait la situation intéressante. Ce que les hommes voyaient leur était si personnel qu'il était presque impossible, estima-t-il, d'en rendre compte sans faillir. Cela le fit réfléchir, et il se demanda comment Jean et François s'imaginaient Robinson. Ses dessins avaient déçu les hommes, et Jossigny avait compris que peu importe la qualité d'exécution, jamais il n'arriverait à reproduire ce que les matelots imaginaient. Les mots de Daniel De Foe avaient le pouvoir de dessiner beaucoup mieux que lui des hommes, des femmes, des enfants, des tempêtes, des pays, en fait tout un monde qui, une fois reçus par ceux qui les entendaient, traçaient des mondes différents dans la tête de chacun. Il continua pourtant à illustrer les aventures jusqu'au moment où sa lecture s'était interrompue. Les marins devraient attendre le retour de ceux qui étaient à l'Encenada pour savoir comment Robinson s'en tirerait seul sur son île déserte. Il y eut de nombreuses discussions entre les hommes. Certains étaient assurés que Robinson mourrait, serait attaqué par des bêtes sauvages, d'autres espéraient qu'un bateau aperçoive un feu que Robinson aurait allumé sur la plage et qu'il serait ainsi sauvé. De Foe avait eu le pouvoir, par ses simples mots, de faire vivre Robinson à Montevideo. Cela fascinait Jossigny. Les mots n'avaient pas de frontières. Ils étaient au-delà du temps et de l'espace, au-delà de l'absence. Ils avaient le pouvoir de faire jaillir ce qui n'existait pas vraiment. La preuve, c'est qu'il n'arrivait pas à rendre justice à ce que les hommes avaient imaginé. Jossigny eut alors vraiment conscience du pouvoir extraordinaire des mots. Si son art reproduisait le réel, les mots procédaient d'une intimité qu'il lui était impossible d'approcher. Il regretta qu'il n'y ait plus d'écrivain à bord de *La Boudeuse* ou de *L'Étoile* et espéra que les journaux de Commerson et Vivès sauraient rendre autant de justice à leur expédition que Defoe avec les aventures de Robinson.

Les hommes restés à Montevideo aidèrent les Jésuites à s'installer pendant l'attente du bateau qui devait les ramener en Europe. Les alentours du quai étaient bondés. Les prêtres avaient rejoint les Acadiens, et les abords du rivage étaient truffés de malles, de caisses, de familles désœuvrées, de religieux déconcertés. À la fin de septembre, quatre vaisseaux en partance pour Cadix embarquèrent à leur bord 250 Jésuites et toutes les familles françaises. Seuls sept Acadiens ne trouvèrent pas de place à leur bord. Sur l'un de ces vaisseaux, une femme acadienne apportait avec elle la lettre de François pour sa mère.

La chatte fut remise à Jossigny. Il s'en fit lui aussi une amie et la dessina à plusieurs reprises. Les hommes admirèrent cette fois ses dessins. Il constata alors qu'il était plus facile de reproduire le réel que les images formées par les mots dans la tête des hommes. Lorsque l'équipage de *La Boudeuse* et les quelques hommes de *L'Étoile* restés à Montevideo virent s'éloigner les quatre vaisseaux, ils ressentirent à la fois chagrin et joie. Ils s'étaient attachés aux Acadiens. Ils les avaient aidés à reprendre courage. Même les Jésuites les avaient touchés. Ils étaient heureux de voir partir les Acadiens, désolés que les Jésuites aient été expulsés. Certains marins eurent aussi l'idée de retourner en Europe avec eux. Les hommes de Bougainville qui l'avaient accompagné à bord de *La Boudeuse* jusqu'aux Malouines étaient partis de France depuis plus d'un an. Ils s'ennuyaient de leur famille, étaient beaucoup plus épuisés que ceux de *L'Étoile*.

L'arrivée dans le port d'un vaisseau, *Le Saint-Michel*, effraya tous les marins. Il revenait du Cap Horn. Ils virent une ruine entrer dans le port. Il était dans un tel état de décrépitude qu'il était triste à voir. Ce qui restait de l'équipage aussi. Pendant 45 jours, *Le Saint-Michel* avait défié les vents du Cap Horn. Trente-neuf marins étaient morts noyés. Le scorbut avait décimé presque tous les autres. Lorsque le bateau s'ancra dans le port, il ne restait plus que trois matelots, et à peine plus d'officiers en état de naviguer. Même le capitaine Duclos eut peur. C'est vers ces mers orageuses qu'il naviguerait. Plusieurs matelots firent part au capitaine de leurs craintes et pensèrent aussi à déserter. Le prince de Nassau, pour les rassurer, leur promit qu'il ne franchirait pas le Cap Horn, là où le Pacifique rencontre l'Atlantique. Bougainville voulait traverser le détroit de Magellan, ce qui était beaucoup moins dangereux. « Vous ne vous rappelez pas, leur avait-il dit, que Louis XVI nous a demandé de lui confirmer la taille des Patagons. Ce n'est pas au bout du Cap Horn qu'ils vivent, mais à l'abord du détroit et de la terre de feu. » Pourtant, malgré les promesses du prince, Véron était inquiet. Duclos l'était tout autant.

Le soir, le capitaine eut peine à s'endormir. Il songeait à tous ces explorateurs qui avaient connu des sorts peu enviables, même lorsque leurs expéditions avaient réussi. Il songeait à l'Anglais Drake qui, deuxième après Magellan à réussir le tour du monde, était parti avec cinq navires et n'était revenu qu'avec un seul. Il pensait à Erik le Rouge, à Magellan, à Spilberg, à Lemaire, à Colomb, à l'Hermite, à Cowley et à combien d'autres. Tous ces découvreurs avaient souffert, plusieurs n'étaient pas revenus, la plupart avaient perdu des vaisseaux. Tous ces explorateurs avaient mérité son respect, mais lorsqu'il constatait l'état du *Saint-Michel*, lorsqu'il voyait l'air hagard des quelques hommes restants, lorsqu'il comprit le nombre d'hommes que la mer ou la maladie avaient capturés, il craignit vraiment pour ceux qui s'étaient aventurés avec lui sur les mers du globe. Aucun Français n'avait encore navigué autour de la terre. *La Boudeuse* et *L'Étoile* seraient les premiers bateaux français à revenir en France par la mer de Chine. Parfois, Duclos se demandait s'il en serait capable. Déjà que la flûte avait peine à suivre la frégate et que sans la nourriture, les animaux et l'eau qu'elle transportait à son bord, *La Boudeuse* ne pourrait jamais revenir en France. Duclos, Véron et Jossigny avaient hâte que Bougainville revienne. Rester ancré si longtemps échauffait l'esprit des hommes. L'immobilité et l'inaction renforçaient leurs craintes et leur désir de désertion.

Les hommes savaient qu'au XVIIIe siècle, près de 20 bateaux avaient disparu dans les mers de l'Atlantique Sud. En 1753, un navire français, *L'Aigle,* s'était perdu dans les cayes près de Vauclin. Il y avait à peine dix ans, en 1756, deux autres bateaux français avaient sombré sans laisser de traces. Les matelots se rappelaient tous les navires qui avaient coulé. Ils savaient qu'ils allaient bientôt naviguer sur des mers encore plus dangereuses. Et inconnues surtout. Ils s'en iraient bientôt vers ce qui n'existait pas encore, ce qui n'avait pas encore été découvert, nommé, apprivoisé. Ils avaient beau se dire courageux et aventuriers, ils appréhendaient de plus en plus ce qui, pour eux, n'avait pas encore de réalité. À Montevideo, la dysenterie faisait de plus en plus de victimes.

Les hommes, malgré les conseils que leur avait donnés Vives, s'étaient entêtés à boire l'eau de la rivière. Ils en payaient le prix, et c'est à force de vomissements et de fièvres qu'ils cessèrent de s'en abreuver.

À l'Encenada, les travaux de réparation allaient bon train. Bougainville avait confiance que la flûte serait en état de naviguer avant la fin du mois. François s'ennuyait. S'il aidait les hommes à calfeutrer la coque, le soir, son ami lui manquait. La plupart des marins, le travail du jour terminé, allaient dans les tavernes et les bordels de la ville. François n'y était pas vraiment à l'aise. Si certains hommes l'encourageaient à les suivre, d'autres l'en dissuadaient. « Tu es trop jeune. Continue d'apprendre à lire et à écrire, lui conseillèrent certains. Tu pourras nous lire des histoires plus tard. Ce sera plus profitable, tant pour toi que pour nous », ajoutaient-ils. François leur donnait raison. Il prenait encore du temps à former de belles voyelles, avait plus de difficulté avec les consonnes. Travailler sans Jean lui semblait moins enthousiasmant. Il s'était aussi découvert une passion pour les nœuds de marin. Il passait beaucoup d'heures, assis au bord de la rivière, à faire et à défaire des nœuds. Il devint habile, même les yeux fermés, à former des nœuds plats, de chaise, de huit et de cabestan. Il aimait à se dire qu'il y avait autant d'ordonnance dans la création des nœuds que dans la formation des voyelles et des consonnes. Cela l'amusait et il avait hâte de montrer à Jean combien il était devenu adroit. Vivès avait peu de temps à lui consacrer. La dysenterie faisait des victimes, comme à Montevideo, et le soir, le chirurgien était si fatigué qu'il avait peine à garder les yeux ouverts. Quant à Romainville, il passait tout son temps à refaire les cartes du rio de la Plata qui avaient déjà été dressées. Il corrigeait les erreurs, les positions des écueils, les latitudes qu'il considérait comme erronées. Il refit même à quelques reprises le trajet entre Buenos Aires et l'Encenada pour être certain des données qu'il corrigeait. Aucun des deux n'avait le temps d'aider François dans son apprentissage de la lecture.

Ombellifère. Dessin extrait du manuscrit de Commerson.

21

Marcher tant que le soleil était dans ses hauteurs, lutter contre l'attaque continuelle des moustiques, ne s'arrêter que pour déraciner une herbe ou capturer un insecte, rechercher, au soleil couchant, un cours d'eau où il serait plus facile de se laver et de camper, se détendre devant un feu qui crépite alors que les chevaux paissent, parler un peu, se donner quelques moments de tendresse et d'amour, telles étaient les journées de Jeanne et Commerson. Les moustiques étaient si nombreux, les attaquaient avec tant d'enthousiasme qu'ils se décidèrent à enduire toutes les parties découvertes de leur corps d'une épaisse couche de graisse. Le chien ne semblait pas gêné par tous ces moustiques qui tournaient autour de sa tête, et se nichaient, nid qu'ils semblaient privilégier, dans les lobes tendres de ses oreilles. Il s'ébrouait parfois comme s'il sortait de l'eau et les moustiques s'éloignaient quelques instants. Même la nuit, les insectes sillaient autour d'eux et c'est en se recouvrant complètement de leur couverture de cuir qu'ils réussissaient à s'endormir.

Un matin, ils rencontrèrent une tribu appelée par les Espagnols *Indios bravos*. Jamais Jeanne et Commerson n'avaient vu des Indiens aussi laids. Petits, à la peau très foncée, ils souffraient presque tous de la gale. Leur corps était recouvert d'un grand manteau en peau de bête de toutes les couleurs, la fourrure étant à l'intérieur. Munis d'arcs, de flèches, de lassos et de pierres qu'ils avaient entourées d'une longue bande de cuir et qu'ils faisaient tournoyer au-dessus de leur tête, ils obligèrent

Jeanne et Commerson à leur remettre leur arme et leur eau-de-vie. Ils étaient plus d'une cinquantaine à défier les deux Européens. Les *Indios* fouillèrent dans leurs bagages et prirent ce qui leur sembla intéressant. Ils cherchaient surtout de l'eau-de-vie, insultèrent les deux voyageurs et discutèrent longtemps entre eux. Commerson avait entendu dire qu'il était dans leurs habitudes de harceler les voyageurs et de les amener en esclavage. Il eut peur. Il tenta de les amadouer, leur sourit, leur offrit même quelques objets. Les *Indios* ne s'occupèrent de lui que pour le bousculer. Pourtant, Commerson continua à leur parler avec douceur. Il craignait surtout que ces *Indios* découvrent la véritable identité de Jeanne, qui n'avait pas eu le temps de bander ses seins. Elle se tenait assise, la tête penchée vers le sol, les mains devant le torse. Elle ne regarda aucun des *Indios*. Elle avait l'air d'un mendiant au bord de l'évanouissement, d'un mendiant souffrant de faim sur l'un des ponts de Paris. Les Indiens ne s'occupèrent pas d'elle, trop intéressés par ce que contenait leur bagage. Le chiot, encore une fois, sentant la peur de Commerson et de Jeanne, tenta de les défendre. L'un des *Indios* lui donna un coup de pied qui le fit rouler à quelques pas de Jeanne. Elle le prit dans ses bras, le caressa. Le regard rivé vers le sol, elle ressemblait plus à un jeune garçon retardé qu'au valet d'un scientifique. Commerson tentait d'expliquer aux *Indios* que s'ils leur prenaient leur nourriture et leurs biens, ils ne pourraient pas continuer leur route jusqu'à l'Encenada. Les Indios ne comprirent rien. Ils prirent nourriture, alcool, armes et quelques couvertures. Ils observèrent avec attention les pots remplis d'insectes et les sacs de plantes. Ils les jetèrent avec répugnance sur le sol, regardant le naturaliste avec mépris. La vue d'une bande de guanacos, animaux recherchés pour leur chair, les détourna de leurs fouilles. Ils remontèrent tous à cheval et, lassos tourbillonnant au-dessus d'eux, poursuivirent les animaux.

— Il ne faut pas s'attarder, s'exclama Commerson. On ramasse tout ce qui nous reste et on s'éloigne d'ici aussi vite qu'on le peut. Ces *Indios* n'ont pas peur des Européens. On dit qu'ils les massacrent, ou bien qu'ils aiment en faire leurs esclaves. Aucun Espagnol n'a réussi à les apprivoiser. Alors, on ne traîne pas ici. Si mes calculs sont justes, on devrait arriver au gué de la rivière de Sainte-Lucie bientôt. Une fois ce gué franchi, nous serons moins seuls. Nous nous rapprocherons de l'Encenada. Ce sera plus facile de se faire aider.

Elle resta assise, ne leva même pas les yeux. Il fallut que Commerson l'oblige à se tenir debout pour qu'elle reprenne ses esprits et aide le naturaliste à refaire leurs bagages. Ils n'avaient plus d'armes, presque plus de nourriture et quelques couvertures en moins. Les prochains jours seraient difficiles; les prochaines nuits, inquiétantes.

Ils marchèrent pendant longtemps, ne se reposèrent que lorsque le soir céda sa place à la nuit. Commerson ne s'arrêta pas une seule fois pour recueillir des plantes ou des insectes. Jeanne, trop épuisée pour marcher, était montée sur le dos du cheval et tenait le chiot dans ses bras. Cette nuit-là, ils se couchèrent sans manger. Ils partagèrent la même couverture et Jeanne oublia de soigner ses seins avec l'infusion de plantain. Ils dormirent à peine, ne se parlèrent pas, chacun vivant dans un épuisement qui ne laissait pas de place à l'autre.

Le lendemain, à peine reposés, ils arrivèrent enfin au gué de Sainte-Lucie. La rivière était large et son débit très rapide. Ils virent des chevaux attachés à un arbre, un canot dont la forme les intrigua puisque les bords en étaient inégaux. Il n'y avait personne. Il leur parut impossible de traverser la rivière par leurs propres moyens. Ils se décidèrent à attendre. Quelqu'un viendrait sûrement, ne serait-ce que pour s'occuper des chevaux. Le chiot s'amusa quelques instants à défier des feuilles séchées qui descendaient la rivière. Il jappa même à plusieurs reprises contre une branche de bois qui s'était accrochée à une roche au milieu du cours d'eau. Cela détendit les voyageurs. Aux abords de la rivière, ils trouvèrent plusieurs figuiers et quelques cognassiers. Ils s'en restaurèrent. Manger leur donna un peu de force et ils virent leur aventure dans la pampa d'un œil un peu moins désespéré.

— Je ne savais pas qu'il y aurait tant de moustiques, tant de chiens, de chevaux, d'Indiens et de bandits. Il y a plus de chevaux et de chiens que de plantes, souffla Jeanne.

— Avant de partir, je m'imaginais qu'il serait plus facile d'aller vers l'autre, vers celui qui est différent de nous. Je croyais qu'en allant vers l'autre, je me rapprocherais aussi de moi. Si on excepte les Acadiens que nous avons aidés, nous ne nous sommes rapprochés d'aucun Indien, même d'aucun Espagnol ni d'aucun Portugais. Nos rencontres ne m'ont pas donné ce que j'espérais à Rochefort. Je suis déçu, et, en plus, notre marche entre Buenos Aires et l'Encenada n'a rien donné. Les plantes que nous avons ramassées ont été abimées par les *Indios.* Ce n'est pas une expédition très profitable. Nous revenons les sacs et les pots vides.

— C'est vrai! Mais vous oubliez les Guaranis. Nous les avons rencontrés et aimés. Et si nous revenons avec peu de trouvailles intéressantes, nous avons eu quelques moments où nous n'étions que vous et moi. C'est important pour moi. Et nous nous sommes faits un ami. Le chiot semble vraiment s'attacher à nous. Il a vraiment tenté de nous défendre. Et en plus, mes seins sont moins abîmés. Ils sont presque guéris. Ils sont moins laids à voir et ils ne me font presque plus mal. Ils ont profité de notre marche. C'est quand même bien. Je sais que dans quelques jours, je devrai les bander à nouveau, et je vous avoue, monsieur Commerson, que cela ne me tente pas. Je n'aurais jamais cru qu'ils me feraient autant souffrir.

— C'est que la peau ne respire pas assez. Tu dois trouver une façon de les laisser libres pendant la nuit. Et refais-toi une provision d'infusion.

— Je ne dors plus dans votre cabine. Et les hommes, même si ce n'est pas méchant, ont pris l'habitude de m'agacer. Je ne sais jamais à quel moment je devrai me lever pour les remettre à leur place.

— Cela, Jeanne, non, Jean, tu le savais avant notre départ. À Rochefort, je t'ai prévenue. Tu n'as rien voulu entendre.

— J'ai voulu vous accompagner. Je ne me plains pas. Ce sont mes seins qui s'en plaignent. Quand même, vous dire que mes seins ont profité de ces jours où nous étions seuls tous les deux n'est pas une grosse pleurnicherie.

Le chien, les oreilles dressées, se mit à japper. Cette fois, ce n'était pas contre des feuilles qui descendaient la rivière. Il fixait un point derrière Jeanne et Commerson. Ils entendirent alors des voix d'hommes, quelques rires qui eurent le pouvoir de les rassurer. Jeanne eut à peine le temps de bander ses seins. Trois hommes, des Indiens guaranis, évalua Commerson, s'approchaient d'eux. En mélangeant l'espagnol, le français et quelques mots de guarani, ils réussirent à expliquer, ce qu'avaient, de toutes manières, deviné les Indiens. Ils voulaient traverser la rivière.

Les Indiens remplacèrent les chevaux de Jeanne et Commerson par ceux qui étaient déjà attachés à l'arbre. Ils les lièrent au canot, l'un à bâbord et l'autre à tribord. L'un des hommes se mit complètement nu. Malgré sa timidité, Jeanne apprécia la virilité de l'Indien. Les hommes obligèrent ensuite les chevaux à entrer dans l'eau et insistèrent pour que Jeanne et Commerson s'assoient dans le canot. L'Indien nu entra dans l'eau et dirigea à la nage le cheval de tête qui, la tête à peine sortie de l'eau, tentait d'atteindre l'autre rive. Il sembla, à plusieurs reprises, à bout de forces. Jamais Jeanne et Commerson n'eurent aussi peur. Ils étaient ballottés en tous sens, manquèrent de tomber à l'eau à plusieurs reprises. Le courant était si fort qu'ils savaient qu'ils n'auraient aucune possibilité d'en réchapper s'ils venaient à tomber à l'eau. Jeanne, tenant le chien bien serré dans ses bras, se surprit même à prier, demandant à Dieu de les protéger. Sur les bords de la rive, les deux hommes restés au sec, riaient de leur peur et leur lançaient des phrases incompréhensibles en guarani. Lorsqu'ils atteignirent enfin l'autre rive, ils étaient complètement trempés. Plusieurs de leurs sacs étaient tombés à l'eau. Leurs biens descendaient allégrement la rivière. Ils donnèrent quelque argent à l'Indien nu et lui firent comprendre qu'ils ne voulaient plus des deux chevaux. N'ayant presque plus de bagages, ils s'en passeraient. L'Indien leur sourit. Par des gestes, il leur expliqua que traverser sans l'aide des chevaux était dangereux et qu'il était content de retourner sur l'autre rive en se faisant aider des bêtes.

Jeanne et Commerson le regardèrent lutter contre les tourbillons du courant et furent éblouis par la force du Guarani. Les chevaux, épuisés, n'étaient pas vraiment d'une grande aide, mais l'Indien pouvait s'accrocher à leur flanc. Jeanne et Commerson ramassèrent ce qui leur restait de biens et ils s'éloignèrent un peu du gué. Ils s'assirent sous un figuier. Jeanne regarda son maître qui, les cheveux mouillés, les vêtements en désordre et tout détrempés, avait un air aussi hagard qu'un chien affamé. Il tentait de remettre de l'ordre dans ses sacs. Elle se prit à rire, pouffa de si bon cœur qu'elle était incapable de s'arrêter. Commerson d'abord la regarda avec sévérité, puis il esquiva un mince sourire qui s'agrandit jusqu'à ce que lui aussi éclate de rire. La fatigue accumulée, telle une source sortie de terre, jaillissait dans ces rires qu'ils étaient incapables de maîtriser. Ils s'arrêtaient de rire quelques instants et l'un deux repartait de plus belle. Commerson prit Jeanne dans ses bras, l'embrassa dans le cou, sur les joues, dans les cheveux. Le chien, heureux, applaudissait ce moment de plaisir en battant de la queue. Ils se calmèrent peu à peu, s'étendirent à même le sol et s'endormirent comme des enfants qui auraient joué trop longtemps.

Ce jour-là, ils ne marchèrent presque pas, mais cela leur permit de reprendre des forces. Lorsqu'enfin, quelques jours plus tard, ils aperçurent du haut d'un monticule, les mâts des bateaux en rade à l'Encenada, ils prirent quelque temps avant de continuer leur marche. Ils se reposèrent près d'un ruisseau, et Jeanne se lava complètement nue une dernière fois. Ils se nettoyèrent de la graisse dont ils s'étaient enduits. Ils mirent de l'ordre dans leurs vêtements et dans ce qui leur restait de bagages. Lorsqu'ils entrèrent dans la ville, ils avaient l'air fier de deux voyageurs qui reviennent avec plein de trésors dans leurs bagages. Tous deux portaient la tête haute et semblaient ravis de leur expédition. Même François, tout à la joie de revoir son ami, ne vit pas à quel point il était épuisé. Le jeune moussaillon était aussi fasciné par le chien de Jeanne et s'occupait à le séduire en se demandant si le chiot voyagerait avec eux et comment il s'entendrait avec la chatte de *L'Étoile*.

22

Lorsqu'au matin du 30 octobre, *L'Étoile* quitta la rade de Baragan, aucun pilote n'était à son bord. Des hommes devraient encore une fois lire la rivière pour que *L'Étoile* ne s'échoue pas. Bougainville en était dépité, et grommelait contre les autorités de la ville. Il leur faudrait chenailler à l'aveugle puisque la rivière n'était pas balisée.

Cette fois encore, une barque et une chaloupe précéderaient la flûte, calculant le niveau d'eau, cherchant les passages où la flûte ne toucherait pas de bancs de sable. Il ne fallait surtout pas qu'elle se brise en descendant le rio de la Plata. Bougainville ne s'en serait pas remis. L'expédition, non plus. Déjà que les réparations avaient pris presque tout le mois d'octobre, retardant ainsi leur départ pour le détroit de Magellan. De plus, elles avaient coûté beaucoup plus cher que ce qu'avait prévu Bougainville. Il avait même été obligé de payer le radoub de la flûte avec une partie de l'argent reçu à la remise des Malouines aux Espagnols.

Tous étaient à bord et scrutaient l'aval de la rivière en redoutant des avaries. Tant Romainville, Vivès, de La Giraudais que Commerson aidèrent Bougainville et les matelots à diriger *L'Étoile* sans encombres. Selon le vent et la marée, il fallait abattre le voilier, l'affaler, ariser les voiles, les border ou les carguer, embraquer les cordages, orienter les vergues. Les échanges entre la flûte et les embarcations étaient d'une importance capitale. Lorsque le capitaine du canot leur criait les emplacements où la flûte pouvait descendre sans dommages ou risquait de s'échouer, tous répondaient aux ordres de Bougainville. François était à bord de la chaloupe qui précédait la flûte. Il avait rechigné à s'embarquer, car il s'était pris d'un amour incommensurable pour le petit chien que Jeanne avait ramené de la pampa. François et le chiot étaient inséparables. Pendant les derniers temps de leur séjour à Baragan, François avait pris soin du chiot, l'avait nourri, caressé, dorloté. Il essayait aussi de l'éduquer. François voulait que le chiot soit obéissant. Il se disait que ce serait important qu'il soit agréable pour que l'équipage l'accepte et l'aime. Il avait pensé le nommer Milord. C'est ainsi que les Français nommaient, lui avait dit Romainville, tous les étrangers qui leur apparaissaient fortunés et influents. François trouvait que ce nom convenait bien au jeune chiot qui n'était pas français et qui deviendrait, il en était assuré, fort et puissant. Il lui trouvait un air digne et cela lui plaisait. Dès qu'il rencontrait l'un des matelots ou des scientifiques de *L'Étoile*, il leur demandait leur avis. Quand il fut assuré sur son choix, il demanda ensuite à Jeanne de lui apprendre à écrire le mot « Milord ».

Milord suivait François partout et lorsque le jeune mousse était occupé, le chiot le regardait avec cette tristesse que seuls les regards des chiens possèdent. Si François ne s'occupait pas de lui pendant trop longtemps, le chiot faisait bêtise sur bêtise. Il rongeait tout ce qui était à sa portée, se mettait entre les jambes des marins, sollicitait leur attention. Il adorait grignoter les cordes et le bois, avalait tout ce qu'il trouvait, et François, l'air souvent tragique, venait avertir Jeanne que Milord avait avalé une roche, un bout de métal ou s'était régalé de crottes. S'il disparaissait trop longtemps, les gens de *L'Étoile* s'en inquiétaient. Où est passé le chien? se demandait-on. Quel mauvais coup était-il encore en train de faire? Malgré sa trop grande vigueur, sa bonne humeur parfois exaspérante, il avait bien été adopté par la plupart des hommes. Même Bougainville s'attardait parfois à le caresser entre les deux oreilles, ce que Milord, les yeux fermés, faisait semblant de supporter avec un plaisir presque indécent. Vivès et Romainville s'étaient attachés à la bête et minimisaient ses frasques en arborant un sourire attendri. Quant à Commerson, il était satisfait que ce ne soit plus le chien de Jeanne. Le jeune chiot, trop vif, l'agaçait de plus en plus. Il regrettait d'avoir permis à Jeanne de l'adopter. Il ne s'en occupait nullement, sinon pour avertir

François que ce chien devrait être mieux éduqué s'il voulait voyager à bord de *L'Étoile.*

Lorsque François quitta la flûte pour s'installer dans le canot, le chiot le regarda partir avec terreur. Il jappa, couina, et lorsqu'il constata qu'il ne suivrait pas son ami, il courut s'installer à la proue, à la limite du beaupré et ne quitta plus François des yeux. Milord n'écouta pas les cris des marins qui l'enjoignaient de revenir, car ils trouvaient que le chien s'était mis dans une position dangereuse. Il risquait à tout moment de perdre l'équilibre et de se retrouver à l'eau. L'un des marins suggéra d'aller le chercher, mais il y avait plus pressant à faire. Milord était aussi attentif que les hommes de *L'Étoile* qui scrutaient l'eau avec concentration et écoutaient les directives de Hesvais, le patron de la chaloupe. La bête s'inquiétait de son ami; les marins, des hauts-fonds. Tous n'étaient plus que dans leur volonté de descendre sans anicroches le Rio, tous voulaient que le canot et la chaloupe sachent bien leur indiquer où chenailler. Tous voulaient, autant que Milord, que François et les quatre autres hommes reviennent sur la flûte sans encombre.

Jeanne tenta cette fois de ne pas se laisser prendre par le paysage qu'elle traversait. Contrairement à l'excitation qui occupait les hommes, le rio de la Plata respirait la paix. Elle faisait son travail de rivière sans s'inquiéter de quoi que ce soit. Jeanne l'envia. Elle était tout en regret, car elle avait l'impression que le bateau qui descendait la rivière défaisait en même temps une dentelle qui s'effilochait, écheveaux de paysage après écheveaux de paysage, écheveaux tout en splendeurs qu'elle ne reverrait jamais. Elle aurait aimé immobiliser *L'Étoile,* goûter lentement, avec délices et gourmandise, les beautés qu'elle laissait derrière elle. Elle regretta encore une fois l'absence de Jossigny. Lui seul aurait été capable de donner éternité à ce qui n'était plus, pour elle, qu'un souvenir pris en amont. S'il avait dessiné les rives du Rio, il lui aurait peut-être donné les dessins en cadeau et elle les aurait cachés dans sa boîte à musique. Ainsi, lorsque seule, elle s'offrirait le bonheur de lever le couvercle de sa boîte, les notes cristallines ne seraient plus orphelines de lumières. Elles s'entremêleraient aux beautés du rio de la Plata. Elle regretta que les splendeurs qu'elle traversait ne puissent venir se blottir dans sa boîte de trésors. Elles auraient fait bon ménage avec le coquillage irisé. Elle se dit même que la médaille de la Vierge aurait été ravie d'être en compagnie de telles splendeurs que son fils, le Créateur du monde, avait éparpillées sur la terre. Et la plume d'oiseau aurait peut-être ressenti une liberté retrouvée.

Jeanne ne put se laisser prendre par le paysage. Lorsque la flûte eut atteint un tirant d'eau de treize pieds, on constata qu'une saignée d'eau était restée ouverte. Bougainville demanda à Jeanne d'aider les hommes à calfeutrer avec de l'étoupe la voie d'eau pour la rendre étanche afin que le vent ne réussisse pas à faire passer l'eau à travers l'épaisseur du bois. Bougainville croyait que c'était la tempête qui avait fait rage la veille de leur départ qui avait ouvert cette saignée. Ce n'est que lorsque Jeanne remontait sur le pont qu'elle se remplissait les yeux des beautés qu'elle abandonnait. Elle essaya aussi de rassurer le chien. Elle essaya d'attirer la bête avec elle dans la cale, mais tout à son amour pour son nouvel ami, Milord refusa de quitter des yeux François. Jeanne s'attarda quelques instants à observer le chien. Jamais, pensa-t-elle, elle n'avait contemplé autant de concentration amoureuse dans un regard d'humain.Elle aurait aimé aussi mettre ce regard de chien dans sa boîte à musique.

Lorsque le soir tomba, François et les quatre autres marins revinrent sur la flûte. Milord, fou de joie, n'arrivait pas à calmer son enthousiasme. Frénétique, il léchait François, sautait sur lui, faisait mille cabrioles pour bien lui démontrer son bonheur. Les hommes en rirent et plusieurs se dirent que le plaisir que Milord ressentait après cette première journée de navigation ressemblait un peu à ce qu'ils éprouvaient. S'ils ne sautaient pas de joie, ils étaient tout aussi soulagés et heureux. Bougainville, comme pendant la remontée, leur offrit de l'eau-de-vie et ils passèrent une bonne partie de la soirée, alors que la nature, tel un rideau de velours que l'on referme lentement, s'effaçait peu à peu. Ils virent les étoiles percer la noirceur du ciel et se détendirent enfin. Commerson regretta à haute voix l'absence des musiciens.

— Il aurait été agréable de se reposer en écoutant leur musique, dit-il. La journée a été éprouvante. *L'Étoile* est bien affourchée et on peut enfin respirer sans trop d'angoisse. Je n'ai même plus la force d'écrire.

— Vous avez raison, approuva Vivès. Moi aussi, je suis si épuisé que je n'ai pas la force de me remettre à l'ouvrage. J'aurais aimé, comme vous, continuer à écrire mon journal, mais ce soir, je n'en ai aucune envie.

— La journée sera tout aussi rude demain, prévint Bougainville. Encore plus, car nous aurons à lutter contre la force des marées. Il faudrait prier pour qu'elles soient dans leur jusant demain matin. Cela nous aiderait, même si les hauts-fonds demeurent encore dangereux.

Jeanne, qui se tenait un peu à l'écart, se rapprocha de Vivès. Elle s'assit à côté de lui et, d'une voix un peu anxieuse, lui demanda si, à Montevideo, il se rappellerait assez bien les paysages qu'ils avaient longés pour être capable de les faire revivre par son écriture.

— Je vais te décevoir, petit Jean. Je ne m'attarde pas à décrire ce que tu admires. Je marque nos longitudes et nos latitudes, je m'attarde au temps qu'il fait ou à l'état de *L'Étoile*. C'est vrai que je tiens à décrire les mœurs, certaines coutumes des endroits ou des tribus que nous rencontrons, mais je ne m'attarde pas aux paysages. Et j'ai bien peur que ton maître n'y attache pas, non plus, grande importance.

— Je ne veux pas paraître impolie, monsieur, mais je trouve triste que toutes ces splendeurs que nous voyons soient perdues à jamais. J'aurais aimé que Jossigny soit avec nous.

— Je suis un scientifique, Jean. Tu as l'esprit d'un petit poète. Cela, je l'ai souvent remarqué. Si tu es rude à l'ouvrage, tu sais t'attarder à des détails. Et tu devrais être heureux de ce cadeau que le ciel t'a donné. Je t'envie. Les hommes qui savent, comme toi, s'attarder à la finesse d'une goutte d'eau qui avale la lumière, à la délicatesse toute en rondeur d'une feuille, en fait, à la beauté qu'il y a autant dans l'infini du ciel que dans les petites vies que la plupart d'entre nous mésestimons, m'impressionnent. Je n'ai pas ce talent.

— Vous vous trompez, monsieur Vivès. Sinon, vous ne me répondriez pas comme vous venez de le faire.

— Je ne m'attarde pas comme toi à la beauté. Je ne la recherche pas. J'ai d'autres préoccupations, mais j'estime les gens qui, comme Jossigny et toi, semblent lui accorder assez d'importance pour vouloir la magnifier.

Autour d'eux, le silence, peu à peu, s'était fait. Déjà François était couché dans son hamac; Milord, bien calé sous sa couverture. Jeanne se dit qu'il était temps de se préparer pour la nuit. Elle s'installa, comme pendant la remontée, dans son hamac de fortune. Elle s'enroba tout doucement d'elle-même. Elle s'attarda encore une fois, une dernière fois aux bruits des animaux qui préféraient vivre la nuit. En fermant les yeux, elle délesta un peu les bandages de ses seins et, plus à l'aise, elle repensa à ce que Vivès lui avait dit. Elle sourit et pensa que, peu à peu, elle se rapprochait du regard que Jossigny avait sur le monde. Depuis son départ de Rochefort, elle apprenait à voir autrement. Elle en fut satisfaite. Et puis, sans même y penser, sans que son geste ne soit volontaire, elle descendit sa main aux creux de son entrejambe. Elle se caressa doucement, désirant que sa jouissance soit de l'ordre du halètement à peine perceptible, qu'elle ne soit pas de l'ordre du cri. Elle s'endormit le cœur plein de contentement.

Perruche de Tahiti, dessin de Jossigny

23

La deuxième journée de leur descente se passa sans encombre, même si, pendant quelques heures, la coque de *L'Étoile* s'immobilisa dans la vase et qu'il fallut attendre la remontée de la marée pour s'en dégager. Le troisième jour, le vent se leva et la mer grossit à tel point qu'il leur fut difficile de chenailler, tant les vagues menaçaient la chaloupe et le canot qui précédaient *L'Étoile*. On dut enfermer Milord dans l'entrepont, car, sentant le danger, il était devenu fou d'inquiétude et menaçait à tout moment de se jeter à l'eau pour rejoindre le canot de François.

L'Étoile était difficile à manœuvrer. La force du vent, des marées et des vagues prenait d'assaut la flûte qui n'obéissait plus aux manœuvres. Vers deux heures, lorsque la marée s'inversa, l'embarcation vira de bord, sa proue faisant maintenant face à l'amont. Tant le canot que la chaloupe se retrouvèrent derrière elle et chavirèrent. Cinq hommes étaient à la mer. Jeanne crut s'évanouir de peur, mais elle se reprit vite. Il fallait sauver les cinq hommes qui risquaient de se noyer. Et il y avait François avec eux. Elle aida les hommes à carguer toutes les voiles, à ancrer la flûte pour qu'ils puissent mettre un canot de sauvetage à l'eau.

François ne savait pas nager. Jeanne le regarda s'agripper à la coque du canot, s'angoissa et cria toutes les fois que le jaillissement des vagues engloutissait l'embarcation en la brisant en plusieurs morceaux et que François disparaissait sous l'eau pour des secondes qui parurent interminables. On jeta des bouées à l'eau. Hesvais, le capitaine de la chaloupe, fit comprendre qu'il savait nager, qu'il n'avait besoin d'aucune aide et que l'on devait d'abord s'occuper de ceux qui risquaient de se noyer. Il ôta ses bottes dans l'eau et tenta de rejoindre la flûte à la nage. Jeanne le vit lutter contre des vagues, disparaître à plusieurs reprises, émerger sans qu'il puisse contrôler ses mouvements. Il était impuissant devant la force des éléments et on devina qu'il était en train de s'épuiser, que ses forces n'arrivaient plus à le maintenir à flots. Dans un cri muet, dans un cri où déjà la mort s'était installée, il coula, à quelque distance de *L'Étoile,* sans qu'on puisse le sauver.

Jeanne ne vit pas les deux autres hommes se noyer, avalés par des vagues aux tentacules si longues qu'il devenait impossible de s'en dépêtrer. Elle fixait François, lui criait de s'agripper, de ne pas lâcher prise. L'entendait-il? Le vent rugissait, les vagues cognaient sur la coque, les hommes criaient et leurs cris, tout en désordre, nourrissaient la peur de Jeanne. Elle ne voulait pas perdre son ami et elle n'était d'aucune utilité. Elle tournait en rond, s'agrippait à la lisse du navire, hurlait à en perdre la voix. François avait de plus en plus de mal à se retenir au bois du canot, canot qui se brisait comme une coquille d'œuf jetée sur le sol. La force des vagues le détachait presque de son attache et Jeanne crut à plusieurs reprises que c'en était fait de lui. Pourtant, quelques secondes plus tard, entre deux vagues, elle retrouvait les mains de François qui s'agrippaient de plus en plus mollement à un morceau de bois. Il y mettait pourtant, Jeanne en était assurée, toute sa force. C'est à peine si elle entrevoyait son visage. Lorsque entre deux giclements des vagues, elle arrivait à l'apercevoir, elle ne distinguait que des yeux chavirés, qu'un visage apeuré, qu'une volonté pourtant presque surnaturelle de ne pas mourir. Lorsque le canot de sauvetage réussit enfin à s'approcher de lui, l'officier dut presque l'assommer, tant, dans sa frayeur, François n'osait quitter le morceau de bois auquel il s'accrochait. Lorsqu'on le retira de l'eau, il ressemblait à une poupée de chiffon désarticulée.

On réussit à sauver un autre homme qui, comme François, était arrivé à se retenir à une partie de la coque renversée. Il fut plus difficile de s'approcher de lui. Le morceau de coque auquel il s'agrippait était assez large pour rendre son accès difficile. L'officier réussit enfin, après quelques manœuvres infructueuses, à le sauver. Les hommes craignirent ensuite que le canot de sauvetage se renverse, qu'il soit, lui aussi, la proie des eaux. Il était ballotté dans tous les sens, et ce fut long avant qu'il réussisse à s'approcher de la flûte.

Quelques hommes aidèrent les sauveteurs à remonter les deux naufragés. Eux aussi étaient épuisés. Malgré leurs vêtements trempés, leur visage et leurs cheveux encore dégoulinants de la fureur des eaux, ils arboraient un air fier. Ils avaient au moins réussi à sauver deux hommes. Et cela était déjà une victoire. Pour le moment, ils n'avaient pas la force de penser à ceux qui s'étaient noyés.

Jeanne eut peur que François ne soit déjà mort, mais Vivès courut à son chevet et l'aida à reprendre ses esprits. Commerson, tout aussi vigilant, se penchait déjà sur le corps de l'autre matelot.

Jeanne, encore tourmentée, encore en plein cœur de sa peur, ne savait plus que faire. Elle s'approcha de Vivès qui la fit reculer aussitôt. « Ne t'approche pas trop. Il faut de l'air à François, tu ne fais que nuire », lui cria-t-il. Elle recula de quelques pas et observa les soins que Vivès donnait à son ami. Elle vit François reprendre des forces, s'éloigner peu à peu de la mort, d'une mort à laquelle il avait résisté avec toute la force de son jeune âge. L'un des matelots alla chercher Milord. Les hurlements du chien n'étaient plus que des gémissements qui faisaient peine à entendre. Le matelot se tenait loin des deux corps étendus. Il ne voulait pas que le chiot s'échappe des bras qui le tenaient prisonnier. L'homme resserra son étreinte, tentant d'éviter que Milord se jette sur un François affalé sur le pont. Il attendait l'autorisation de Vivès.

— Il était en train de gruger la porte de l'entrepont tant il voulait sortir, dit-il à Jeanne. La porte est pleine de griffures assez larges et profondes pour mesurer la force de ce chien. Il était si fou qu'il en a encore de la bave à la gueule.

— Il avait deviné que François était en danger. On ne peut lui en vouloir.

Dès que Milord vit son maître étendu, les yeux fermés, il devint si agité qu'il fut impossible au matelot de le garder dans ses bras. Le chien sauta sur le pont, sauta sur le corps de François et lécha son visage à grandes lampées plus frénétiques les unes que les autres. Même Vivès ne put l'éloigner. Et lentement, François, les yeux encore fermés, enveloppa le corps de son chien de ses deux bras. Il le serra contre lui avec autant de douceur qu'il avait mis de force à s'agripper à son bout de bois. Milord mit alors son museau dans le cou de François et soupira. Il faillit s'endormir. Lorsqu'on transporta le jeune mousse dans une cabine où il pourrait plus facilement reprendre ses forces, nul ne pensa à séparer le chien et François. Jeanne eut la certitude que le chiot était aussi épuisé que son maître. Lui aussi avait combattu jusqu'à la limite de ses forces.

François et l'autre naufragé se remirent assez rapidement. Lorsque *L'Étoile* pénétra dans la rade de Montevideo, ils étaient sur le pont, heureux d'avoir survécu et de revoir les mâts de *La Boudeuse*. Pourtant, une tristesse voilait le retour de la flûte. Trois hommes étaient disparus, et leurs corps, songeaient plusieurs, resteraient au fond du rio de la Plata, et seraient, pendant très longtemps, ballottés, tels des bouchons de liège, par le jeu des marées.

Tous savaient que si la mort a toujours une tonalité tragique, celle qui se produit en mer prend toujours un caractère doublement douloureux. On sait que leur corps ne sera jamais remis aux leurs, qu'ils ne retourneront pas parmi les leurs. Personne ne suivra leur dépouille. Elle restera, abandonnée, dans le fond des mers sans que nul ne vienne pleurer sur leur cercueil. Il ne restera sur *L'Étoile* qu'un grand vide. Un vide d'autant plus grand que ces trois hommes avaient vécu avec eux, dans une proximité que seule la vie en haute mer permet. La flûte était amputée de trois vies. Il faudrait, comme le voulait la coutume, mettre à l'enchère leurs maigres biens que se partageraient les matelots. Commerson acheta les trois coffres des noyés. Ils lui seraient utiles pour mieux ranger ses spécimens. Les hardes, pantalons et vestes allèrent réchauffer d'autres hommes. Il fallait oublier ces morts et surtout occuper le plus rapidement possible leur hamac, qui, resté vide, rappellerait à tout moment les disparus et soulignerait combien la mer peut être dangereuse et même vicieuse.

24

Lorsque *L'Étoile* retrouva enfin *La Boudeuse*, ce fut la fête. Les hommes étaient heureux de se revoir. La flûte était sauvée et bientôt commencerait leur véritable aventure. François débarqua le premier. Il courut vers Jossigny et voulut lui présenter Milord, mais comme le dessinateur avait la chatte de Jeanne dans ses bras, François hésita, se détourna de Jossigny et présenta son chien à tous ceux qui étaient restés à Montevideo. Il était excité et leur raconta à maintes et maintes reprises comment il avait failli se noyer. On déplora la mort des trois hommes. Certains qui les connaissaient depuis très longtemps prirent la peine d'organiser avec l'accord de Bougainville, une cérémonie sur la frégate pour rendre hommage aux disparus.

Jeanne revit sa chatte avec bonheur. Jossigny, dès qu'il avait vu les mâts de *L'Étoile* pointer à l'embouchure du rio de la Plata, avait pris la peine d'aller chercher la chatte, et c'est en la tenant dans ses bras, qu'il avait accueilli son ami Jean. Il s'était ennuyé du jeune valet de Commerson. De François aussi. Si la flûte lui parut, d'abord, remise à neuf, la fatigue et la nervosité qui pouvaient se lire sur les visages de l'équipage l'inquiéta. Quelques minutes plus tard, il apprit combien la descente du rio de la Plata avait été difficile et que trois hommes y avaient laissé leur vie.

Ce soir-là, tous se réunirent sur *La Boudeuse*. Après la cérémonie rendue aux trois disparus, Bougainville s'adressa à tout son équipage. Il ne leur parla pas longtemps, mais il les félicita avec sérieux de ce qu'ils avaient fait jusqu'à maintenant et les encouragea à continuer. Il fit ouvrir plusieurs cruches d'eau-de-vie et on ripailla sans façons. Ce fut un de ces moments où tous les hommes ignorent leurs différences de classe ou d'éducation. Les conversations se croisaient tant et tant qu'elles en étaient devenues cacophoniques. Tous voulaient raconter, tous, tant les hommes restés à Montevideo que ceux qui revenaient de Buenos Aires, avaient des aventures à relater, des explications à donner, des péripéties à raconter, des incidents à confier, des désaccords à signaler, des racontars à colporter. Les conversations fusaient de partout. Même Émile, le marin amputé, était avec eux. Peu de temps auparavant, il avait rencontré Bougainville et lui avait demandé la permission de remonter sur *L'Étoile*. Il voulait retourner en France avec eux, faire aussi le tour du monde comme le leur avait demandé le Roi. « Même avec une jambe en moins, je pourrais être de quelque utilité. » Bougainville lui répondit qu'il se réjouissait de sa décision et qu'il était chez lui sur *L'Étoile*.

— Tu ne t'ennuieras pas, sois-en assuré. Il y a un tas d'ouvrage qui ne nécessite pas deux jambes, mais des bras forts et de la patience. Ta présence sera d'une grande utilité. Je suis content que tu restes avec nous.

Bougainville constata que les Acadiens avaient quitté Montevideo. Les Jésuites aussi. Il en fut satisfait et soulagé. François appris que sa lettre voguait vers la France et qu'elle accompagnait les caisses que Commerson avait adressées à Buffon. Ce soir-là, presque tout l'équipage refusa de se séparer et passa la nuit sur *La Boudeuse*.

Milord fit aussi la connaissance de la chatte. Le chien fut fasciné par cette petite bête qui, apeurée, dédaigna tout le charme qu'il exerçait pour la séduire. Le poil hérissé, elle cracha à plusieurs reprises pour éloigner l'intrus. Milord n'en fit aucun cas et s'obstina à courir après ce paquet de poil dont l'odeur était bien intrigante. Jeanne protégea la chatte; François, le chien. Les hommes en rirent et se dirent que les deux plus jeunes de l'équipage auraient à faire bien des concessions s'ils voulaient rester amis. Jossigny proposa de séparer les bêtes. La chatte sur la flûte, car c'était déjà son territoire; le chien, sur la frégate. Le valet de Commerson et le moussaillon de *L'Étoile* s'y opposèrent. Le chat et le chien en viendraient vite à s'entendre et deviendraient, comme eux, de bons amis. Les hommes sourirent et plusieurs pensèrent qu'il était bon d'avoir des jeunes débordant d'innocence avec eux. C'était réconfortant.

Dès le lendemain, on entreprit d'embarquer tout ce qui était nécessaire à la suite du voyage. Ils commencèrent à recharger *L'Étoile*. Vinrent ensuite les vivres de toutes sortes. Barils d'eau douce, d'eau-de-vie, d'huile, de miel, sacs de farine, de sucre, de fèves, de riz et de biscuits furent entassés et arrimés sur *L'Étoile*. On fit monter ensuite des animaux vivants tels des bœufs, des brebis ou des poules. On s'occupa de faire couper de l'herbe fraîche pour les nourrir. Puis ce furent le tour des caisses d'ustensiles, d'objets de toutes sortes qui étaient essentiels à la survie et au bon moral de l'équipage.

Commerson s'opposa encore une fois à la présence de la cucurbite qu'il trouvait inutile et embarrassante. L'objet n'avait pas encore réussi à dessaler l'eau de mer, grommelait-il toutes les fois qu'il passait à côté.

Le naturaliste était d'une humeur massacrante. Véron en était un peu responsable. Il avait demandé, presque exigé, que Commerson lui donne l'un des coffres récupéré des biens des noyés. Pourtant de grands amis, ils eurent une discussion assez vive. L'astronome qui allait quitter *L'Étoile* pour *La Boudeuse* désirait avoir l'un des coffres que Commerson s'était égoïstement appropriés. Le naturaliste tenta d'expliquer que ces caisses étaient essentielles pour ranger tous ses spécimens, Véron lui répliqua que ses instruments étaient aussi importants que tout ce qu'il avait ramassé depuis leur départ. Jeanne assista à la querelle avec inquiétude. Elle ne voulait pas s'en mêler, sachant qu'un valet n'avait pas le droit de s'interposer entre deux scientifiques. Pourtant, elle ne voulait pas qu'ils se querellent pour un simple coffre. D'une voix un peu faible, mais où on pouvait entendre une fermeté qui surprit les deux hommes, Jeanne proposa à Commerson de si bien ranger ses spécimens qu'il n'aurait pas besoin du troisième coffre. Commerson céda. Jeanne lut même quelques lueurs de soulagement dans son regard. Lui aussi ne voulait pas se quereller avec Véron.

C'est avec un plaisir évident que Véron rangea ses compas, pointes sèches, sabliers, cartes du ciel, tables astronomiques, échelle de Jacob, sextant, et enfin, il y déposa parmi d'autres instruments qui semblèrent mystérieux à plusieurs, son précieux astrolabe.

— Je suis triste que vous quittiez *L'Étoile*, lui dit Jeanne. Vous auriez pu continuer tous vos calculs sur la flûte.

— *La Boudeuse* précédera *L'Étoile*. C'est elle qui ouvrira la voie. Regarde, petit Jean, l'échelle de Jacob me permettra de calculer notre latitude. Il me suffira de mesurer la hauteur au-dessus de l'horizon. Et l'astrolabe me donnera notre position à partir des étoiles. Notre route n'en sera que plus exacte. Et la flûte nous suivra en toute confiance.

— Mais vous ne pourrez plus herboriser avec nous. C'est le prince de Nassau qui suivra mon maître.

— Tu verras. Le prince est un jeune homme curieux et plein d'enthousiasme. Il n'est pas beaucoup plus vieux que toi. Tu ne t'ennuieras pas avec lui. Tu te souviens, lorsque ton maître a décrit mon air triste, trop souvent nostalgique. Avec le prince, tu n'auras pas à subir mon visage un peu trop tranquille. Il est toujours enthousiaste et de bonne humeur.

Jeanne ne répondit pas. Elle aurait aimé lui répondre que son air un peu triste était négligeable, comparé à la bonté et à la bienveillance qui se dégageaient de tout son être. Elle pensa à la fleur que Commerson avait découverte et qu'il avait nommée *veronia triste flora*. Il n'en avait pas informé Véron. La fleur semblait si triste qu'elle portait comme des petites larmes autour de ses pétales. « Une fleur en pleurs, s'était écrié Commerson, c'est celle de Véron. » Il n'avait pourtant pas osé la montrer à l'astronome, mais il la gardait précieusement entre deux feuilles du livre de Linné, où il avait déposé et fait sécher ses plus belles trouvailles comme la fleur et la feuille d'un giroflier, d'un camphrier et d'un cannellier. En regardant l'astronome donner des instructions pour que ses malles et son coffre soient transférés sur *La Boudeuse*, Jeanne se dit que cette fleur n'était pas appropriée. Cet homme n'était pas vraiment un nostalgique. Ce n'est pas les pleurs qui s'écrivaient dans son regard. Il ne vivait simplement pas vraiment sur terre, ou à peine. Ses pieds effleurant le sol, il se promenait toujours la tête entre la lune et les étoiles. Il aurait fallu trouver une plante qui recherche tant la hauteur du ciel qu'elle risque de s'envoler. Une plante à plumes, pensa Jeanne, une plante dont les racines ont la souplesse de s'accrocher au sol tout en ayant le pouvoir de circuler au-delà de notre monde.

Ce serait maintenant le prince de Nassau qui suivrait Commerson. Lui aussi s'intéressait à la flore de l'Atlantique Sud. Jeanne ne le connaissait pas et elle craignit un peu qu'il soit moins avenant que l'astronome. Même Commerson était resté un peu froid lorsque Bougainville l'avait informé du désir du prince de le suivre. À peine âgé de 21 ans, il portait beau et affichait un air fier qui avait le don d'indisposer Commerson et qui inquiétait Jeanne. On le disait intrépide et courageux, mais la rumeur courait qu'il s'était embarqué pour fuir ses créanciers. Il s'était montré poli envers le valet du naturaliste et Jeanne en fut un peu rassurée. Elle se disait aussi qu'elle aurait le temps de le connaître avant qu'ils puissent herboriser dans le détroit de Magellan. Plusieurs jours de mer les séparaient de leur première exploration. N'empêche qu'il quitterait *La Boudeuse* pour vivre avec eux sur *L'Étoile*. Elle s'était attachée à Véron et aurait préféré que le prince reste sur le bateau de Bougainville et que l'astronome ne quitte pas leur flûte.

Lorsque Jeanne vit les malles du prince, elle en fut estomaquée. Il y en avait tant et tant qu'elle se demanda s'il n'y avait pas eu d'erreurs, si toutes ses malles lui appartenaient. Ce dernier, l'air réjoui, dirigeait tous ses biens vers la cabine de Véron. Il dégageait un enthousiasme qui étonna Jeanne. Le prince devait être de ces hommes qui jamais ne renoncent, non pas par courage, mais par une indiscipline qui les rend souvent autant sympathiques que dangereux. Il courait sur le pont, chantonnait en donnant des ordres, sourit à Jeanne à plusieurs reprises. Il s'approcha même d'elle et lui demanda quand il pourrait visiter la cabine de son maître. Jeanne ne sut que lui répondre et prit quelque temps avant de lui expliquer que ce serait sûrement monsieur Commerson qui aurait le plaisir de lui montrer ses plus belles trouvailles.

François était tout autant fasciné par le prince. C'était l'invité de Bougainville et jamais il n'avait été en présence d'un aristocrate. Il le regardait comme un enfant fasciné par ce qui est plus grand que lui. Jeanne n'aima pas cette façon de François de considérer le prince.

— Tu n'as pas à être impressionné, François. Tu verras, il n'est pas meilleur que nous.

— Oui, mais c'est un prince.

— Et toi, un moussaillon qui sait lire. Cela aussi mérite considération. Il faudrait reprendre tes exercices lorsque nous serons à bord et que le temps sera calme. Je crois que tu n'as pas vraiment travaillé à Buenos Aires.

— C'est vrai, Jean. Personne n'avait vraiment le temps de m'aider. Mais j'ai appris à faire des nœuds. C'est presque aussi beau que des lettres. Et cela demande aussi de la précision. Je te le montrerai si tu veux. Tu verras, lorsqu'on referme le nœud, c'est comme si l'on refermait une lettre, ou plutôt comme si l'on mettait un point au bout d'un mot. Il y a autant de grâce dans un nœud plat que dans la lettre « A ».

Jeanne sourit. Elle eut envie d'embrasser François sur la joue, mais se retint. Elle pensa à Robinson. Il faudrait se remettre à suivre ses aventures. Jossigny lui avait montré ses dessins. Jeanne les avait aimés et il lui en avait donné quelques-uns qu'elle avait soigneusement pliés pour qu'ils soient comme une couverture qui protégerait les trésors de sa boîte à musique.

— Allez, François, viens avec moi, allons chercher Jossigny et demandons-lui de continuer l'histoire de Robinson lorsque la noirceur nous empêchera de continuer le chargement.

Jossigny accepta. On informa les hommes que ce soir-là, Robinson Crusoé reviendrait sur *L'Étoile*. Tous en furent ravis et ce fut comme si cette promesse avait accéléré le travail de l'équipage. Les hommes travaillaient avec une plus grande bonne humeur.

Ils ne furent pas déçus. La noirceur tombait tard à cette période de l'année. Elle n'était pas encore tombée que Jossigny, entouré d'une quinzaine d'hommes, ouvrait le livre et continua à leur lire ce qui était en train d'arriver au naufragé. Il y eut même un musicien de *La Boudeuse* qui se joignit à eux et qui souligna de quelques airs de flûte les moments où Robinson, découragé, n'arrivait pas à apprivoiser son île, île que dans son malheur, il avait nommée l'Île du Désespoir. Même Milord, couché aux pieds de François, écoutait attentivement et penchait la tête d'un côté ou l'autre lorsque Jossigny changeait d'intonation.

Les hommes se réjouirent d'abord que Robinson puisse rapporter sur son île une quantité inimaginable de nourriture et d'objets qu'il transportait du bateau échoué. Il charria de peine et de misère des barils de nourriture, de poudre des cordages de voiles, des sacs de clous, des rouleaux de feuilles de plomb, des planches du navire, des couteaux et des fourchettes, et même un hamac. Enfin, il récupéra les deux chats qui se terraient dans la cabine du capitaine et retrouva le chien qui, heureux, se jeta à l'eau et nagea jusqu'à la grève. Les hommes souriaient. Ils étaient contents que Robinson ait tant d'objets qui lui permettraient de survivre, Ils furent un peu attristés lorsqu'ils apprirent que le naufragé n'avait ni bêche, ni pelle, ni pioche. Cela suscita quelques discussions et arrêta pour quelques instants la lecture de Jossigny. Les hommes se demandaient si ces outils étaient essentiels. Crusoé pourrait-il se construire un abri sûr sans ces outils. Lorsque Jossigny reprit sa lecture, ils applaudirent l'intelligence de Robinson lorsqu'il eut l'idée de couper des vergues pour se construire un radeau. François fut impressionné que le naufragé ait eut l'idée d'apporter sur son île encre et feuilles de papier et qu'il avait décidé d'écrire un journal. Tout ce transbordement prit treize jours. La nuit suivante, un orage éclata et le lendemain, l'épave du bateau avait disparu. Il ne restait plus rien à récupérer.

Jossigny referma le livre. La suite serait pour une autre soirée où *L'Étoile* serait bien ancrée. Les hommes insistèrent un peu, ne voulant pas laisser Robinson sur la grève face à une mer où nul bateau ne coupait l'horizon. Il y eut débats et le capitaine de La Giraudais mit fin aux contestations de ceux qui voulaient connaître, sans attendre, ce qui arriverait à Crusoé.

— Il fait presque nuit. Il ne faut pas gaspiller l'huile des lanternes. Je sais que c'est une histoire qui vous intéresse, surtout que Defoe l'a écrite à partir d'un fait vécu, mais il faut aller vous reposer.

Les hommes regardèrent leur capitaine comme s'il venait de leur apprendre que la mer s'assécherait. Ils n'en crurent pas leurs oreilles.

— Alors, dit l'un d'eux, Robinson Crusoé a vraiment existé.

— Oui et non. Ce que Jossigny vous lit, c'est un roman. Mais Defoe s'est inspiré de l'histoire d'un dénommé Alexandre Selkirk, si ma mémoire est bonne.

— Alors, tout ce que nous lit Jossigny est vrai, capitaine?

— C'est un roman. Defoe a nourri l'histoire de Selkirk de bien des aventures imaginaires. Il s'est donné beaucoup de liberté. Lorsque vous aurez terminé le roman, nous en reparlerons.

— Mais, demanda François, il y avait vraiment un chien? Et est-ce vrai qu'il avait décidé d'écrire son journal?

— Cela, oui, je le crois, répondit le capitaine. Pour l'heure, vous devez aller vous installer pour la nuit. Demain, si le temps est bon, nous quitterons la rade de Montevideo. Ce sera une grosse journée.

Les hommes obéirent. Ils discutaient entre eux et savaient qu'ils auraient à raconter à ceux qui n'avaient pas assisté à la lecture de Jossigny la suite des aventures de Robinson Crusoé. Seul François suivit Jossigny jusqu'à sa cabine.

— Que fais-tu là, petit? Tu ne suis pas les autres?

— J'ai une prière à vous faire, Monsieur. Vous avez dessiné des morceaux de l'histoire de Robinson. Vous en avez même donné à Jean. Le chien de Robinson, est-ce qu'il ressemble à Milord? J'aimerais beaucoup que vous dessiniez Milord avec Robinson et que vous me donniez le dessin. Est-ce trop vous demander?

Jossigny rit. Cet enfant l'attendrissait. Il lui promit que dès qu'il aurait un peu de temps à lui et qu'il n'aurait pas à dessiner pour Commerson, il se ferait un grand plaisir de dessiner Milord. Le sourire de François s'élargit et il faillit sauter de joie. Il ne le fit pas, car il avait une autre question pour Jossigny.

— Je prendrai grand soin de votre dessin, Monsieur. C'est un grand honneur que vous me faites. Et à Milord aussi. J'ai une autre question pour vous. Robinson a décidé d'écrire son journal. Si Jean m'aide, pensez-vous que, moi aussi, je pourrais commencer à écrire un peu ce qui se passe sur *L'Étoile?* Pas beaucoup, juste un peu, juste quelques lignes par jour. Je sais bien que je ne pourrai jamais écrire comme monsieur Vivès ou monsieur Commerson, mais j'aimerais écrire un tout petit peu.

— Quelle idée merveilleuse! Jean t'aidera. Et moi aussi. Je te fournirai même des feuilles et de l'encre si tu en manques. Et si tu es persistant, je t'offre même d'illustrer quelques pages de ton journal. L'écrivain Michau a disparu, tu pourrais le remplacer.

— Vous vous moquez un peu de moi. Mais, peut-être qu'un jour, moi aussi, je serai capable d'écrire comme lui. Peut-être qu'un jour, je pourrai, moi aussi, devenir écrivain du Roi. Et si cela arrivait, croyez-moi, je ne déserterais pas, poursuivit François en regardant Jossigny avec, dans les yeux une reconnaissance sans failles, une reconnaissance mêlée d'un espoir que plusieurs auraient qualifié de chimérique. Lorsque François quitta le dessinateur, il écrivait déjà dans sa tête les quelques mots qui débuteraient son journal et imagina un dessin qui les illustrerait. Puis il se retourna et vit que le dessinateur le regardait s'éloigner. François osa lui poser une question qui le taraudait depuis longtemps.

— Monsieur Jossigny?

— Quoi encore, François?

— Si vraiment on fait le tour de la terre, est-ce que ça veut dire que plus je m'éloigne de ma mère, plus je me rapproche d'elle?

En riant, et même un peu étonné de la perspicacité du jeune mousse, il lui répondit qu'il avait pensé juste.

— Tu as raison, François. Tu es vraiment un jeune garçon intelligent. Je n'ai pas de doutes. Si tu le désires vraiment, tu deviendras, un jour, un écrivain du Roi.

25

La Boudeuse et *L'Étoile*, toutes voiles dehors, quittèrent la rade de Montevideo. Bougainville avait quitté Nantes un an plus tôt et Jeanne Barret vivait sous le nom de Jean Barré depuis presque neuf mois.

Vers quatre heures et demie, le 14 novembre 1768, les deux vaisseaux, par un vent frais du nord, appareillèrent pour le détroit de Magellan. Douze hommes avaient déserté, mais Bougainville les avait remplacés par des marins ramenés des Malouines. La frégate, avec tous ses hommes à son bord, ouvrait la voie.

Ils virent la terre jusqu'au coucher du soleil. Les manœuvres d'appareillage ayant occupé presque tous les hommes, c'est à peine s'ils eurent le temps de regarder la ville rapetisser, ne devenir qu'une mince ligne de terre et disparaître pour ne laisser que l'infini de l'océan. Malgré le courage et la bonne humeur que démontraient la plupart des hommes de l'équipage, il régnait sur les deux vaisseaux une espèce de mélancolie que seuls les marins avisés peuvent reconnaître. Peu étaient insouciants. Si l'impatience et le désir d'accomplir cette première circonvolution française nourrissaient leur courage, l'ennui de leur terre natale recouvrait presque de silence ce départ. Certains pensaient à la douceur de leur village au printemps, à leur famille, aux repas pris à une table entourée d'enfants. Certains de *L'Étoile* savaient que leur femme avait dû donner naissance à un enfant dont ils ignoraient même le sexe.

Ils maudissaient en silence la mer qui, comme un aimant, les avait attirés vers des régions si inconnues qu'ils n'en connaissaient même pas les routes. Ils s'en allaient vers un inconnu, vers un innommé que Romainville tenterait de cartographier, que Commerson voulait cataloguer et Jossigny, dessiner. Pourtant, au-delà de leurs malaises, il y avait aussi la fierté née du sentiment d'une certaine démesure. Ils s'en allaient tous au-delà d'eux-mêmes. Ils dépasseraient leurs propres limites, et cette impression nourrissait une exaltation qui atténuait peurs et nostalgie.

François gardait le sourire. Il répétait, entre deux manœuvres, que plus il s'éloignait de Rochefort, plus il s'en rapprochait. Certains lui répondirent que plus il s'éloignait de ceux qu'il aimait, plus le souvenir de leur visage s'estomperait et qu'il leur faudrait bien de la veine pour rentrer à bon port et revoir tout leur monde. François leur répondit qu'il avait confiance aux capitaines des deux vaisseaux. Il reverrait sa mère. Elle serait fière de lui, car il aurait grandi, serait devenu beaucoup plus fort, serait devenu un homme, un homme qui, en plus, savait lire et écrire.

Ces paroles en firent sourire d'autres au caractère plus optimiste. François leur redonna même une bonne provision d'enthousiasme. Même Émile songea à lui demander de lui montrer à écrire son nom. Lui aussi était assuré que ces grandes voiles qu'ils avaient tant de mal à dompter, tant les vents étaient souvent contraires, les ramèneraient chez eux par le plus long chemin qu'aucun Français n'avait suivi. Les deux vaisseaux auraient fait le tour de la terre et cela suffisait à amenuiser les craintes de l'équipage et à gonfler leur volonté de survie. La peur de ne jamais revoir leur village natal leur donnait le courage de poursuivre. Ils ne pouvaient revenir en arrière et il leur suffisait de regarder la passion qui illuminait les visages des scientifiques pour reprendre force et tasser au fond d'eux leur nostalgie. Pourtant aucun n'arrivait à oublier qu'ils étaient coupés du monde, à la recherche de nouveaux mondes, avec pour principaux compagnons la peur des tempêtes, des avaries, des maladies et des noyades et le travail presque incessant que nécessitait la survie des deux vaisseaux.

Lorsque Jeanne ne vit plus Montevideo, une grande fatigue l'accabla. Les mois qu'elle avait passés sur terre lui avaient permis de refaire ses forces, de soulager ses seins et, surtout, de vivre à plusieurs reprises sans cacher sa véritable identité. À la seule pensée de dormir dans son hamac installé sous le gaillard d'avant, de devoir encore et encore dissimuler ses seins et d'agir comme le valet dont on mettait en doute la moralité l'accablait. Jeanne était fatiguée de Jean. Si elle avait tant aidé les hommes qu'on l'avait surnommée *petite bête de somme,* elle se demandait si elle serait capable de maintenir son personnage encore bien longtemps. Elle s'ennuyait d'être une femme. Elle aurait aimé vivre, bouger, parler comme une fille.

En quittant Montevideo, Jeanne Barret eut le goût de revenir en arrière, même si jamais elle n'eut l'idée de déserter. Les semaines où elle ne verrait que la mer et où elle partagerait presque intimement la vie des hommes de *L'Étoile* l'inquiétaient. Elle n'aimait pas la mer qui ne cessait jamais d'onduler, de narguer leurs nuits et leurs jours par ses caprices trop souvent changeants, passant d'un calme qui forçait parfois *L'Étoile* à s'encalminer à des colères qui les obligeaient à lutter pour leur survie. Pourtant, la pensée que, dans quelque temps, elle traverserait le détroit de Magellan et herboriserait avec son maître lui permettait un peu d'oublier ses peurs et ses souffrances. C'était comme si la douleur de ses seins continuellement écrasés s'était répandue dans tout son corps. Son corps de femme réclamait une impossible liberté.

Commerson était si occupé à classer et à trier tout ce qu'il avait ramassé pendant son séjour à Montevideo et à Buenos Aires que Jeanne eut peu de temps pour s'apitoyer sur son sort. Elle passait ses journées dans la cabine. Lorsque les deux bateaux passèrent près de la péninsule de Valdès, Commerson supplia de La Giraudais de s'approcher des côtes. C'était un véritable paradis terrestre. Protégée des vents, la péninsule abrite, lui radotait-il, une quantité incroyable d'oiseaux et de cétacés qui viennent s'y reproduire. Des baleines franches, des dauphins, des orques, des éléphants de mer, des otaries et même des manchots de Magellan fréquentent la péninsule. Commerson rêvait de se promener parmi tous ces animaux et de les voir plonger puis émerger en mille éclaboussures qui marquaient tant leur taille que leur force. De La Giraudais lui répondit que ces animaux se reproduisaient au début de l'hiver austral et qu'il serait déçu.

— Tous ces animaux ont quitté Valdès. Vous y perdriez votre temps et l'expédition en serait retardée inutilement.

Pendant tout le temps que *L'Étoile* longea la péninsule, Commerson se tint sur le pont et tenta de voir ce lieu tant vanté. Il ronchonna tout le jour et Jeanne eut de la difficulté à le sortir de sa bouderie. Pourquoi Bougainville avait-il omis un arrêt dans un lieu aussi paradisiaque ? Il lui en voulut pendant plusieurs jours, convaincu que des otaries, des pingouins ou des éléphants de mer devaient être encore sur les grèves de la péninsule. Il ne se calma que lorsqu'il vit une quantité incroyable de baleines accompagnées de leurs petits qui s'égayaient près des deux vaisseaux. Presque tout l'équipage fut fasciné par ces baleines qui nageaient et semblaient s'amuser. Elles paraissaient fort intriguées par la flûte et la frégate. Elles bondissaient, tournaient sur elles-mêmes. Si au moment de leur rencontre, elles se tenaient un peu éloignées des bateaux, elles furent vite rassurées et s'approchèrent de très près de *L'Étoile* en lançant d'immenses jets d'eau comme si elles leur souhaitaient la bienvenue. Ce qui intrigua surtout l'équipage, ce fut le soin que prenaient les baleines adultes à protéger leurs petits. Elles les obligeaient à se tenir de l'autre côté de leur corps comme pour assurer leur protection. Les baleineaux imitaient tous les mouvements de leur mère. Si celle-ci plongeait, le baleineau plongeait, si elle caracolait à côté de la flûte, le baleineau aussi. Ce fut un moment de grâce, un de ces moments où le monde s'arrondit en une exaltation qui ne laisse de place qu'au bonheur et à l'admiration. De La Giraudais avait raison, s'avoua Commerson. Les cétacés étaient vraiment au large. Il aurait peut-être l'occasion d'en observer encore d'autres espèces. C'est en affichant un caractère plus avenant qu'il traversa les journées de pleine mer.

Le soir, lorsque le temps le permettait et que *L'Étoile* pouvait passer la nuit sous la misaine, les marins qui n'étaient pas de garde écoutaient la suite des aventures de Crusoé. Jeanne aidait aussi François qui s'acharnait de plus en plus à écrire et à lire. Jossigny lui avait donné un cahier. Il écrivait d'abord sur des bouts de feuilles, demandait à Jeanne de corriger ses fautes et transcrivait ses phrases dans le cahier dont il prenait un soin excessif. Il avait appris à écrire sans fautes les mots « brasse » « sonde » « lieue » « nœuds » et plusieurs autres qui lui permettraient de noter l'avancée du navire. Jossigny lui écrivit les noms des voiles, des mâts, des vergues, des huniers, des focs ou des cacatois. C'étaient des mots, affirma François, vraiment difficiles à lire et à écrire. Il s'exerçait pourtant dès que le temps le lui permettait. Un soir, il demanda à Jeanne de lui écrire en grosses lettres les noms des personnes qu'il aimait sur *L'Étoile*. Il apprit à écrire « Jean », « Jossigny » « Commerson » « Vivès » et même « Émile ». Il apprendrait les autres plus tard, décida-t-il. Lorsqu'il tentait d'écrire, étaient éparpillées devant lui plusieurs feuilles qu'il consultait sans arrêt. Peu à peu, il arriva à noircir quelques pages. Il fut fier de montrer à Jossigny et à Jeanne comment il arrivait à figer par des lettres ce qui l'étonnait.

— C'est comme dessiner, annonça-t-il à Jossigny. Les lettres gravent des images dans la tête comme votre crayon le papier. Je sais que ce que j'ai écrit, c'est plus des *barbots* d'enfants que des dessins comme vous êtes capables d'en faire, mais Jean me l'a dit. On commence par des *barbots*. On s'améliore et on devient de plus en plus habile. Le cahier que vous m'avez donné, j'y fais très attention, monsieur Jossigny. Je n'écris dedans que lorsque je suis certain de ne pas faire trop de fautes. Mais il y a tellement de mots que j'entends et que je ne sais pas écrire. Hier, nous avons vu plusieurs baleines, des poissons volants et de belles grandes raies. J'ai vu combien monsieur Commerson était content. Je vous ai vu les dessiner. J'ai essayé d'écrire leur nom pour m'en souvenir. J'aurais aimé raconter le visage de monsieur Commerson, mais je n'en ai pas été capable. C'est encore trop difficile pour moi. Je demanderai à Jean. Il a raison de dire que je vais devenir meilleur chaque fois que j'apprends à épeler les lettres d'un nouveau mot.

Jossigny lui répondit que Jean avait raison, mais que, selon lui, du mauvais temps s'annonçait et qu'il aurait peu de temps pour continuer son journal.

— Tu as vu ces espèces d'hirondelles des mers qui suivent *L'Étoile*. Ces oiseaux sont toujours signes de gros mauvais temps. Ce sont des alcyons et ils sont toujours de mauvais présages. C'est ce que de La Giraudais m'a dit. Ces oiseaux qui tournent autour de *L'Étoile* l'inquiètent.

— Alors, je vais mettre tous mes cahiers et toutes mes feuilles en sûreté. C'est mon trésor. Lorsque je serai de retour à Rochefort, je veux que ma mère les voie et je lui lirai toutes mes aventures. Ce ne seront pas les aventures de Robinson. Ce seront les aventures de François autour du monde. Je ne voudrais pas perdre votre cahier dans une tempête ou que tous les mots que j'ai écrits à l'encre glissent en grosses larmes noires et coulent comme un vaisseau qui disparaît dans la mer.

De La Giraudais avait eu raison. Une semaine de mauvais temps occupa, tant le jour que la nuit, tous les membres de l'équipage. Les alcyons avaient prédit des vents contraires qui se transformèrent en coups de vent si violents que presque tous les animaux vivants moururent. Seuls deux bœufs et quelques poules survécurent. Milord et la chatte qui avaient été mis dans la cabine de Jossigny furent malades et sortirent après l'orage en mauvais état, le poil hérissé, les yeux hagards, mais, fait extraordinaire, ils étaient devenus amis.

L'Étoile souffrit. La vergue du petit hunier et quatre de ses chaînes de haubans étaient brisées. Elle aurait de la difficulté à suivre *La Boudeuse.* L'équipage était inquiet. La nourriture viendrait vite à manquer. Tous ignoraient quand les animaux perdus pourraient être remplacés. Des jours de disette s'annonçaient. De La Giraudais demanda à Émile et au cuisinier de saler et de faire sécher quelques morceaux de viande, mais on dut jeter à la mer la plupart des carcasses qui s'avarieraient rapidement. Tous avaient hâte d'apercevoir le cap des Vierges qui ouvrait le détroit de Magellan. Là, les bateaux pourraient s'ancrer, les hommes débarquer et tenter de chasser quelques animaux pour refaire leurs réserves.

L'entrepont était maintenant beaucoup moins encombré. François y installa une caisse sous laquelle il cachait ses feuilles et son cahier. Il les sortait lorsqu'il voulait poursuivre son apprentissage, et la caisse devenait table de travail. Milord était presque toujours près de lui. Il dormait à côté de la caisse lorsque François, assis à même le sol, s'échinait, le bout de la langue sorti tant son attention était grande, à écrire. La chatte se promenait en toute liberté et chassait avec de plus en plus de succès les rats qui ne cessaient de se multiplier. Parfois, Milord aidait la chatte et c'était un plaisir de voir la connivence qui s'était développée entre les deux. Le rat qui tentait de fuir avait peu de possibilités d'éviter les deux chasseurs qui le traquaient avec une efficacité redoutable. Mais bien vite, Milord revenait vers François et la chatte continuait seule à flairer tous les coins de l'entrepont. Lorsqu'elle avait repéré une proie, elle revenait parfois demander l'aide de Milord qui, en poussant un grand bâillement, se levait, s'étirait et reprenait la chasse. François souriait. Il était heureux et avait insisté pour que son ami Jean assiste à ce qu'il considérait comme un miracle.

— Regarde, Jean, ils étaient ennemis, et maintenant ils s'entraident. La chatte enseigne à Milord à chasser. J'aimerais que cela se passe ainsi avec les hommes. Nous sommes pourtant de la même nature, et souvent, nous ne nous faisons que la guerre. Nous sommes souvent plus ennemis que chiens et chats. J'aimerais comprendre.

Jeanne ne put rien lui expliquer. Cela aussi dépassait son entendement. Elle avait aussi peu de temps à consacrer à François. Les marins avaient réussi à prendre un calmar qui émerveillait Commerson. Il l'avait dépecé, ouvert, analysé ses entrailles, pris une énorme quantité de notes. Des baleines franches, des otaries, des loups-marins et des pingouins fascinèrent tout autant le naturaliste qui dessinait et ne cessait de harceler les hommes d'équipage pour qu'ils arrivent à les pêcher, pour qu'il puisse bien les analyser et les inventorier. Les écailles des baleines recouvertes de vermiculaires blancs qui ressemblaient à ceux qui s'attachaient à la carène des vieux navires l'intriguaient particulièrement. Même s'il savait qu'il était impossible de tuer une baleine pour pouvoir analyser sa peau en toute quiétude, il s'acharnait à les observer à tout moment. Comme la nuit ne durait que quatre heures, Commerson était toujours en état d'alerte et requérait continuellement l'aide de son assistant. Un soir, deux oiseaux blancs se posèrent sur une vergue de *L'Étoile*. Les oiseaux restèrent si longtemps perchés que Jossigny eut tout son temps pour les dessiner. Le lendemain, le naturaliste identifia un cétacé noir et blanc, inconnu jusqu'à ce jour et qu'on nomma le dauphin de Commerson.

Jusqu'à leur arrivée au cap des Vierges, les vents leur furent favorables et, dès le 2 décembre, ils aperçurent le cap qui ouvrait le détroit de Magellan. Les hommes s'occupèrent à sonder la profondeur des eaux. Ils se méfiaient des battures et des hauts-fonds. Pénétrer dans le détroit et y avancer ne fut pas facile. Les marées qui y pénétraient et se retiraient avec une énergie surprenante ne cessaient de faire varier la profondeur des eaux. Ils durent s'y reprendre plusieurs fois tant le vent et surtout le jeu des marées refoulaient continuellement leur avancée. Ils devaient sans cesse louvoyer, progresser contre le vent en profitant d'un courant qui leur était favorable. Il leur fallait trouver une baie ou un goulet où il serait possible d'ancrer les deux vaisseaux. Ils firent enfin relâche dans la baie de Possession, baie ouverte à tous les vents et qui n'offrait aucune sécurité aux deux navires.

Ce soir-là, ils virent des feux qui brillaient au sommet de la côte nord. De La Giraudais, qui avait déjà navigué dans le détroit, annonça que les Patagons étaient informés de leur présence. C'était, prétendit-il, dans leurs habitudes. Depuis le passage de Magellan, ils signalaient par des feux la voie à suivre pour les rencontrer. Peu d'hommes dormirent. Presque tous veillèrent en écoutant la rage du vent qui se déversait sans contraintes sur toutes les parties des navires. Ils écoutaient les craquements des vergues et des mâts avec appréhension. Ils étaient pourtant pleins d'espoir. Le lendemain ils pourraient enfin savoir si les Patagons étaient, comme le prétendait la légende, de véritables géants.

26

Le lendemain, lorsqu'ils voulurent quitter la baie de Possession, les vents étaient encore une fois contraires. Les Patagons avaient entretenu leurs feux pendant toute la nuit. Le matin, ils hissèrent un pavillon blanc et *La Boudeuse* leur répondit en faisant flotter sur le mât de misaine un pavillon tout aussi immaculé. Jeanne et Jossigny s'étonnèrent que ces hommes qu'on qualifiait de sauvages aient l'habitude de signaler la bienvenue de cette façon. Où donc s'étaient-ils procuré ce pavillon? De La Giraudais répondit que c'était probablement Denys de Saint-Simon qui, en 1766, le leur avait donné comme preuve de bonne entente. Jeanne était rassurée. Ces hommes avaient pris la peine de conserver avec soin un cadeau offert quelques années plus tôt. Cela soulignait leur désir de fraternité.

Quitter la baie fut malaisé. La brume envahissait tout le détroit. Ils naviguèrent d'abord à l'aveuglette. Le détroit était empreint d'une mélancolie qui mit l'équipage dans un état de lenteur qui s'accordait à l'atmosphère des lieux. Leurs gestes étaient plus lents; leur voix, moins fortes, et même Milord se coucha sur le gaillard d'avant comme s'il était un membre important de l'équipage, bâilla à plusieurs reprises et s'endormit. La brume accordait au détroit un calme qui suggérait un univers d'un autre monde qu'il ne fallait pas perturber par des gestes trop brusques. Il y avait là le calme et la sérénité des jours où l'infini semble tout près.

Pourtant, dès que le temps s'éclaircit, un vent instable se leva. Il leur fallut louvoyer sous les quatre voiles entre des hauts-fonds, apprivoiser des vents légers qui se transformaient sans prévenir en rafales si violentes qu'elles refoulaient l'avancée des deux vaisseaux. Il fallut se mettre en panne sous les huniers, se laisser dériver, changer continuellement de manœuvres. Tous les hommes étaient à l'ouvrage. Il n'y avait plus ni naturaliste, ni astronome, ni musiciens, ni dessinateur. Même Romainville qui se faisait une joie de cartographier le détroit dut abandonner feuilles et compas pour aider les hommes à manœuvrer. François et Jeanne s'échinèrent comme les autres à défier les vents et les marées.

Pour l'une des premières fois depuis son départ de Rochefort, Jeanne admira vraiment tout le labeur que nécessitait le maniement des voiles. Elle en saisit toute la beauté et s'étonna du génie humain qui est capable de lire les vents et les marées pour pouvoir affronter des forces qui lui étaient souvent apparues comme invincibles. *La Boudeuse* et *L'Étoile* défiaient la marée descendante et les vents contraires alors que les feux des Patagons leur signalaient le contentement qu'ils avaient de leur présence. Ils étaient en pleine lutte et, au même moment, des inconnus qu'on prétendait gigantesques adoucissaient leur combat par des feux de bienvenue.

Étrangement, tout en aidant les hommes à carguer les voiles ou à border les écoutes, Jeanne se défendit contre un sentiment inconnu. Était-elle comme *L'Étoile* à contre-courant ? La flûte se braquait contre le cours naturel des courants. L'océan accomplit son destin en pénétrant et en sortant du détroit dans un éternel recommencement. Il respecte la loi du Créateur. *L'Étoile,* au contraire, narguait le mouvement naturel des éléments. Jeanne était-elle comme la flûte ? Était-elle, parce qu'elle n'obéissait pas au rôle que la nature lui avait attribué, une usurpatrice ? Cette question ne cessait de s'infiltrer dans tous ses gestes. Elle travaillait avec les autres et pourtant sa tête était ailleurs, enfermée dans un dilemme insoluble. Jean Barré avait-il le droit d'exister ? *La Boudeuse* et *L'Étoile* avaient-ils le droit de violer l'eau du détroit ? Avait-elle le droit de tronquer sa véritable identité ?

Et soudain, la voix de La Giraudais répondit à sa question. Il exhortait les hommes à continuer leur lutte.

— Allez, il ne faut pas abandonner. Nous avons le désir de traverser ce détroit et nous le ferons! hurlait-il pour que sa voix porte malgré la force du vent.

Et Jeanne se détendit. Si le désir se glisse dans l'homme, s'il a le goût d'aller au bout de ses désirs, c'est qu'ils sont en lui. Il a donc le droit de les satisfaire parce qu'ils ne briment en rien le bonheur d'autrui. Ces désirs n'étaient pas contre nature. Il en était de même pour elle aussi. Même si elle était une femme, changer pour : le besoin de voir le monde était ancré en elle. Cette envie de découvrir, d'explorer n'appartenait pas qu'aux hommes. Il était aussi dans le cœur des femmes. Malgré la loi, elle avait le droit de voir le monde, même si elle était, comme les deux vaisseaux de Bougainville, à contre-courant.

Elle aida les hommes à manœuvrer. À trois heures, les deux vaisseaux mouillèrent dans la baie Boucault. Sur les rives, une dizaine de Patagons les attendaient. Des canots furent mis à la mer. On demanda à Jean Barré d'embarquer dans l'un deux. Commerson était si nerveux qu'il en tremblait d'excitation.

Tous furent d'abord étonnés de la taille des Patagons. Ils n'étaient pas des géants. Si la plupart étaient très grands, mesurant toujours près de 6 pieds, ils étaient loin de ce que la légende de Sarmiento supposait. Ils accueillirent les Français avec un peu d'appréhension. Ils avaient avec eux plusieurs chevaux et des chiens qui ressemblaient à ceux de Montevideo. Ils se tenaient éloignés et semblaient chercher un signe qu'ils ne découvraient pas. Le prince de Nassau comprit leur interrogation et sortit un mouchoir blanc qu'il balança au-dessus de sa tête. Et ce fut une explosion de joie. Les Patagons coururent vers eux en leur criant *chaoua, chaoua* à plusieurs reprises. Ils leur prirent les mains en répétant comme une litanie de bienvenue ces *chaoua, chaoua* qui semblaient vraiment nommer leur bonheur. Ils prirent même Bougainville dans leurs bras, reconnaissant par là le chef de l'expédition. Bougainville en serra aussi plusieurs dans ses bras en répétant la formule magique. Les Patagons semblaient si heureux qu'ils ne cessaient de rire et de s'exclamer. Et ce fut une série de caresses et d'embrassades qui surprit la plupart des hommes des deux vaisseaux, d'autant plus que le nombre des Patagons ne cessait de grossir. De La Giraudais demanda au valet de Commerson d'aller chercher dans les canots quelque nourriture qu'ils mangèrent avec bonheur. Ils remerciaient Jeanne en lui répétant *chaoua, chaoua.* Jeanne sourit, répéta, elle aussi, le mot magique. Elle était étonnée de cet accueil. Aucun ne semblait craintif, même les enfants qui, au départ, s'étaient tenus à l'écart, auprès de leurs chevaux qu'ils tenaient par la bride.

Jeanne les trouva beaux. Ils n'étaient vêtus que d'une lanière de cuir qui leur cachait le sexe et d'un long manteau de peaux de vigogne, sorte de veaux au poil aussi laineux que ceux des moutons. Ils portaient ce manteau comme une cape, ce qui ne protégeait véritablement que les épaules. Jeanne se dit que malgré le froid et la pluie glacée qui, même en été, pouvait se changer en neige, ils étaient presque nus et devaient être habitués à vivre continuellement transis. Ils étaient peut-être devenus insensibles au froid. Leur teint olivâtre se mariait bien à la couleur presque ébène de leurs cheveux longs et crépus qui étaient attachés sur le sommet de leur tête par un bandeau de cuir. Ils avaient la peau ferme et les muscles durcis par la rudesse de la vie dans cette partie du monde où le froid et le vent laissent peu de temps à l'oisiveté. C'étaient des hommes de la nature et ils en projetaient toute la force. Elle eut du plaisir à constater que, comme elle, ils n'avaient pas de barbe et n'étaient aucunement poilus. Plusieurs avaient le visage peint de différentes couleurs, un visage large qui se mariait bien à la carrure de leur poitrail. Leurs yeux, très noirs, brillaient dans des orbites un peu enfoncées. Leurs dents, assez larges, étaient d'une blancheur que plusieurs Européens leur auraient enviée.

Lorsqu'ils virent que Commerson s'intéressait aux plantes et qu'il en déracinait plusieurs pour les mettre dans un sac, plusieurs se précipitèrent pour l'aider dans sa cueillette. Ils observaient le naturaliste et ramassaient les mêmes espèces que Commerson. Jeanne et Commerson furent vite débordés. Leurs sacs étaient si pleins qu'ils en échappèrent une grosse partie que les Patagons s'empressèrent de leur remettre. Et Jeanne se mit à rire, à rire de si bon cœur, que son rire s'étendit à tous les Indiens. Ce jour-là, la baie Boucault retentit d'éclats de rires où s'entremêlaient ceux des Indiens de Patagonie et des Européens venus de l'autre côté de l'océan. Jeanne pensa à sa boîte à musique et regretta de ne pouvoir cueillir ces rires comme des plantes. Elle aurait bien ajouté quelques rires à l'un de ses sacs et les aurait ensuite déposés doucement dans sa boîte aux trésors. L'un d'eux s'approcha d'elle et lui flatta les bras et les joues, puis il fit de même sur son corps. Il souriait et par une profusion de *chaoua*, il lui fit comprendre qu'ils se ressemblaient. Il prit Jeanne dans ses bras et l'embrassa. Elle fut un peu confuse, mais devant le sourire narquois des autres membres de l'équipage, elle releva la tête et l'embrassa à son tour. Plusieurs aussi se rapprochèrent d'elle pour regarder avec intérêt ses points de rousseur. Elle fut un peu intimidée de l'intérêt que les Patagons lui accordaient. Ce n'était pas ce qu'elle souhaitait.

Leur curiosité face au valet de Commerson s'éteignit lorsqu'un Patagon montra à l'un des membres de l'équipage un œil infecté en tentant de lui demander par des signes entremêlés de *chaoua* si l'une des plantes recueillie pouvait le soulager. Vivès comprit vite le manège du Patagon. Il examina son œil et lui fit comprendre que, le lendemain, il pourrait le soulager. Il montra *L'Étoile* ancrée au large, lui mima que le médicament s'y trouvait et que, au prochain soleil, il soignerait son œil.

Ils étaient tous fascinés par la couleur rouge et demandaient aux membres de l'équipage de leur donner tout ce qui arborait cette couleur. L'un des Patagons fit même comprendre à Commerson qu'il lui donnerait sa fille contre la vieille redingote du naturaliste. Commerson refusa et le Patagon en sembla un peu offusqué. Tout ce qui était dans les canots semblait les intéresser. Ils échangèrent contre des morceaux de viande de vigogne et des peaux de ces animaux quelques bagatelles qui semblèrent les ravir. Lorsque Bougainville décida qu'il était temps de remonter à bord des vaisseaux et que les Patagons comprirent que les hommes blancs ne dormiraient pas à terre, ils semblèrent se fâcher et insistèrent pour qu'ils restent avec eux. Bougainville leur fit comprendre qu'il reviendrait le lendemain. Pour tenter de les adoucir, les musiciens de la Boudeuse jouèrent quelques morceaux qui firent tant rire les Patagons que les interprètes en furent un peu insultés.

Jeanne regrettait de ne pas passer la nuit avec eux. Des femmes et des enfants étaient venus rejoindre les hommes. Une petite fille d'à peine treize ans portait dans ses bras un bébé. Ils étaient à peine vêtus et le regard de la fillette, malgré le sourire qu'elle offrait à Jeanne, était habité par une détresse qui la toucha. Elle aurait aimé aider cet enfant, la protéger, lui offrir des vêtements plus chauds. Elle aurait surtout voulu prendre le bébé dans ses bras pour le réchauffer, comme elle l'aurait fait avec son enfant s'il n'était pas mort aussi jeune. En les regardant, elle se dit qu'elle était encore en manque d'enfant.

Lorsqu'ils quittèrent la grève, des Patagons les suivirent en chantant quelques airs que les marins trouvèrent bien insolites. Ils firent pourtant très attention pour ne pas rire, même si plusieurs des marins se cachaient la bouche de leur main pour cacher leurs sourires. Plusieurs Patagons suivirent les canots et tentèrent de prendre tout ce qui s'y trouvait. Lorsque Bougainville voulut reprendre ses biens, les Patagons les lui remirent sans fâcherie. Lorsque les canots s'éloignèrent, ce fut une avalanche de *chaoua* qui s'échappa tant des canots que des rives du détroit.

À bord, quelques marins se moquèrent un peu du valet de Commerson.

— Hé, Jean Barré, il n'y a pas que toi qui es imberbe. Les Sauvages aussi. Tu ne t'es jamais posé de question?

Jeanne leur sourit en leur répondant que c'est Dieu qui avait décidé.

— Si Dieu m'a fait comme les Sauvages d'Amérique, c'est peut-être que j'avais dessein de les rencontrer. Et puis, vous aurez beau en rire, je ne suis pas mécontent de leur ressembler un peu. Ils sont peut-être meilleurs que nous.

Tourlourou, dessin de Jossigny

27

Cette première nuit dans la baie fut sans vent, une nuit de pleine lune si étoilée que les falaises s'illuminèrent de toutes les nuances d'ocre, d'or et de bronze, tels de véritables rideaux tissés dans un velours si riche qu'il en était comme parsemé de brocart. Les Patagons entretinrent des feux le long de la grève pendant toute la nuit, et cela ressemblait à des buissons ardents qui célébraient la beauté des lieux. Plusieurs restèrent sur le pont et Jossigny put continuer la lecture des aventures de Crusoé. Ils le virent creuser sa maison dans une grotte, se protéger des bêtes sauvages, organiser son quotidien avec un soin qui en émerveilla plusieurs. Les hommes ne purent s'empêcher de penser aux Patagons en se demandant comment Robinson aurait vécu avec eux si son bateau avait échoué à la baie de Possession. Plusieurs aussi profitèrent de cette nuit de calme pour se reposer, mettre de l'ordre dans leurs sacs ou dans leur malle, discuter avec d'autres en toute quiétude sans qu'aucune alarme de mauvais temps ne vienne les troubler. Commerson était dans la salle des cartes avec Romainville. Le naturaliste s'intéressait aux cartes, aux plans des baies, des goulets et même des rio que Romainville avait entraperçus malgré les brumes et le mauvais temps. Jeanne en profita pour se reposer, défaire ses bandages, se laver et changer de hardes. Elle resta longtemps seule, ouvrit sa boîte à musique, caressa ses trésors en écoutant les petites notes se promener entre les pots, les caisses et les malles de Commerson. François avait été déçu qu'elle ne reste pas avec lui pour écouter Jossigny, mais elle lui dit qu'elle avait du travail à faire pour monsieur Commerson.

— Je vais profiter de l'absence de mon maître. Ne le dis à personne, mais je vais peut-être lui voler son lit. On y dort bien. J'y ai dormi souvent quand il n'y était pas. Ce n'est pas comme dans un hamac, lui expliqua-t-elle.

Depuis quelques jours, en fait, depuis leur départ de Montevideo, elle sentait une lourdeur qu'elle n'avait pas connu jusqu'à maintenant. Jeanne était fatiguée et elle avait de plus en plus de difficulté à le cacher. Elle aurait besoin de toutes ses forces pour herboriser dans ce détroit où les falaises sont parfois si hautes qu'elles sont couronnées de neige. Il faisait aussi très froid et elle avait l'impression que l'humidité pénétrait tous ses os. Elle était le plus souvent transie et n'arrivait pas à se réchauffer, sauf lorsque la fièvre la laissait aussi pantelante qu'un poisson mort. Les autres membres de l'équipage, même si, eux aussi, maudissaient le froid, ne semblaient pas aussi affectés par la froideur et l'humidité. Elle se sentait fiévreuse et souffrante. C'était comme si, dans une seule journée, elle ressentait la chaleur des tropiques et le froid de l'Antarctique. Dans la cabine de Commerson, elle sentit soudain la fièvre se répandre dans tout son corps. Elle se déshabilla complètement, ce qu'elle n'avait pas souvent fait depuis neuf mois, s'étendit dans le lit, s'emmitoufla dans sa fièvre et s'endormit presque aussitôt. Lorsque le naturaliste revint à sa cabine, il fut estomaqué de trouver Jeanne nue dans son lit. Lui aussi était fatigué et n'eut aucune envie de la rejoindre. C'est avec un goût de larmes dans la bouche qu'elle remit ses bandages et ses hardes pour aller dormir dans son hamac sous le gaillard d'avant.

Le lendemain, le mauvais temps était revenu dans toute sa fureur. Il s'acharnait à faire trembler et craquer toutes les parties des vaisseaux. Les vagues étaient si grosses qu'il leur fut impossible de mettre un canot à l'eau pour aller rencontrer les Patagons et leur remettre ce qu'ils leur avaient promis. Ils tentèrent à plusieurs reprises de se rapprocher des côtes, mais, toutes les fois, les vents qui venaient du sud-ouest refoulaient la flûte vers le large. Tous en furent déçus, tous se dirent que ce détroit était un véritable enfer et particulièrement Vivès qui pensait avec regret à l'œil du Patagon qu'il aurait pu soigner.

Pendant toute la journée, les vaisseaux ne purent véritablement avancer dans le détroit. Les vents chargés de pluie qui se transformait parfois en grêle refusaient leur avancée et défaisaient les quelques lieues qu'ils avaient réussi, au prix d'efforts inimaginables, à parcourir. Les hommes travaillèrent sous une pluie glaciale qui transperçait leurs vêtements et Jeanne crut à plusieurs moments qu'elle ne pourrait plus remplir sa tâche. Elle avait si froid, elle était si transie qu'elle en avait les larmes aux yeux. Pour l'une des premières fois depuis leur départ de Rochefort, elle eut peur de ne plus être en mesure de continuer. Elle avait, peut-être, atteint le bout de ses forces, et cette idée la remplit de tristesse.

Les Patagons suivirent *L'Étoile* et *La Boudeuse* jusqu'au second goulet, là où, prétendit de La Giraudais, s'arrêtait leur territoire. Ce n'est qu'à partir d'une heure du matin que les vents se couchèrent et que la marée redevint favorable. Bougainville décida de profiter de cette embellie. La nuit était claire et il leur fallait trouver sans tarder une baie où ils pourraient se réapprovisionner en nourriture et offrir quelques moments de repos à l'équipage.

Et tous, pendant la nuit, continuèrent à œuvrer malgré la fatigue, la faim et le froid. Les marins exténués usèrent de leurs dernières forces pour que les bateaux progressent. Ils tentèrent à plusieurs reprises de mouiller dans des goulets protégés des vents, mais dont les hauts-fonds empêchèrent tout mouillage. Peu à peu, les abords du détroit devinrent plus boisés, plus verdoyants, alors que les cimes des montagnes étaient couvertes d'une neige qui leur parut éternelle. Elle arborait le bleu évanescent de ces neiges qui s'accumulent sans jamais perdre la pureté de leur naissance. Ils purent enfin mouiller dans une baie qu'ils nommèrent baie Duclos en l'honneur du second capitaine de Bougainville.

Lorsqu'ils descendirent enfin à terre, ils n'étaient plus que des hommes affaiblis qui avaient peine à se tenir debout. La baie était pourtant verdoyante et ils découvrirent des crabes et des écrevisses que certains pêchèrent et firent cuire. D'autres, un peu plus solides, chassèrent quelques canards et des oies sauvages. Il y avait aussi une quantité incroyable de coquillages que les plus faibles, comme Émile, ramassèrent. Ce soir-là, ils firent bombance. Ils trouvèrent une source d'eau claire qu'ils burent avec avidité. Ce fut la fête, sauf pour Jeanne qui voyait Commerson observer les caps et les falaises avec une gourmandise qui lui fit un peu peur. Aurait-elle la force de grimper si haut pour herboriser avec son maître et le prince de Nassau? Déjà Commerson lui avait demandé de préparer sacs, pots, pelles, pioches, en fait tout l'attirail qu'elle aurait à porter pour eux. Il voulait partir dès le lever du jour et il désirait que tout soit prêt. Alors que les hommes autour des feux se régalaient de ce qu'ils avaient chassé et pêché, Jeanne s'occupa de tout ramasser et de préparer des ballots qui ne seraient pas trop encombrants. Elle se dit que le lendemain elle ne serait plus une petite bête de somme, mais un mulet de montagne. Un mulet qui peinerait à faire son travail. Elle mangea à peine et se coucha, un peu à l'écart, enveloppée par sa peur et par une mince couverture qui ne la protégeait pas du froid. Elle avait le cœur gros. Elle avait tant rêvé d'herboriser dans le détroit, et voilà qu'elle s'en sentait à peine capable. Elle s'endormit alors que tout près d'elle, l'équipage refaisait ses forces en dégustant son repas, en buvant et en chantant des airs du pays. Même Milord, heureux de se retrouver à terre, vagabondait en reniflant un peu partout autour du campement. François, tout occupé à surveiller son chien qu'il ne voulait surtout pas perdre, ne vit pas que Jeanne ne participait pas à la fête.

Pendant la nuit, il neigea. Jeanne ne s'en aperçut pas. Commerson vint la réveiller et elle s'aperçut que sa couverture était tapissée d'une bonne épaisseur de neige. Elle avait pourtant bien dormi. Elle en fut étonnée. C'est un peu plus solide qu'elle se leva et se chargea de tout ce qui leur serait nécessaire pour bien herboriser. Alors qu'elle terminait de placer sur son dos une partie de son attirail, Vivès s'approcha d'elle, un flacon à la main.

— Jean Barré, tu vas boire un peu de cette potion. Et je t'en redonnerai d'autre à ton retour. Tu en prendras jusqu'à ce que tes forces reviennent. Je vois bien que tu es à la limite de tes forces. Cette potion te renforcera. Je ne comprends pas que ton maître ait été insensible à ton état. Il est médecin, lui aussi.

— Il est trop heureux de pouvoir herboriser. Il ne pense à rien d'autre.

— Alors, je te poursuivrai avec mon flacon jusqu'à ce que tu reprennes de tes couleurs. Tu es si blême que même tes points de rousseurs ont perdu de leur éclat. Je n'aime pas, alors pas du tout, te voir dans cet état.

Jeanne remercia Vivès. Elle fut sensible à l'attention qu'il lui accordait. Elle eut à peine le temps de boire quelques gorgées que Commerson l'appelait. Ils étaient prêts à partir.

Le prince de Nassau, empressé et volubile, fatigua vite Jeanne. Il ne cessait de parler, de commenter, de s'exclamer, de lui donner des conseils sur la façon de transporter leurs instruments. Il ne se calma que lorsqu'ils commencèrent à monter une falaise où il fallait s'accrocher aux roches ou aux maigres troncs d'arbres pour ne pas tomber. Harnachée comme elle l'était, elle suivit avec difficulté les deux hommes et glissa à quelques reprises. Elle avait alors à ramasser tout son matériel et à refaire le chemin perdu. Elle se fit penser à *L'Étoile*. Elle avançait de peine et de misère et craignait à tout moment de glisser et de perdre les quelques pieds parcourus. La végétation était encore pauvre. Ils rencontrèrent des petites fougères et quelques arbustes de houx que Commerson prit le temps de déraciner. Ce n'est que lorsqu'ils arrivèrent enfin à une espèce de plateforme où le soleil pouvait se répandre sans que sa chaleur ne soit altérée par les vents du détroit qu'ils découvrirent des asters d'un bleu lavande qui ravirent tout le monde. Cette fleur, en forme d'étoile et de la couleur d'un ciel tout en douceur opaline, revigora Jeanne. Elle se soulagea de tout son attirail et aida Commerson et le prince à ramasser d'autres spécimens de plantes qui poussaient au ras du sol.

Le prince avait repris son babillage et ne cessait de poser des questions, questions que Jeanne trouvait le plus souvent insignifiantes. Elle ne se mêla pas à la conversation, comme elle l'avait fait avec l'astronome Véron. Elle se tenait derrière eux, silencieuse, et gardait toutes ses forces pour porter les pioches et les pelles qui entravaient sa marche. Lorsqu'ils descendirent de la falaise, Commerson eut la bonté de la décharger de ses pelles. Le prince, voulant se montrer aussi magnanime, lui prit une de ses bêches. C'est le corps et le cœur plus légers qu'elle descendit jusqu'à la grève où Commerson, toujours aussi insatiable, ramassa des lichens et des mousses qui tapissaient les abords de la grève. Jeanne imagina quelques instants la cabine de Commerson et se demanda où il rangerait ses nouvelles trouvailles. Elle était à peine arrivée, qu'elle vit Vivès venir à elle, son flacon à la main.

Ils restèrent deux jours dans la baie Duclos. Jeanne mit de l'ordre dans les spécimens trouvés par Commerson. Elle accorda un soin particulier aux asters maritimes qu'elle déposa entre de lourds cartons. Elle ne put s'empêcher de garder pour elle un spécimen de cette petite étoile aux couleurs du ciel, se disant que l'aster illuminerait par sa beauté la noirceur de sa boîte de trésors dont le couvercle était continuellement refermé.

28

Lorsqu'ils voulurent appareiller et quitter la baie Duclos, les vents, encore une fois, s'étaient levés et étaient chargés de brumes et de pluies qui sans prévenir devenaient grêles. Les marins prétendirent que c'était l'endroit le plus exécrable qu'ils avaient connu. Ils s'acharnèrent encore une fois à faire avancer les deux vaisseaux. Presque tous les scientifiques contribuèrent à aider l'équipage. Seul, Romainville travailla sans relâche à cartographier le canal qui ne cessait de l'étonner tant il offrait de goulets, de baies, de hauts-fonds, de caps, de falaises, de canaux et de rivières qui descendaient des hauteurs. La chatte quitta l'entrepont où le froid s'infiltrait par tous les interstices et se réfugia, à force de câlineries, dans la cabine du cartographe. Elle aimait s'étendre sur les grandes feuilles recouvertes de lignes, de courbes, de rayures, d'écriture et de symboles. Si, au début, Romainville la chassait, il fut vite séduit par le calme et l'impassibilité que possédait la bête. Elle passait son temps à se prélasser, le corps allongé dans toute son amplitude, fermait les yeux et ronronnait à la moindre caresse de Romainville. De La Giraudais se plaignit de la présence de la chatte dans une cabine du gaillard d'arrière. Les rats pullulaient dans l'entrepont et ce n'est pas en se prélassant sur les cartes dessinées par le cartographe qu'elle débarrasserait le bateau de la vermine. « C'est à croire que cette chatte est continuellement encalminée ! » s'exclama-t-il. Romainville approuva le capitaine, mais il lui dit qu'il aimait voir l'animal étendu de tout son long sur les cartes du détroit.

— J'ai l'impression qu'elle les protège. Je sais que c'est ridicule, mais c'est comme si le fait que la chatte dorme sur mes cartes leur donnait plus de justesse. Je demanderai à Jean Barré d'aller la reconduire dans l'entrepont pendant la nuit. N'est-ce pas la nuit que les rats sont les plus actifs ?

De La Giraudais soupira. Il naviguait vraiment avec des hommes qui l'étonnaient de plus en plus. Il pensa aux désordres de Commerson, à la relation un peu étrange qu'il entretenait avec son valet, à Jossigny qui dessinait des scènes d'un roman plutôt que les falaises du détroit. Il avait même vu un de ses dessins qui représentait Crusoé avec un chien qui était le véritable sosie de Milord. Et Vivès qui ne cessait d'écrire son journal n'était pas non plus trop rassurant. Il était chirurgien, pas écrivain, se dit-il. Et le jeune mousse, François, qui ne se reposait presque jamais, tant il prenait le moindre temps libre pour apprendre à écrire, le laissait songeur. Il haussa les épaules et fit promettre à Romainville d'obliger Jean Barré à transporter la chatte dès la brunante pour qu'elle fasse son travail de félin et qu'elle ne consacre pas son tour du monde à se prélasser les yeux à peine ouverts.

Pourtant, lorsque les deux vaisseaux longèrent un cap qui séparait deux baies, de La Giraudais fut rassuré sur l'efficacité de son équipe de scientifiques. Ce cap, haut de 150 pieds, n'était formé que de coquillages pétrifiés. Commerson, Jossigny, Vivès et Romainville s'y intéressèrent et insistèrent pour mettre un canot à l'eau pour les voir de plus près. Jeanne les suivit, avec dans la main un seau où résonnait une petite pioche. Pendant près d'une heure, temps que leur avait accordé de La Giraudais, ils analysèrent ces coquillages d'un autre âge. Ils n'en comprenaient pas l'histoire. Comment ces coquillages avaient-ils pu s'entasser ainsi et former un cap d'une si grande hauteur ? Commerson en détacha plusieurs. Tout intéressait Jossigny. Il dessina tant le cap dans toute son ampleur que les coquillages qui offraient une variété de couleurs qui le confondit. Assis à même le sol, Vivès examinait et écrivait sans s'occuper de quoi que ce soit d'autre. De *L'Étoile*, de La Giraudais observa son équipe et se coucha ce soir-là beaucoup plus réconforté sur la valeur scientifique de leur expédition.

Le lendemain, ils firent un arrêt à la baie Française, baie verdoyante où il leur fut facile de se faire une bonne provision de bois. Ils ne trouvèrent que peu d'animaux vivants et ne purent refaire leurs provisions de bouche. C'est pourquoi, comme les vents étaient favorables, ils repartirent pour mouiller dans la baie où Bougainville avait déjà séjourné et qui portait son nom. Ils purent y refaire leurs provisions en eau claire. Commerson eut quand même le temps d'y découvrir plusieurs plantes jusqu'alors inconnues, tel un arbre de véronique. Il y observa pendant quelque temps un loup qui les épiait derrière un rocher. Commerson le reconnut comme le loup de Magellan. Le froid demeurant persistant, ils ne s'attardèrent pas dans cette baie, au grand dépit du naturaliste. Bougainville était impatient de franchir les limites du détroit.

Ce soir-là, lorsque Jeanne alla chercher la chatte qui n'était plus vraiment à elle mais à Romainville, elle lui demanda s'il pouvait lui montrer les cartes qu'il avait dessinées.

— Ce n'est pas de la mauvaise curiosité, monsieur Romainville. Les cartes géographiques sont toujours belles à voir, et puis, cela me montrerait le chemin que nous avons parcouru. J'ai toujours l'impression que nous avançons à peine, que nous ne cessons de perdre notre avancée et que *L'Étoile* est toujours refoulée.

— Alors là, jeune homme, tu te trompes. Il est vrai que les vents et les marées nous refoulent souvent, mais, malgré eux, malgré la pluie et la grêle, nous nous dirigeons peu à peu vers la sortie. Regarde ces cartes, lui dit-il, en en déroulant quelques-unes.

Et Jeanne, émerveillée, reconnut les courbes du détroit. Sur ces cartes, il y avait là le cap des Vierges, d'Orange, la baie de Possession, le premier goulet où ils avaient vu les feux des Patagons. Elle reconnut aussi la baie de Boucault où ils étaient entrés en contact avec cette tribu. Elle fut contente de pouvoir situer l'île Elisabeth et le cap de coquillages pétrifiés près du cap Forward. Les dessins de Romainville s'arrêtaient à la baie de Bougainville, lieu de leur dernier mouillage. Jeanne regarda le cartographe avec admiration.

— Mais vous n'avez rien oublié, Monsieur. Il y a tous les goulets, les caps, les courbures du détroit. Je n'ai jamais vu d'aussi belles cartes. Je ne savais pas, monsieur Romainville, que votre travail était aussi précis. Et aussi beau.

— Tu sais, Jean, la cartographie existe depuis longtemps. Et elle est essentielle si nous voulons parcourir le monde. Tu connais Ptolémée ? Et Hérodote ?

— Monsieur Commerson ne m'a jamais parlé de ces messieurs. Ce sont des cartographes ?

— Des géographes et des cartographes. Des astronomes et des historiens aussi. Même si Ptolémée s'est trompé en croyant que c'était le soleil qui tournait autour de la terre, les cartes qu'il a dessinées ont servi aux navigateurs jusqu'au XVe siècle. Et il les avait dressées au premier siècle de notre ère. Alors imagine leur importance.

— Et Hérodote ?

— Hérodote, c'est différent. C'était d'abord un historien, mais, selon moi, c'est le premier homme qui a voyagé non pas dans un esprit de conquête, mais de découvertes. Un peu comme nous le faisons aujourd'hui. Et il a vécu et écrit avant la naissance du Christ.

— Alors, nous sommes un peu comme Ptolémée et Hérodote ? Vos cartes, j'en suis certain, serviront à d'autres navigateurs. Comme celles de Ptolémée.

— Je l'espère, petit Jean. Et le travail de ton maître servira à d'autres botanistes, à d'autres naturalistes.

— Parfois, je trouve la vie sur *L'Étoile* difficile. Vous me redonnez du courage. Je vous en remercie, Monsieur.

— N'oublie pas que l'aide que tu apportes à ton maître est tout aussi importante. Tu n'es pas un paresseux et je ne sais pas ce que Commerson ferait sans toi. Il n'aurait pu trouver meilleur valet. Mais, pour le moment, il faudrait bien que cette chatte fasse aussi preuve de bonne volonté et qu'elle aille nous débarrasser des rats. Elle aussi doit nous aider. Elle n'a pas été embarquée pour se prélasser.

Lorsque Jeanne quitta la cabine de Romainville, elle était enchantée. Non, le voyage n'était pas inutile. Leurs labeurs et leurs souffrances aussi. Elle embrassa la chatte entre les deux oreilles, alla la déposer dans l'entrepont où elle devait, elle aussi, faire son travail de chat. Milord y était avec François qui tentait, supposa Jeanne, de relire ce qu'il avait déjà écrit. Il lui montra le dessin que Jossigny lui avait remis. Le chien de Crusoé ressemblait vraiment à son Milord, comme les cartes de

Romainville qui représentaient tout aussi si bien la partie du détroit qu'ils avaient franchie.

— La chatte doit faire son travail de chat. Elle doit chasser, sinon le capitaine ne sera pas content. Et essaie de mettre Milord de la partie. La chasse n'en sera que plus efficace et le capitaine d'autant plus content.

— Ne t'inquiète pas, Jean. À deux, ce sont des chasseurs redoutables.

Et Jeanne, en repensant aux cartes de Romainville, aux dessins de Jossigny fut assurée qu'elle voyageait vraiment avec des êtres exceptionnels et qu'elle se devait d'être à leur mesure. À leur démesure, dit-elle à haute voix, alors qu'elle se dirigeait vers la cabine de Commerson pour tenter de mettre un peu d'ordre dans tout le désordre de son maître. Elle avait décidé qu'il leur serait important de classer de façon beaucoup plus stricte et ordonnée leurs découvertes. Les cartes de Romainville avaient installé une certaine honte en elle. Elle se dit qu'elle devait obliger Commerson à être plus appliqué dans ses rangements. Sinon, tout ce qu'ils étaient en train de recueillir deviendrait inutile. Leur désordre frôlait l'incohérence. Il enlevait de la valeur à leurs découvertes. Ce n'était pas comme les cartes de Romainville. Elles ne serviraient peut-être à rien.

29

Le 17 décembre, *L'Étoile* et *La Boudeuse* appareillèrent. Ils longèrent la baie Française, et s'ancrèrent à la baie de L'Observatoire. Ils y restèrent ancrés pendant tout le mois de décembre. Les canots avaient besoin de réparation; la chaloupe, d'un radoub. La baie était verdoyante et il leur fut facile de trouver les bois nécessaires aux réparations. Plusieurs rivières leur procurèrent de l'eau fraîche et même si la chasse était pauvre, ils réussirent à s'approvisionner en nourriture, mais ils ne purent trouver des fruits qui leur auraient permis de varier leurs nourritures. Déjà quelques marins étaient faibles et Bougainville, en silence, observait ses hommes, redoutant d'y voir les premiers symptômes du scorbut ou de maladies vénériennes que certains auraient attrapées au contact des femmes de Montevideo, Buenos Aires ou Rio.

La saignée d'eau qui obligeait les hommes de *L'Étoile* à des pompages presque quotidiens devait aussi être réparée. Depuis leur départ de Montevideo, cette voie d'eau ne cessait de leur causer des ennuis et des inquiétudes. C'est en arrachant des planches de son doublage qu'on trouva enfin l'endroit de l'étrave par lequel l'eau s'infiltrait. Les hommes bourrèrent d'étoupe les interstices et, ce soir-là, les hommes de la flûte s'endormirent rassurés.

Pendant tout le mois de décembre, Jeanne suivit Commerson et le prince de Nassau dans des expéditions qui s'avérèrent difficiles, mais fructueuses. Ils y ramassèrent une quantité de plantes inconnues qui ravirent Commerson, mais qui inquiétèrent un peu Jeanne. Elle ne savait plus comment trier, classer et ranger toutes leurs découvertes. La potion de Vivès la fortifia, et c'est avec plus de résistance qu'elle suivit les deux hommes dans leurs expéditions. Chargée comme un mulet, Jeanne monta des falaises, se perdit dans quelques parties boisées de la baie, s'embourba dans des marais où l'eau était si vaseuse qu'il était difficile d'avancer, s'attarda dans des escarpements si étroits qu'ils en étaient dangereux. Le soir, elle revenait épuisée, mais la bonne humeur de son maître et la volubilité du prince qui racontait en mille détails ce qu'ils avaient vu et découvert revigoraient Jeanne presque avec autant d'efficacité que la potion de Vivès. Elle s'obligeait encore à dormir un peu à l'écart des autres et cachait une arme sous sa couverture. Quelques hommes tentaient encore de séduire le jeune valet. Depuis leur départ de Montevideo, ils avaient été privés de femmes. Parfois, Jeanne aurait eu plaisir à recevoir certains d'entre eux, mais tous la croyaient encore Jean et c'est une Jeanne qu'ils auraient découverte. De plus, regrettait-elle parfois, Commerson ne voyait plus la femme en elle.

Étrangement, c'est de plus en plus sous la forme de Jean Barré qu'il la côtoyait. Il voyait un valet, un assistant. Il ne voyait plus la femme qui se dissimulait sous des hardes de jeune valet, il ne voyait plus celle qui dissimulait ses seins et qui appréhendait les jours de menstruations. Si l'attitude de Commerson lui permettait de vivre plus aisément et éteignait de plus en plus la plupart des rumeurs, elle regrettait parfois les moments où Commerson et elle se permettaient de s'aimer et de se donner du plaisir. Même si son amant n'était pas le plus expérimenté en caresses et qu'il accordait peu d'importance à la jouissance de l'autre, ces moments d'intimité où elle redevenait une femme lui manquaient. L'exaltation dans laquelle Commerson vivait depuis qu'ils étaient dans le détroit les éloignait l'un de l'autre. Elle pensait souvent à Jossigny. Elle rêva à plusieurs reprises que ses mains caressaient son corps avec autant de douceur et de concentration que lorsqu'il s'appliquait à dessiner. Mais tout cela lui était refusé. Jeanne se disait qu'elle était comme tous les hommes de Bougainville. Lorsqu'ils étaient en mer, la continence allait de soi, même si elle se doutait que quelques-uns se donnaient du plaisir entre eux. Sinon, Jean Barré n'aurait pas attiré autant d'invitations et elle n'aurait pas été obligée de dormir, une arme sous sa couverture.

Milord, pendant ce mois, s'en donna à cœur joie. Lorsqu'il n'était pas sur *L'Étoile*, il ne s'éloignait pas vraiment de François, même s'il disparaissait pendant de longs moments et passait de longues heures à fureter aux alentours du campement. Véron, quant à lui, s'occupait à mesurer des longitudes et passait ses journées à manier des instruments, puis à calculer pendant de longs moments des chiffres qu'il écrivait dans un cahier si usé et fatigué qu'il menaçait de s'effilocher et de ne plus rien retenir. Les calculs de Véron se fondraient en mille petites parcelles de papier qui iraient, peut-être, tant le vent était toujours présent, rejoindre le ciel d'où ils étaient issus. Jeanne pensa même lui offrir de recopier ses calculs dans un cahier tout neuf et tout propre, mais elle n'osa pas. Elle regardait pourtant avec crainte les déchirures de la couverture et les pages qui se détachaient de plus en plus facilement.

La chatte n'aima pas son séjour dans la baie. Même si l'endroit était souvent protégé du vent, il y faisait froid et elle ne chercha pas à explorer les alentours. Toute son attention était mise à trouver une cachette ou un tas de hardes où elle pourrait se prélasser sans que personne ne vienne la déranger. Parfois, Jeanne passait de courts moments avec elle, mais ce fut près des malles de Romainville qu'elle finit pas se trouver un nid d'où elle sortit à peine, sauf pour quelques périodes de chasse qui se révélèrent assez fructueuses. Quelques-uns, surtout Bougainville et Vivès, en furent un peu offusqués. La chatte n'était pas aussi efficace lorsqu'elle vivait dans l'entrepont de *L'Étoile*. Lorsqu'on la revoyait revenir, un oiseau dans la gueule, on était un peu insulté. Elle passait devant les hommes, les ignorant de toute sa suffisance, et se retirait pour déguster en toute tranquillité le produit de sa chasse. Même Jeanne osa lui faire quelques remontrances. Elle se dit que la chatte préférait les oiseaux aux rats de *L'Étoile*. Un matin, alors que la chatte passait devant eux avec cet air hautain qu'elle arborait lorsque la chasse avait été bonne, de La Giraudais l'attrapa et la remit à François en lui ordonnant d'aller la replacer sur la flûte. Elle n'était pas embarquée sur *L'Étoile* pour se nourrir d'oiseaux et pour les narguer.

Pendant que les hommes réparaient tout ce qui avait été endommagé par les mauvais vents du détroit, Bougainville partit à plusieurs reprises en canot afin de reconnaître des passages où les deux vaisseaux pourraient naviguer sans danger. Le prince de Nassau l'accompagna, et Jeanne se sentit presque en vacances. Elle regarda Jossigny dessiner quelques-unes de leurs trouvailles et prit même quelque temps pour aider François dans la rédaction de son journal.

Bougainville s'approcha à plusieurs reprises de la Terre de Feu, qui même si elle présentait une géographie et une végétation plus austère, possédait peut-être des baies plus avenantes parce moins venteuses. Il finit par trouver un enfoncement qui serait un véritable port. Il choisit ce lieu pour leur prochain mouillage, lieu qu'il nomma port Beau-Bassin, tant il offrait de commodités. Située près du port Galant, la baie offrit aux deux vaisseaux remis à neuf et à leur équipage un moment de repos, un moment où le vent alangui offrait un silence qu'ils n'avaient pas connu depuis des mois. Le froid, pourtant, demeurait intense, la pluie se transformait souvent en grêle ou en neige. Ils vivaient continuellement transis. Certains préférèrent dormir sur l'un des voiliers, d'autres installèrent un campement dans la baie.

Le 6 janvier 1768, jour calme et sans vents, ils virent s'approcher, venant du cap Galant, quatre pirogues avec à leur bord des Indiens. Il y avait des hommes, des femmes et des enfants. Tous étaient presque nus. Ils ne portaient qu'une mince bande de peau de loup-marin pour cacher leurs parties les plus intimes. Certains n'avaient même que quelques feuilles d'arbres qui dissimulaient à peine leur sexe. Ils avaient le visage coloré de peinture et leur chef arborait une aile d'oie qui auréolait sa tête comme un large éventail. Tous semblaient souffrir de froid et de faim, demandant par gestes nourriture et vêtements. Ils mangèrent avec avidité tout ce qu'on leur offrit. Contrairement aux Patagons, ils étaient très petits. Ils étaient maigres et semblaient tout à fait démunis. Les hommes de *L'Étoile et* de *La Boudeuse* furent touchés par leur aspect. Ils n'avaient jamais encore vu de peuple si misérable. Ils paraissaient tous affaiblis, presque anémiés et devaient avoir de la difficulté à se nourrir. Ils avaient avec eux des flèches se terminant par une petite roche et portaient un bâton terminé par un os de poisson qui devait leur servir à pêcher. Des armes bien peu efficaces, des armes d'un autre âge, pensèrent plusieurs. On leur donna à boire, et contrairement aux Patagons, ils eurent plaisir à entendre les airs que les musiciens leur jouèrent. Ils souriaient et semblaient un peu moins malheureux.

Comme tous les autres, Jeanne et François furent estomaqués par la pauvreté de ces Indiens. Jamais encore, les deux plus jeunes de l'expédition n'avaient vu d'êtres aussi indigents. Aussi laids et aussi puants, n'osa dire Jeanne. Autant les Patagons sur leurs chevaux semblaient fiers et forts, autant ce peuple inspirait la pitié et la sollicitude. Bougainville et de La Giraudais, qui les avaient déjà rencontrés, informèrent l'équipage qu'on les avait nommés les Pécherais, car c'est ce mot qu'ils ne cessaient de prononcer.

— Ce sont leurs *chaoua*. Ils sont en guerre contre les Patagons et les craignent plus que tout. Ils ne possèdent ni leurs armes, ni leurs forces, ni surtout leurs chevaux. Ils sont beaucoup moins développés. C'est peut-être à cause de l'endroit où ils vivent. Vous avez sûrement remarqué que La Terre de Feu, contrairement à la Patagonie, est rocheuse et désertique. Les Pécherais y trouvent à peine de quoi se nourrir. Ils souffrent continuellement de faim et de froid. Ils sont, par le fait même, très superstitieux et ont des sorciers, jongleurs, magiciens supposés les guérir et les protéger. Ce sont leurs feux que nous avons aperçus continuellement tout le long de notre remontée du détroit. C'est pour cette raison qu'on appelle la partie nord du détroit la Terre de Feu. Comme c'est à cause des grands pieds des Patagons que la partie sud a été nommée la Patagonie

Tous les hommes avaient écouté religieusement ces explications. Pendant ce temps, les Pécherais mangeaient avec avidité tout ce qu'on leur avait offert et fouillaient un peu partout pour trouver d'autre nourriture. Ce ne fut pas long avant que d'autres pirogues se pointent. Il y avait énormément de femmes et d'enfants, tous plus malingres les uns que les autres. Ils s'accostèrent près de *L'Étoile* et y montèrent. Ceux qui étaient à terre suivirent leur exemple et *L'Étoile* fut envahie par une quantité assez impressionnante de petits êtres qui étaient intéressés par tout ce qu'ils voyaient. On donna à boire et à manger aux nouveaux arrivants, alors que les autres touchaient à tout, tentaient de s'emparer de tout ce qu'ils voyaient, même si selon Jeanne, ils n'en connaissaient nullement l'usage. Ils essayaient de manger tout ce qu'ils découvraient. On leur offrit plusieurs babioles qui semblèrent les satisfaire, mais même s'ils avaient les bras chargés de miroirs, d'ustensiles, de colliers de verre, de bonnets, de couvertures et de paniers de toutes sortes, ils refusèrent de quitter la flûte. On leur remit aussi une bonne quantité de suif qu'ils s'empressèrent de manger de si grand appétit que Bougainville leur enjoignit par des gestes et des mimiques qui firent rire tout le monde de ne pas en abuser. Ils se mirent à rire et ne se décidèrent à quitter *L'Étoile* que lorsqu'on jeta dans leurs pirogues quelques paquets de viandes salées. Lorsqu'ils s'éloignèrent, ils chantaient et riaient à tue-tête.

— Ils me font penser à des enfants, dit Jeanne à Jossigny. À des enfants les plus pauvres et les plus sales que j'ai vus dans ma vie.

— Je ne comprends pas, Jean, pourquoi toutes ces dissemblances entre les Patagons et les Pécherais. La Terre de Feu a beau être moins avenante, moins fertile que la Patagonie, la différence entre ces deux peuples est ahurissante. Et ils ne vivent pas si éloignés l'un de l'autre. C'est comme si la côte sud du détroit avait été accordée de bonne grâce aux Patagons, alors que la rive opposée ressemble à un enfer de roches où Dieu aurait placé ses disgraciés. Je ne comprends pas.

— Et vous avez vu leurs dents. Elles sont noires et toutes gâtées. Les Patagons ont des dents vraiment blanches. Et saines. Vous dessinerez les Pécherais ? demanda Jeanne. Je les ai trouvés bien laids.

— C'est certain. Ces Pécherais me sont une énigme. Il y a si peu de distance entre eux et les Patagons. Il n'y a que la largeur du détroit. Je dois les dessiner. Je dois me rappeler cette injustice que je ne comprends pas. Comment Dieu a-t-il pu installer un peuple ici. C'est la terre la plus inhospitalière du monde. Nous-mêmes, malgré tout notre équipement, avons peine à y survivre et nous ne pensons qu'à quitter ce détroit qui jusqu'à maintenant s'avère inhabitable. Et pourtant les Patagons semblent s'y être adaptés. La nature les a fortifiés alors qu'elle a affaibli les Pécherais. C'est comme si le paradis et l'enfer étaient situés l'un en face de l'autre.

— Même avec votre talent, Monsieur, j'aurais de la difficulté à les dessiner. Ils me font pitié. Ils me mettent un peu le cœur à l'envers.

— Encore ta sensibilité, petit Jean. Mais, j'avoue que moi aussi, je suis encore troublé par leur apparence. J'ai encore l'impression d'avoir rencontré des hommes qui ne sont pas encore vraiment humains. Et pourtant, je sais que je me trompe. Il y a de l'humanité en eux, mais ils sont si nécessiteux, si démunis qu'ils vivent à ras de terre. À ras d'humains, devrais-je dire.

— Même Milord n'a pas osé s'approcher d'eux. Vous avez vu comment il grognait. Il grognait et n'osait pas japper.

— Il grognait de peur.

— Ils reviendront?

— Ça, j'en suis certain. Et je les dessinerai. Surtout les femmes et les enfants. Et leurs pirogues aussi. Elles sont faites de si mauvais bois. Tu as vu comment elles prennent l'eau de partout et comment les femmes étaient continuellement occupées à vider l'eau qui y pénétrait.

— Les hommes ne vous intéressent pas? Ils sont trop dégoûtants?

— Non, non. Ils m'intéressent aussi. Tu sais, Jean, il y a aussi de la beauté dans la laideur. Les Pécherais sont si différents de ce que j'ai connu qu'ils en deviennent intéressants. Et presque beaux à dessiner.

— Vous me surprendrez toujours, monsieur Jossigny. Vous ne regardez jamais le monde comme les autres. Votre regard est différent.

Jeanne se tut. Elle ne voulut pas que le dessinateur devine à quel point il la touchait. Elle devait rester le petit valet de Commerson, un petit valet curieux, mais juste un valet. Le soir, elle s'endormit avec un monde incommode dans sa tête. Il y avait là la force des Patagons, l'indigence des Pécherais et le regard un peu trop tendre de Jossigny.

30

La journée du 9 janvier fut marquée par un événement qui troubla profondément Jeanne. Et le reste de l'équipage aussi. Dans l'après-midi, deux pirogues des Pécherais accostèrent près de *L'Étoile*. Des hommes en pleurs hurlaient une douleur dont personne n'arrivait à saisir la cause. Ils s'acharnaient contre la flûte en projetant des pierres sur la coque. Certains marins sourirent. Les pierres étaient minuscules ; leurs attaques, dérisoires. Pourtant, il n'y avait pas de quoi sourire. Les Pécherais regardaient les hommes de *L'Étoile* avec un mépris mélangé à une si grande colère que la plupart des membres de l'équipage furent inquiets. Il y avait de la souffrance aussi. Les deux pirogues débordaient de méfiance hargneuse, de rebuffades, d'irritations si fortes qu'elles semblaient intraitables. Appuyés sur la lisse, tous les hommes ne voyaient que des visages haineux, des bouches hurlant leur haine, des yeux où la hargne dilatait le regard, des gestes de fureur que personne n'arrivait à comprendre.

De La Giraudais essaya de leur parler, fit mille gestes pour leur faire entendre qu'il ne comprenait pas leur colère. L'un des Pécherais monta sur la flûte et mima la douleur d'un membre de sa tribu. Il faisait peine à voir. Ses gestes étaient désarticulés tant sa peine et sa colère envahissaient son corps de tremblements. On finit par comprendre que l'un des Pécherais était malade et qu'on les accusait d'avoir provoqué cette souffrance. Tout de suite, Vivès et Commerson prirent leurs instruments, leurs potions et leurs herbes et se préparèrent à descendre dans le canot de *L'Étoile*. Ils n'étaient pas encore à bord que Vivès demanda la présence de Jeanne.

— Que Jean Barré vienne avec nous. Il nous sera utile.

De La Giraudais et quelques hommes se décidèrent à suivre le valet de Commerson. La situation semblait assez tragique pour nécessiter la présence de plusieurs hommes. De La Giraudais ne voulait pas que les deux chirurgiens de l'expédition et le jeune valet de Commerson se retrouvent seuls parmi des gens dont la colère et la souffrance semblaient si incompréhensibles. C'est en silence que le canot suivit les deux pirogues où les lamentations et les pleurs envahissaient tout le détroit, s'étendaient dans toute sa largeur, couvraient même l'impétuosité du vent. Sur le détroit de Magellan, cet après-midi-là, il n'y eut qu'un immense hurlement: celui de la douleur des Pécherais.

Lorsqu'ils arrivèrent au campement, Jeanne fut d'abord estomaquée par la pauvreté et la fragilité de leurs huttes. Elles n'étaient nullement protégées du vent, de la pluie, de la neige ou de la grêle. Toute la tribu, lorsqu'elle vit les hommes de *L'Étoile*, se porta vers eux en hurlant leur haine et leur désespoir. Jeanne n'avait jamais reçu autant de mépris et de douleur à la fois. Elle en était pétrifiée. Même Commerson et Vivès n'osaient s'approcher d'eux. Face à tant de rage, ils gardaient le silence, ne sachant trop comment agir. Eux aussi avaient peur. Eux aussi, comme Jeanne, avaient le sentiment d'avoir commis un acte irréparable qu'ils ne comprenaient pas encore. Commerson se décida enfin à s'approcher. Il découvrit alors un enfant couché sur le sol, un enfant qui vomissait du sang par la bouche et par le nez. Il en était couvert et poussait des hurlements de douleur qui terrifièrent le naturaliste. Il ne comprenait pas ce qui avait pu provoquer de tels vomissements. Un Pécherais s'occupait de l'enfant. Il lui triturait le ventre sans ménagements, le tournait dans tous les sens pour l'obliger à vomir. L'enfant en était secoué de partout et plusieurs meurtrissures marquaient son cou, son ventre et ses cuisses. Commerson et Vivès eurent de la difficulté à s'approcher du malade. L'homme, sûrement le sorcier de la tribu, les repoussait continuellement. Après chaque convulsion de l'enfant, il levait les bras au ciel, invoquant par des cris la pitié de ses dieux. Le père ne cessait de se promener entre l'enfant et sa hutte, pleurant et criant son désespoir. Après chaque vomissement, il venait vérifier si le poison qu'avait avalé l'enfant était enfin libéré.

Il parut évident aux deux chirurgiens que l'enfant était à l'agonie. De La Giraudais demanda à l'un de ses hommes d'aller quérir l'aumônier de *La Boudeuse*. Lorsque les Pécherais virent le canot s'éloigner, ils se jetèrent sur le sable en criant et en se lacérant le visage. Vivès profita du moment où le sorcier implorait le ciel et où la plupart des Pécherais manifestaient leur douleur en se roulant sur le sol pour examiner l'enfant. Il s'aperçut que les lèvres, les gencives, la bouche, et le palais de l'enfant étaient entaillés, coupés à tant d'endroits que le sang s'en écoulait presque sans arrêt.

— Venez voir, Commerson, il a mangé du verre. Ou l'un des miroirs que nous leur avons donnés.

— C'est impossible. Ils ne sont pas assez insensés pour manger du verre.

— On m'a dit qu'ils avaient comme coutume de priser et de manger une sorte de talc pour se renforcer. L'enfant a dû s'imaginer que le verre était du même acabit. Qu'il avait le même pouvoir.

— Si les morceaux de verre se sont rendus jusqu'à l'estomac ou l'intestin, il n'y a pas de doutes, l'enfant est perdu.

Jeanne n'avait jamais vu de si grandes souffrances. Même lorsqu'elle avait aidé l'Acadienne à accoucher, elle n'avait pas ressenti autant d'impuissance. Une impuissance si douloureuse qu'elle en eut les larmes aux yeux. L'Acadienne luttait pour mettre son enfant au monde. Le Pécherais ne faisait que souffrir. Il n'était occupé qu'à mourir dans des souffrances si atroces que Jeanne était incapable de le regarder sans que son cœur se serre avec tant d'intensité qu'elle en avait peine à respirer. Le sorcier revint. Il se mit à genoux et recommença à peser sans ménagement sur le ventre de l'enfant, puis il mettait ses mains en coupe, les levait, les ouvrait et soufflait sur le mal invisible qu'il croyait avoir saisi. Pendant ce temps, la mère du petit lui hurlait à l'oreille des sons incompréhensibles, et Jeanne aurait aimé se jeter sur cette femme pour l'empêcher de crier ainsi. L'enfant, songea-t-elle, devait autant souffrir des soins censés le soulager que du mal qui le menait vers la mort. Le sorcier disparut quelques instants et revint habillé de vêtements de parure et la tête ornée d'ailes blanches. Il semblait plus sûr de lui et recommença à triturer l'enfant, à prendre le mal invisible dans ses mains et à le souffler vers le ciel. L'enfant, épuisé, s'était tu. Il avait fermé les yeux et semblait près de l'inconscience.

Vivès et Commerson assistèrent, impuissants, à cette cérémonie sans savoir comment aider l'enfant. Commerson recueillit quelques plantes qu'il fit macérer pendant une dizaine de minutes dans l'eau et tenta de le faire boire au malade. Il essaya aussi de lui faire boire du lait, mais l'enfant ne gardait rien. Il vomissait un lait teinté d'un rose brunâtre, d'un rose terre de Sienne, d'une couleur, songea Jeanne, qui devait ressembler à celle de la mort.

L'enfant était maintenant impassible. Il ne criait plus, ne pleurait pas, ouvrait parfois les yeux, mais les refermait aussitôt. Il n'était plus que dans sa souffrance, souffrance attisée par la médecine du sorcier. Son corps était plein de meurtrissures. L'enfant n'était pas simplement en train de mourir. Il mourait martyrisé par les agissements du sorcier. Vivès et Commerson n'osèrent plus s'avancer. La mort de cet enfant était si horrible à voir qu'ils en étaient figés d'impuissance. Jeanne, soudain, s'avança vers l'enfant et le recouvrit d'une des couvertures qu'on leur avait donnée la veille.

Ce fut une exclamation d'horreur. La mère de l'enfant prit la couverture et la lança à Jeanne avec un mépris si intense qu'il ne devait pas avoir de fond. Jeanne comprit que personne ne pourrait aider l'enfant à mieux mourir. Les Pécherais étaient convaincus que c'étaient leurs cadeaux qui avaient blessé l'enfant. L'instant d'après, ils ramassèrent la plupart des présents que les membres de l'équipage leur avaient donnés la veille et les jetèrent dans le canot. De La Giraudais tenta de les leur remettre, de leur expliquer que ces présents n'étaient pas ensorcelés, mais que l'enfant en avait fait mauvais usage. Ils ne voulurent rien entendre. Lorsque l'aumônier de *La Boudeuse* arriva, il baptisa l'enfant et lui donna les derniers sacrements. Les Pécherais, à la vue des manœuvres du prêtre, se calmèrent un peu. Ils s'imaginaient que cet aumônier était un sorcier et qu'il soulagerait l'enfant. Mais ce dernier, épuisé, avait encore la force de vomir, et c'est avec des cris et des pleurs qu'on obligea les Français à quitter leur campement. Les Pécherais ne voulaient plus les voir.

Dans le canot, personne ne dit un mot. On n'entendait que le bruit des rames qui frappaient l'eau du canal, que le vent qui s'était un peu calmé, que le désespoir des Pécherais dont la douleur était si grande que leurs cris et leurs pleurs se rendaient jusqu'à eux. Lorsqu'ils remontèrent sur *L'Étoile*, on leur posa mille questions. Personne n'eut le courage ou la force de répondre. Commerson et Vivès s'enfermèrent dans leur cabine et Jeanne descendit dans l'entrepont pour chercher sa chatte. Elle ne la trouva pas. Elle ne vit que des rats qui se faufilèrent dans tous les coins lorsqu'ils sentirent sa présence.

Pendant la nuit, les hurlements des Pécherais se rendirent jusqu'à *L'Étoile*. On comprit que l'enfant était mort, qu'il avait cessé de souffrir. Le lendemain, ils trouvèrent sur la grève tous les vêtements, couvertures, nourritures et babioles qu'on leur avait donnés et qui étaient restés dans leur campement. Bougainville ordonna d'appareiller. Il serait dangereux et surtout affligeant de rester dans cette baie. Tous se sentaient un peu coupables de cette mort. Tous se demandaient dans quelle mesure ils en étaient responsables. Ils avaient beau se dire que manger du verre est complètement ridicule, ils se sentaient tous un peu fautifs. Quelques jours plus tard, dès que les vents et la marée furent favorables, ils levèrent l'ancre. En silence et sans grand enthousiasme, ils quittèrent la baie pour avancer dans la dernière partie du détroit de Magellan.

31

Les conditions favorables qui permirent aux deux vaisseaux de quitter la baie Beau-Bassin ne durèrent pas. Si *L'Étoile* avançait sans grandes difficultés, *La Boudeuse* ne cessait de dériver et manqua gîter à plusieurs reprises. Ils tentèrent de s'ancrer à la baie Dauphine et à la baie Elisabeth, mais la force de la marée qui pénétrait dans le détroit les en empêcha. Ils durent retourner à port Galant, tout près de la baie Beau-Bassin. Ils étaient revenus à leur point de départ. Le lendemain, les vents étaient si forts que les vagues atteignaient des hauteurs inimaginables. Aussi hautes que les falaises, s'exclamèrent les matelots. Jamais ils n'avaient vu des vagues aussi déchaînées. Elles assaillaient les falaises avec une force si dévastatrice qu'elles semblaient vouloir les broyer ou même les engloutir. Pour protéger leurs bateaux, ils furent contraints d'abaisser les vergues et les mâts. Jamais, ils n'avaient connu un lieu si funeste et plusieurs comprirent pourquoi si peu d'animaux arrivaient à survivre dans cette partie du monde. Pendant plusieurs jours, la pluie, la neige et les tourbillons de vent ne laissèrent aucun moment de détente. Il était impossible d'appareiller. Le détroit entier semblait pris d'une fureur inépuisable.

La tempête dura plusieurs jours. Des jours où il fut impossible de vivre sans affronter le rugissement des vents, l'attaque ininterrompue des vagues; où la lutte pour la survie ne permettait aucun repos. Les hommes épuisés, transis de froid dans leurs hardes mouillées, avaient peine à ne pas pleurer de désespoir. *La Boudeuse* et *L'Étoile* étaient continuellement en péril et nécessitaient continuellement des réparations urgentes. Lorsqu'on croyait un bris réparé, un autre se présentait aussitôt. Il n'y avait plus aucun moment où les hommes auraient pu se nourrir et dormir. Toutes leurs énergies étaient employées à sauver leurs vaisseaux, même si tous étaient éreintés et au bout de toutes leurs résistances. Le froid, la grêle les empêchaient de se réchauffer, de sécher leurs vêtements, de reprendre un peu de leurs forces. Jamais ils n'avaient été si près de tout abandonner. Plusieurs songèrent à se trouver un abri où ils auraient pu se terrer, s'envelopper de leurs souffrances et laisser les fureurs du détroit les vaincre. Il n'y avait pas d'abri. Il n'y avait qu'un monde en furie qui gagnait sans cesse en puissance et qui ne laissait aucun espoir de repos. Pour plusieurs, la prière fut le seul secours.

Tous les hommes, ces jours-là, regrettèrent d'avoir suivi Bougainville. Ils auraient tout donné pour ne pas avoir quitté la France, pour retrouver un climat qui laisse à l'homme la possibilité de vivre sans être continuellement en état d'urgence. Plusieurs crurent que leur vie se terminerait dans ce détroit infâme que Dieu avait placé là pour contrer l'envie des hommes de passer de l'autre côté de l'Atlantique. Lorsqu'enfin les jours de tempêtes s'effacèrent, il ne restait plus que des hommes épuisés, ravagés, qui n'avaient plus le courage de continuer. Et pourtant, il fallait, le plus rapidement possible, quitter ce détroit de malheur. Ils n'avaient pas le droit d'abandonner. Il leur fallait continuer. Un retour en arrière était impensable.

Le premier matin où le vent et la pluie avaient abandonné la baie pour aller décharger leurs fureurs ailleurs, ils appareillèrent. Les vaisseaux autant que les hommes étaient en piètre condition. Si des vergues étaient rompues, les hommes l'étaient aussi. Si des mâts étaient fragilisés, les hommes l'étaient tout autant. Deux vaisseaux endommagés s'avancèrent entre des sommets enneigés, pénétrèrent dans des goulets bouchés par d'immenses morceaux de glace. Romainville ne cessa de calculer, de dessiner des cartes. Aussi épuisé que le reste de l'équipage, il savait que cartographier le détroit était d'une importance si grande qu'aucune fatigue ne pouvait excuser qu'il néglige de noter ce que les deux vaisseaux traversaient. Même fourbu, il passa tous ses jours à observer, calculer, noter.

Sinon, il aurait trahi sa mission. Il n'aurait servi à rien. Il ne se serait vu que comme un usurpateur, un traître. Ils contournèrent de nombreux caps qu'ils baptisèrent de plusieurs noms. Deux d'entre eux reçurent ceux de la flûte et de la frégate. S'il y eut le cap Mundai ou le cap Fendu, il y eut aussi le cap de la Boudeuse et le cap de L'Étoile. Étonnamment, cela donna un peu de courage aux hommes des équipages.

Un matin, ils virent des baleines nager près des bateaux. Ils surent alors que la mer n'était plus loin, qu'ils avançaient vers l'horizon, que le détroit n'était plus un mur bloqué de toutes parts. L'espoir revint, surtout qu'un vent favorable souffla pendant près de deux jours. Et la magie survint. Ils débouchèrent enfin vers un infini, celui du Pacifique.

Romainville estima que le détroit, depuis de cap des Vierges au cap des Piliers qui le termine, mesurait environ cent quatorze lieues. Ils avaient pris cinquante-deux jours pour franchir cette distance.

Lorsque *L'Étoile* et *La Boudeuse* pénétrèrent dans le Pacifique, ce fut la joie, mais une joie effilochée de fatigue et d'usure. Les hommes avaient encore froid. Ils avaient aussi faim et plusieurs étaient si malades qu'ils n'étaient plus d'aucune utilité. Jeanne pourtant résista. Elle avait tant travaillé, elle s'était tant éreintée dans des manœuvres qui dépassaient ses forces, qu'à aucun moment, elle ne ressentit la peur d'être découverte. Pendant toute cette période, jamais elle ne changea de vêtements, jamais elle ne libéra ses seins, jamais elle ne se vit en femme. Elle n'était plus qu'un parmi les autres. Et ce fut un Jean Barré épuisé, mais encore vaillant et fier de lui, qui s'appuya sur la lisse de bois pour admirer au côté de Jossigny l'immensité qui s'offrait alors à eux.

— Cet océan, on le dit pacifique, affirma Jossigny.

— Mais il y fait encore froid et la mer semble aussi démontée que dans le détroit, lança Jeanne.

— Nous sommes encore dans le Pacifique Sud. Nous sortons à peine du détroit. Les côtes du Chili seront encore enneigées. Il faut être patient, Jean. Tu veux toujours aller trop vite. J'ai l'assurance que nous avons traversé le plus difficile. Ce détroit était un enfer. Un enfer bordé de falaises, de véritables géants de pierre qui ravalaient la marée dans tous les sens et offraient aux vents des couloirs où toute leur violence pouvait se déchaîner. Non, Jean, aie confiance, nous avons traversé le plus difficile. Nous nous dirigeons vers le beau temps. Regarde comment l'océan nous ouvre l'horizon. Dans le détroit, tout était si fermé que j'avais parfois l'impression d'avoir du mal à respirer.

— J'ai beau me dire que vous avez raison, mais l'équipage est affaibli. Il faudra vite trouver une île pour refaire nos provisions. Bientôt, nous devrons manger du rat si nous voulons survivre. Depuis que nous avons perdu nos animaux, nous n'avons mangé que du salé et des biscuits rances. Depuis quatre mois, nous ne buvons que de l'eau saumâtre. Il y a déjà une vingtaine d'hommes atteints du scorbut. Il faut vraiment découvrir une île qui nous soit avenante.

— Nous la trouverons. Nous nous alimenterons et nous nous renforcerons. Sois courageux! Je sais qu'il n'y a pas de mal à se permettre quelques moments d'accablement, mais tu as été si fort depuis le départ de Rochefort que tu ne peux te décourager ainsi. Je suis certain que tu as encore une bonne provision de courage.

— Il y a l'océan qui me fait aussi peur. J'ai trouvé difficile la traversée de l'Atlantique. Et monsieur Commerson y a été si malade. Je ne sais pas si j'aurai encore la force de le soigner s'il souffre encore du mal des hautes mers.

— Tu l'auras. Fais comme François. Il est ravi que nous naviguions enfin sur une nouvelle mer. Il se rapproche de plus en plus de chez lui. Et n'oublie pas que c'est dans cette mer que nous pourrons prendre possession de nouvelles terres au nom du Roi. N'est-ce pas, malgré notre fatigue, enthousiasmant?

— Oui, vous avez raison, mais cet océan semble si grand, nos bateaux si petits et les hommes si fatigués.

— Lorsque nous remonterons le Pacifique, le temps se réchauffera, les vents se calmeront. Nous aurons des moments de repos, du temps pour nous refaire des forces. Et je pourrai continuer à vous lire l'histoire de Robinson. Sois confiant, jeune homme, nous allons vers du plus doux.

Jeanne ne répondit pas. Elle regardait cette immensité et ne pouvait s'empêcher d'être effrayée. Elle avait l'impression de n'avancer que sur de l'incertain, que sur ce qui n'a pas de certitude. La mer n'offre aucune racine. On la sillonne, et les tranchées que les vaisseaux y creusent disparaissent comme si elles n'avaient jamais existé, comme si aucun navire n'y avait creusé son chemin. La mer, avait-elle envie de dire à Jossigny, n'a pas de mémoire. Elle ne se souviendra pas d'eux. Elle ignore l'être humain qui veut la dompter. Bougainville recherche un inconnu qu'il veut offrir au roi, mais peut-on posséder ce qui est à la limite de l'homme, ce qu'il ne peut dompter? Elle aimait de moins en moins ces eaux qui se déchaînent sans raisons, qui violentent avec fureur toutes les parties des navires pour, ensuite, sans avertir, s'endormir et les laisser encalminés pendant des jours entiers. Regarder cet espace fluide où l'horizon s'éloignait à mesure qu'on s'en rapprochait ne la rassurait pas du tout. Elle aimait herboriser. Sur la mer, il n'y a jamais rien à herboriser.

C'est Milord qui détourna Jeanne de ses doutes et de ses peurs. Plusieurs poissons volants et différentes sortes d'oiseaux s'ébattaient près de *L'Étoile*. Le chien s'y intéressa, voulut s'en approcher, monta sur des caisses, tenta de grimper sur des vergues pour les attraper et comprenant son impuissance, il jappa avec une constance qui fit rire plusieurs marins. Il fallut que François le prenne près de lui et le rassure. Jeanne s'imagina que le chien était aussi troublé qu'elle. Tout cet inconnu l'effrayait. Il essayait de saisir l'insaisissable, et n'avait, pour seules armes, pour seules protections, que ses jappements qui fendaient l'air inutilement.

Les premiers jours de navigation sur le Pacifique n'offrirent aucun repos aux hommes. La mer y était déchaînée, des vagues aussi hautes que *L'Étoile* menaçaient à tout moment d'engloutir la flûte. Les vents rugissaient, assaillant les voiles, se ruant sur toutes les parties du gréement. Les hommes avaient peine à travailler tant le roulis et le tangage du bateau les déséquilibraient. Et Commerson souffrit du mal de mer, vomit à plusieurs reprises, maudit les déchaînements continuels de cet océan qu'on prétendait pacifique. Il passa des journées entières dans sa cabine, une bassine de fer posée à côté de lui sur la couverture.

Pourtant, le temps, peu à peu, se réchauffa et la mer s'adoucit. Ils longèrent des îles si basses qu'elles dépassaient à peine le niveau de l'eau. Elles étaient si peu visibles qu'elles en étaient dangereuses. Ces îlots de verdure scintillaient de promesses d'arbres fruitiers, faisaient miroiter aux matelots un repos sous des palmiers avec, devant eux, des fruits de toutes natures. Les hommes rêvèrent! Pourtant, elles se dévoilèrent inabordables. Et dangereuses. La flûte et la frégate ne pouvaient pas les aborder et les vagues qui, ces jours-là, étaient encore déchaînées les dissuadèrent de mettre un canot à la mer.

Ni le commandant Bougainville ni les deux capitaines des vaisseaux n'avaient déjà observé des îles présentant une géographie si particulière. Elles étaient toutes à ras de l'eau, se composaient d'une mince bande de terre, d'un cercle non refermé qui permettait à l'eau de mer d'y pénétrer et de former un lac intérieur, un lac ouvert sur l'océan. Jossigny passa des jours à tenter de les dessiner; Romainville, à les cartographier et Bougainville, à les baptiser.

— On dirait des îles en train de se noyer, s'exclama François. Les îles, Jean, est-ce que ça se noient aussi?

— Je n'en ai aucune idée, mais ce qu'elles sont belles! On dirait de grands anneaux ouverts à toutes les espérances. J'aurais aimé y accoster. J'aurais aimé marcher sur ces minces bandes de terre. Et la mer prend des tons de bleus et de verts que je n'ai jamais vus. Monsieur Commerson regrettera de ne pas s'y arrêter. S'il n'était pas si malade, il aurait peut-être réussi à convaincre le capitaine de mettre un canot à la mer. Il doit y avoir des plantes et des fleurs inconnues sur ces îles. Et si elles sont aussi magnifiques que ce que nous voyons, nous longeons un paradis sans même nous y arrêter.

Bougainville et ses deux capitaines avaient d'autres préoccupations. Le scorbut sévissait. Déjà plusieurs matelots en présentaient tous les symptômes. Leurs gencives saignaient, leurs articulations étaient enflées et ils avaient peine à bouger, tant le moindre de leurs mouvements les faisait souffrir. Le commandant savait que les hommes manquaient de fruits frais. Il ordonna qu'on leur fasse boire plusieurs fois par jour de la limonade qu'on fabriquait avec la poudre de *Faciot*. Comme l'eau fraîche manquait, on essaya encore une fois d'actionner la cucurbite et cela, enfin, fonctionna. Même Commerson en fut ravi. L'eau dessalée facilita le travail du cuisinier qui s'en servit dans la préparation de ses plats et les hommes purent boire de l'eau moins putride que celle des barils qui étaient presque vides. Même la chatte et Milord s'en régalèrent.

Une nuit, ils virent des feux sur une île. Ce fut une explosion de joie sur les deux vaisseaux. Ils découvraient enfin une île habitée. Le lendemain matin, presque à l'aurore, une pirogue vint à leur rencontre. Elle tourna autour de *L'Étoile* et, comprenant qu'il n'y avait pas de danger, elle fit, par signes, connaître aux autres pirogues dissimulées dans une anse qu'elles pouvaient s'approcher. Une vingtaine de pirogues à voile s'avancèrent vers la flûte. Tous les hommes qui y pagayaient étaient nus. Ils offrirent aux membres de l'équipage des feuilles de bananiers. On leur répondit par mille gestes d'amitié. Une pirogue accosta et l'un des hommes tenta de lancer sur *L'Étoile* un régime de bananes. Il n'y réussit pas, mais deux matelots attachèrent une corde à un panier, y mirent quelques bonnets et des mouchoirs et le firent descendre jusqu'à la pirogue. En retour, les insulaires installèrent un petit cochon dans le panier que les hommes remontèrent. Il y eut bientôt plus de cent pirogues débordant de noix de coco, et d'une quantité incroyable de fruits. Comme aucun des Indiens ne voulait monter sur les bateaux, ce fut un jeu continuel de descentes et de remontées de paniers débordant de cadeaux que l'un et l'autre s'offraient. Lorsque le soir tomba, les pirogues se retirèrent.

Ce soir-là, ce fut la fête. On mangea à satiété. On offrit aux malades une grande quantité de fruits et on les obligea à les manger jusqu'à plus faim. Bougainville et Vivès étaient convaincus que cela les aiderait à se rétablir. Les musiciens jouèrent, les hommes chantèrent et Jossigny lut quelques pages de *Robinson Crusoé*. Commerson, encore malade dans sa cabine, refusa de manger quoi que ce soit. Jeanne eut beau tout essayer pour le persuader de boire et de se sustenter, il refusait et, comme un enfant buté, retournait sa tête contre le mur. Aussi obstiné que son fils, pensa Jeanne. Un peu offusquée, elle lui dit que s'il ne voulait pas comprendre que la nourriture pouvait atténuer ses nausées, elle n'insisterait pas et fêterait sur le pont avec les autres. Pour la première fois depuis leur départ de Rochefort, elle ignora la souffrance de son maître et participa avec les autres au repas que leur avaient apporté des hommes nus dont la générosité en avait ému plusieurs. Vivès fut persuadé qu'il venait de rencontrer les bons Sauvages dont parlait Rousseau. Il s'en ouvrit à Jossigny, à Véron et à Romainville qui l'approuvèrent, tout heureux d'avoir enfin rencontré des hommes d'une telle nature. Bougainville approuva aussi, mais son enthousiasme fut moins grand que celui des autres scientifiques de l'expédition.

Le lendemain, deux pirogues s'approchèrent de *L'Étoile*. L'un des hommes, une palme d'olivier à la main, demanda de monter à bord. De La Giraudais refusa et comme la flûte voguait à près de six lieues à l'heure, les hommes de la pirogue pagayèrent avec une énergie qui surprit tout l'équipage. Le capitaine décida enfin de leur jeter une amarre. L'homme eut de la difficulté à monter sur la flûte. On craignit pour sa vie à plusieurs reprises. Après plus d'un quart d'heure d'efforts, il réussit enfin à monter et offrit sa branche d'olivier au capitaine. On finit par saisir qu'il s'appelait Boutavery. De La Giraudais tenta de lui faire comprendre qu'il ne pouvait pas rester sur la flûte, que celle-ci s'éloignait de sa tribu, mais Boutavery en gesticulant fit voir au capitaine qu'il pouvait les conduire vers une île où il leur serait facile d'accoster. De La Giraudais sourit, accepta la présence de l'Insulaire. Les hommes applaudirent la décision de leur capitaine. Comme il était nu, ils lui offrirent un pantalon et une chemise. Il s'en revêtit en riant et semblait le plus heureux des hommes. Il voulut aussi avoir un bonnet qu'il se mit sur la tête et, satisfait, il se promena partout sur la flûte, touchant à tout, s'étonnant de tout. Au repas, il fit la prière comme les autres, marmonnant des mots qui devaient lui être incompréhensibles. À la soupe, il s'amusa à goûter à toutes les gamelles. Les matelots le laissèrent faire. Lorsqu'il arriva près de Jeanne, il fut pris d'une grande frénésie, l'appelant *ayenene, ayenene*. Il semblait fasciné par le valet de Commerson et lui fit savoir par un éventail de gestes tous plus aguichants les uns que les autres qu'il était intéressé par sa personne. Si toutes les manigances de Boutavery en firent rire plusieurs, elles semèrent le doute chez plusieurs autres.

Cette fois, Jeanne eut vraiment peur. Elle avait compris que ce Sauvage avait deviné qu'elle était une femme. De La Giraudais éloigna Boutavery de Jean Barré en lui offrant de la confiture séchée, ce qu'il sembla fort apprécier. Pourtant, il ne quittait pas Jeanne des yeux. Ce n'est que lorsque Romainville lui montra une boussole que son attention se porta ailleurs que sur l'assistant du naturaliste. Il fut intrigué par les canons et lorsqu'on lui fit la démonstration de leur usage, il se tut et ne s'intéressa à rien d'autre. Jeanne avait eu le temps de se terrer dans l'entrepont, le cœur au bord des lèvres; la peur, dans toute sa tête.

Si de La Giraudais et Romainville avaient réussi à détourner l'attention de Boutavery sur Jean Barré, les rumeurs sur le valet de Commerson enflèrent aussi soudainement qu'un mauvais grain. Même François s'en inquiéta. Il rejoignit Jeanne et, sans dire un mot, se tint près d'elle tout le long de la soirée. Lorsqu'on se prépara à se coucher, François tenta de la rassurer en lui disant que ce Sauvage qui n'était pas plus poilu que lui devait le prendre pour l'un des siens.

On prépara un lit à Boutavery, mais il le refusa et, pendant toute la nuit, il ne fit que se promener sous le gaillard près des voiles qui le fascinaient. Il suivit avec attention les maniements des voiles pour voir comment la flûte louvoyait avec tant d'efficacité. Il passa la nuit la tête levée, à observer le vent dans les focs, les huniers et les cacatois.

Jeanne, cette nuit-là, fut incapable de fermer l'œil.

Le lendemain, Boutavery suivit Jeanne partout. Il lui caressait les cheveux, lui souriait sans arrêt, ressemblait à un amoureux transi. Il ne cessait de lui murmurer à l'oreille *ayenene, ayenene.* Les hommes regardèrent les manèges du Sauvage avec intérêt. Plusieurs se dirent que si les rumeurs s'étaient tues, tant Jean Barré avait été un solide travailleur, l'attitude de Boutavery redonnait de la force aux doutes qu'ils avaient nourris sur le valet du naturaliste, et, pour certains, aux désirs de conquérir cet étrange jeune homme.

Commerson, toujours enfermé dans sa cabine, ne se douta de rien. La mer s'étant calmée, il se sentait en meilleure forme et demanda à Jeanne de lui servir à manger. Elle lui apporta quelques biscuits et de l'eau de la cucurbite, mais elle n'osa pas lui raconter ce que Boutavery avait découvert et les rumeurs qui enflaient sur *L'Étoile* avec autant de force que le vent qui distendait les voiles. Jamais Jeanne ne s'était sentie aussi seule, aussi démunie. Elle eut envie d'aller raconter la vérité à Jossigny, mais se retint. Elle craignit d'être arrivée au bout de son voyage. Elle espéra que François répande auprès des autres membres de l'équipage ce qu'il lui avait dit pour la rassurer. *Ayenene* signifiait dans leur langue qu'elle leur ressemblait. *Ayenene* ne voulait pas dire femme. C'est pourtant apeurée qu'elle passa sa journée à tenter de fuir Boutavery, qui ne cessait de la poursuivre.

32

Boutavery navigua avec eux le lendemain. Il leur indiqua les endroits où il leur était plus facile de louvoyer et d'éviter ainsi les bas-fonds qui auraient pu endommager les deux vaisseaux. Les hommes étaient tous de bonne humeur. Jeanne hésita à se montrer. Elle aurait aimé se terrer dans son hamac jusqu'à la fin du voyage. Elle savait que les hommes la regarderaient avec plein de soupçons dans les yeux. Et pourtant, Commerson, maintenant en pleine forme, la fit chercher. Debout sur le gaillard d'arrière, il regardait, fasciné, ces îles qui recelaient de véritables trésors pour un herboriste. Il ne comprenait pas l'attitude de Jeanne qui, lorsqu'elle s'approcha de lui, ressemblait à un petit chat blessé. Elle se tenait la tête basse, le regard scrutant le sol, la démarche lente et peu assurée.

— Que se passe-t-il? Tu es malade?

— Je crois que le Sauvage a deviné que j'étais une femme. Il ne cesse de me poursuivre en me disant *ayenene*. Et les hommes me regardent différemment. Les rumeurs ont repris et je ne sais plus comment agir.

— N'oublie pas ce que tu m'as promis. Je ne suis au courant de rien. Tu m'as menti. Tu t'es présentée à moi comme un jeune garçon et tu m'as trompé.

— Oui, je sais, Peut-être que je m'inquiète pour rien et que dans son langage, le mot *ayenene* signifie autre chose, qu'il ne veut pas dire femme.

— Je te le souhaite, Jeanne Barret. Je te le souhaite vraiment.

Au même moment, *L'Étoile* et *La Boudeuse* s'approchaient des côtes et elles mouillèrent leur première ancre. Commerson se détourna de son valet et ne se préoccupa plus que des insulaires qui, à mesure que les deux vaisseaux s'approchaient d'eux, les environnaient de tant de pirogues qu'il leur fut difficile de s'amarrer. Les hommes eurent de la difficulté à se concentrer. La plupart des jeunes femmes dans les pirogues étaient nues et présentaient des charmes qui faisaient oublier aux matelots les manœuvres qui permettraient de pénétrer dans la rade. C'est les yeux vers les pirogues qu'ils s'affourchèrent, et baissèrent les vergues et les mâts. Tous ne pensaient qu'à rejoindre ces femmes nues qui, sans aucune pudeur, s'offraient aux 400 Français qui, songea Bougainville en s'inquiétant, étaient restés sans femmes depuis près de six mois. Étonnamment, le commandant ne comprit pas tout de suite pourquoi on avait enlevé le pagne aux jeunes femmes et que les plus vieilles l'avaient conservé. Lui aussi était envoûté, mais il tentait de garder son rôle de commandant et s'obligea à observer plus froidement ces insulaires, qui semblaient venir d'un autre monde. D'un monde où les coutumes sont à l'encontre de ce qu'il connaissait, même s'il avait vécu et visité bien des contrées. Il prit la peine d'observer les pirogues. Il y en avait de deux sortes. Les unes, assez rudimentaires, n'étaient faites que d'un tronc d'arbre creusé alors que les autres, beaucoup plus grandes, étaient composées de deux parties réunies par des fils de noix de coco et s'ornaient d'un balancier qui évitait le chavirage. Elles étaient aussi pourvues d'une voile amarrée à un cordage. Bougainville fut surpris par l'assemblage ingénieux de ces pirogues qui semblaient ne posséder aucun clou.

Tous les hommes étaient ensorcelés par ces femmes si offertes que même les malades eurent la force de se lever pour admirer ces beautés si gracieuses et si sensuelles. Elles avaient de longs cheveux noirs ornés de fleurs, leur corps était svelte et leur poitrine si avenante que plusieurs se demandèrent s'ils étaient en train de rêver. Surtout qu'elles semblaient leur offrir des plaisirs qui, pour eux, étaient fabuleux. Les hommes des pirogues les offraient aux marins. Et elles en semblaient ravies. Elles étaient là, en toute liberté, sans aucune timidité et riaient de voir tous ces hommes complètement fascinés par leur nudité. Les scientifiques du voyage, comme Vivès, Commerson, Romainville ou Véron étaient tout aussi troublés. Même Jossigny en oublia de dessiner.

Boutavery éclaboussait de joie. Il lançait aux insulaires des phrases qui les réjouirent. Tous criaient *tayo, tayo.* On finit par comprendre que cela voulait dire « ami ». Les insulaires, aidés par Boutavery, demandèrent des clous et des boucles d'oreilles. De La Giraudais fit signe qu'il comprenait et acceptait. Immédiatement, dès qu'ils furent affourchés, tous les hommes voulurent mettre les canots à la mer, mais Bougainville leur fit comprendre que personne ne descendrait avant le lendemain. On grimaça, grommela et on continua d'observer les pirogues avec un air un peu moins réjoui. De La Giraudais fit comprendre aux insulaires que ce n'est que le lendemain que les deux groupes pourraient se rencontrer et qu'on leur apporterait ce qu'ils avaient demandé.

Jeanne fut contente de rester encore une nuit sur *L'Étoile*. Elle aussi, même si elle s'était tenue un peu à l'écart des hommes, avait observé et admiré les insulaires. Elle avait envié les femmes et les avait trouvées si belles qu'elle eut honte de ses hardes puantes, de ses seins qui n'étaient plus que des plaies couvertes de dartres, de ses fesses trop larges, de ses cheveux coupés trop courts, de ses points de rousseur qui, selon elle, enlaidissaient son visage. Elle aurait aimé être une de ces femmes nues qui ne semblaient avoir aucune pudeur. Jeanne ressentait à la fois la peur d'être découverte et de la jalousie face à ces femmes qui vivaient en toute liberté. Elle n'était plus que dans une confusion de sentiments où s'entremêlaient la peur et l'envie. Lorsqu'un des hommes l'interpella, elle n'eut que le désir de se sauver.

— Hé ! Jean Barré, ça ne t'excite pas, toutes ces belles jeunes femmes nues ! Tu n'as pas envie de te les offrir ? Regarde, même le petit François semble bien attisé.

Jeanne ne put répondre. Elle avait la gorge nouée par la peur et des larmes lui vinrent aux yeux. Elle s'éloigna du matelot sans prendre la peine de lui répliquer quoi que ce soit. Comme elle savait que Commerson était lui aussi fort occupé à admirer les insulaires, elle se rendit jusqu'à sa cabine, sortit de sa cachette sa boîte à musique. Toutes les notes qui s'éparpillèrent, aussi légères fussent-elles, ne lui parurent chargées d'aucune magie. Même les petits trésors accumulés au fil des jours lui parurent fades et inutiles. Rien ne pouvait venir la secourir. Elle devait faire face à l'inévitable. Si Boutavery avait deviné qu'elle était une femme, les insulaires en feraient autant. Il lui sembla qu'elle était à la fin de son voyage, que tout, pour elle, était terminé. Elle observa le désordre des caisses, des pots et des cahiers de son maître, elle caressa la peau de plusieurs poissons séchés ou empaillés et, soudain, tout lui parut inutile. La peur avait éteint toute sa volonté. Elle ne voyait que le visage de Commerson complètement fermé à ses ennuis. Elle ne s'imaginait que les visages de ceux qu'elle avait aimés et qui ne la verraient plus que comme une menteuse, une usurpatrice. Elle ne pouvait que craindre les regards étonnés et déçus de Jossigny, de Vivès, de Véron et même du prince de Nassau. Elle les avait tous trahis et ils auraient raison de la rejeter. Elle aurait aimé s'enfuir, ne plus exister, ne plus, surtout, être Jean Barré.

Ce soir-là, on prépara le débarquement. Il fallait, selon le commandant et les capitaines, s'occuper d'abord des malades. On fêterait plus tard. Les hommes, en bougonnant, préparèrent tout ce qui serait nécessaire à l'installation d'un camp sur la terre ferme. Ils furent encore plus déçus lorsque Bougainville leur annonça qu'il n'y aurait que les officiers et les scientifiques qui descendraient rencontrer les insulaires le lendemain matin. Jeanne se déclara malade. Elle était incapable de subir encore le regard narquois des hommes, leurs sourires en coin et les mots blessants qu'ils ne manqueraient pas de lui lancer. Elle se tint cachée dans un coin de l'entrepont et ne répondit même pas à François qui l'appelait. Je ne m'appelle pas Jean. Je ne suis plus capable de répondre à ce prénom. Je ne suis plus capable de te mentir, petit François, alors que de véritables larmes de filles coulaient de ses yeux et traçaient de petites rigoles sur ses joues parsemées de points de rousseur.

Commerson la chercha. Jossigny aussi. On s'inquiéta, mais on avait tant à faire qu'on oublia le petit Jean Barré qui, s'étant dit malade, avait bel et bien disparu. Certains pensèrent qu'il avait réussi à se rendre à terre, mais la plupart s'endormirent en se demandant ce qui était arrivé au petit valet de Commerson.

Cette nuit-là, Jeanne ne sortit pas de sa cachette. Elle ne ferma pas non plus les yeux de toute la nuit. Elle avait peur du lendemain. Elle avait peur de tout et de tous.

Le jour était à peine levé que Bougainville fit mettre un canot à la mer. Il était accompagné de ses deux capitaines et de tous les scientifiques de l'expédition. Boutavery descendit avec eux. Jeanne se décida enfin à sortir de sa cachette et à se montrer. On fit semblant de rien. Tous savaient que ce n'était pas le moment de se moquer du jeune Barré. Sans trop comprendre ce qui se passait réellement, les hommes avaient saisi que le petit Jean était fragile, peut-être vraiment malade. Appuyée sur la lisse avec les autres matelots, elle vit Bougainville et ses amis accueillis par les insulaires. Elle sourit lorsqu'ils prirent Boutavery dans leurs bras, se moquèrent de ses vêtements d'Européens et le transportèrent comme un véritable roi en le montant sur leurs épaules et en chantant des airs tout aussi gais que leur visage.

Lorsque Bougainville revint, il était satisfait. Il avait baptisé l'île Nouvelle-Cythère, même si les insulaires lui avait expliqué qu'elle portait le nom de Tahiti. Le chef des Tahitiens, Ereti, lui avait permis d'installer pour quelques jours leur campement sur leur île, mais il refusa qu'ils y dorment. Les hommes devraient regagner leurs vaisseaux toutes les nuits. Le commandant put, par contre, installer un baraquement dans une espèce de hangar recouvert de natte de feuillages pour les 34 scorbutiques qui pourraient s'y reposer autant le jour que la nuit. On lui permit aussi de refaire ses provisions de bois, d'eau et de nourriture. Le chef des Tahitiens voulait s'assurer que leur séjour sur leur île ne se prolongerait pas indéfiniment. Bougainville, avec des petites roches, tenta de lui expliquer qu'il ne resterait que 12 jours. Le chef enleva des pierres, indiquant par là qu'il trouvait ce temps trop long. C'est en désignant les malades que Bougainville réussit à prolonger son séjour au-delà du temps qu'aurait désiré le chef Ereti. Boutavery aida beaucoup le commandant. Il expliqua au chef tahitien que ces Européens étaient sans désir de conquête et qu'ils n'étaient pas mauvais. Le chef salua enfin avec bonheur l'arrivée de ces inconnus et invita les dignitaires dans sa case. Il leur promit aussi l'aide de ses sujets pour permettre aux Européens à emporter avec eux ce dont ils avaient besoin afin de poursuivre leur expédition.

Lorsqu'il revint sur *l'Étoile*, Jossigny était à la fois resplendissant et bouleversé. Il alla à la rencontre de Jeanne et lui décrivit à quel point l'île était un véritablement enchantement pour les yeux et comment ces gens étaient beaux.

— Même les très vieilles personnes, Jean, n'ont pas de rides. Elles rayonnent de bonne santé, elles ont les yeux brillants, le teint clair, les dents blanches et semblent vivre dans un bien-être continuel. Tu verras, Jean, c'est un plaisir à voir. Et ils sont drôles. Ils nous touchent, ouvrent nos vêtements pour savoir si nous sommes faits comme eux. Ils sont curieux et rieurs. Ce sont de bons Sauvages. C'est Jean-Jacques Rousseau qui serait content de débarquer sur cette île. Je crois bien que ce qu'il verrait confirmerait ses hypothèses, que c'est la société qui corrompt l'homme et que le Sauvage est bon de nature. Allez, souris, Jean Barré. Quitte cette mine attristée que je ne comprends pas. Demain, tu iras herboriser avec ton maître, et, si je me fie à ce que j'ai vu sur l'île, tu seras au paradis.

— Je n'ai pas aimé que Boutavery me nomme *ayenene*. Je ne me sens plus en confiance. On se moquera encore de moi.

— Tu n'es pas sérieux. Tu es au-dessus de ces moqueries. Tu arrives peut-être au plus bel endroit du monde et tu te préoccupes des plaisanteries des matelots. Tu oublies la beauté pour t'arrêter à tes peurs. C'est du mauvais orgueil, jeune homme, du mauvais orgueil. Et l'orgueil, n'est-ce pas un péché capital?

— Ce n'est pas de l'orgueil, monsieur Jossigny. Je vous assure que c'est tout autre chose, rétorqua Jeanne en se détournant de lui et en retournant se terrer dans l'entrepont.

— Il ne sert à rien de te sauver, lui cria Jossigny. Monsieur Commerson te cherche. Il a besoin de toi. Alors, cesse ces enfantillages, lève la tête et sois un peu plus courageux.

Jeanne savait qu'elle ne pouvait plus échapper à son destin. Lorsqu'elle rejoignit Commerson, elle l'aida à préparer tout le nécessaire à leur prochaine expédition. Il ne lui dit rien. Il la regarda à peine. Elle réussit à lui dire qu'elle se trompait peut-être et n'avait pas été découverte par Boutavery. C'est à peine si Commerson l'entendit. Jeanne eut l'impression qu'il s'en moquait complètement. Il ne voulait plus la voir comme une Jeanne avec qui il y avait eu complicité, mais comme une Jeanne qui l'avait trompé. Encore une fois, Jeanne eut le cœur à l'envers. Jamais elle ne s'était sentie aussi abandonnée, même si, elle savait, au fond d'elle-même, que là résidait leur contrat de départ: si elle était découverte, elle protégerait son maître en prétendant qu'elle l'avait, lui aussi, trompé.

33

Lorsque, le lendemain, Jeanne descendit de *L'Étoile*, elle était encore une fois chargée de tous les cahiers, pots et instruments. Mais le poids de tout cet attirail n'était en rien comparable à celui de ses craintes. Elle avait resserré encore plus étroitement les bandages de ses seins et descendu son bonnet si près des yeux qu'elle avait de la peine à voir. Elle suivit son maître accompagné du prince, ne leva pas les yeux sur les beautés qui l'entouraient, mais entendit les cris qui s'élevèrent dès qu'elle avança sur les pas de Commerson. *Ayenene, Ayenene*! Les Tahitiens se ruèrent sur elle, voulurent l'emporter, se disputant même sa présence en la tiraillant d'un côté et de l'autre. Tous voulaient se l'approprier. Jeanne ressemblait à une poupée de chiffon que des enfants se disputent. Commerson s'était éloigné. Les matelots regardaient Jean Barré balloté d'un Tahitien à l'autre et n'arrivaient pas à bien saisir ce qui se passait. Un Tahitien, plus fort que les autres, réussit à prendre Jeanne par la taille, la mit sur son épaule et s'enfuit dans les bois. Il fallut que des officiers interviennent pour empêcher l'homme de se sauver avec le valet du naturaliste. Un officier sortit son épée, suivit le Tahitien et, sous la menace, le Sauvage hésita à lui remettre sa proie, prononçant encore les mots *ayenene* et, par gestes, il fit comprendre à l'officier que cette *ayenene* lui appartenait puisqu'il avait réussi à la capturer.

Jeanne faillit vomir. Elle avait été tiraillée, malmenée et la peur, surtout, avait mis son cœur à l'envers. Elle ne savait comment tout cela se terminerait. Elle comprenait que son voyage en tant que Jean Barré était terminé. Elle réussit à se dégager des bras du Tahitien alors que l'officier le menaçait de son épée. Quatre hommes de *L'Étoile* entourèrent Jeanne et, sans un mot, on l'obligea à remonter sur *L'Étoile*.

Sur terre, plus personne ne parlait. On n'arrivait pas à tout comprendre, mais on savait que ce valet, dont on avait toujours trouvé les mœurs un peu étranges, était au bout de son mensonge. Jossigny et François se regardèrent, et le jeune mousse en avait les yeux tout embrouillés. Commerson avait disparu. C'est ce qui mit le dessinateur en rogne, et il se mit à la recherche de Bougainville qui était occupé à organiser le campement pour les malades du scorbut.

Dès qu'il se présenta au commandant, Bougainville lui demanda d'où venait tout ce raffut.

— Est-il arrivé quelque chose d'irréparable? demanda-t-il. L'un de nos hommes a-t-il fait des bêtises? Il est important que nous soyons amis avec les Tahitiens, affirma-t-il. Que s'est-il passé?

— Non, il n'y a pas eu de bévues. Du moins, je ne crois pas. C'est le jeune valet de Commerson qui a causé tout cet émoi.

— Jean Barré?

— Ils ont tenté de s'en emparer. Ils se le disputaient. On a dû user de force pour les empêcher de l'emmener avec eux.

— Pourquoi? Je ne comprends pas.

— Si je ne me trompe pas, monsieur Bougainville, ce Jean Barré est une Jeanne. Les Tahitiens l'ont découvert tout de suite. Souvenez-vous comment Boutavery l'appelait *ayenene.* Je crois que cela signifie «femme» dans leur langue. Enfin, pour moi, jusqu'à preuve du contraire, il se nomme Jean Barré et est, bel et bien, de sexe masculin.

— Vous avez sûrement raison. Jamais une femme n'aurait réussi à nous tromper ainsi. C'est impossible. Et ce valet a été dur à l'ouvrage. Non, c'est impossible. Elle aurait contourné la loi. Et monsieur Commerson?

— Monsieur Commerson a disparu. Il est parti herboriser. Il ne s'est aucunement préoccupé de son valet. Je crois que vous devriez éclaircir tout cela. Peut-être que je me trompe. J'aime bien ce Jean Barré. C'est un garçon intelligent et curieux. Je ne peux pas me mettre dans la tête que c'est une femme qui nous aurait si facilement trompés. Et puis, tout l'équipage est un peu à l'envers. S'il y avait des doutes sur sa moralité, c'est que tous pensaient que Jean Barré satisfaisait les désirs malsains de Commerson. L'équipage ne comprend plus. On a remonté le valet sur *L'Étoile*, mais j'ai bien l'impression que personne n'a le cœur à l'ouvrage. Tout le monde veut savoir. Si, au début, tous les hommes étaient restés silencieux, j'imagine que maintenant, il y a plus de discussions que de travaux. Et les Tahitiens se sont retirés, un peu insultés qu'on leur ait enlevé l'*ayenene*. Il faut éclaircir tout cela. Et vous seul pouvez le faire.

Jeanne s'était réfugiée dans la cabine de Commerson. Elle était figée, n'arrivait pas à bouger, à réfléchir, à se ressaisir. Elle ne savait plus rien, elle ne connaissait plus que le grand vide qui s'était creusé en elle et dont elle ne connaissait pas la profondeur. Elle avait été découverte et ignorait ce que cela signifiait. Elle avait peur, et cette peur paralysait sa pensée et ses gestes. Pour ne plus rien voir, pour nier ce qui venait d'arriver, elle descendit son bonnet jusqu'à son menton et pleura silencieusement. Lorsque Bougainville ouvrit la porte de la cabine, il ne découvrit pas une usurpatrice, mais un enfant apeuré qui pleurait dans son bonnet, tapi dans le coin le plus sombre de la cabine, entre des poissons morts et des oiseaux empaillés.

Jeanne, les yeux dans son bonnet, ne savait pas qui était entré dans la cabine. Elle crut d'abord que c'était Commerson, mais elle pensa ensuite que ce devait être Jossigny ou peut-être François. Ce n'est que lorsqu'elle entendit la voix du commandant qu'elle comprit que Bougainville était près d'elle. Elle cessa de pleurer, sut que son heure était arrivée, prit tout le courage qu'il lui restait et remonta en tremblant son bonnet.

— Monsieur Commerson n'était au courant de rien. Je vous l'assure, commandant. Il ne savait rien, déclara-t-elle entre deux sanglots.

— Mais que ne savait-il pas ? Je ne comprends pas ce qui se passe. Je ne peux me convaincre que tu es une femme et que tu nous as trompés pendant de si longs mois.

— C'est pourtant vrai. Mais, monsieur Commerson n'était pas au courant !

— Laissons ton maître de côté. Ce n'est pas lui qui m'intéresse pour le moment. C'est toi, Jean Barré ou bien… au fait, comment t'appelles-tu ?

— Jeanne Barret !

— Mais tu es un véritable phénomène. Tu le savais, pourtant, qu'aucune femme n'a le droit d'embarquer sur un vaisseau d'exploration.

— Oui, je le savais. C'est pour cela que j'ai fait le garçon. Je voulais voir le monde, moi aussi. En faire le tour! Et tout est maintenant terminé, s'exclama-t-elle en pleurant de plus belle. Je ne voulais pas faire de mal. Je voulais aider monsieur Commerson. Depuis que je suis petite que la botanique m'intéresse. Alors, lorsque j'ai su que vous partiez faire le tour du monde, j'ai pensé que comme je ne suis pas très grande et pourtant costaude, on ne verrait pas la différence.

— Et ton maître n'en savait rien?

— Lorsque je me suis présentée à lui, dit-elle entre deux reniflements, je me suis présentée en tant que Jean Barré. Je vous le jure, il n'était au courant de rien.

— On m'avait parlé de rumeurs à ton sujet! Je n'y ai pas accordé d'importance. Je n'aurais jamais pu imaginer qu'une femme ait le courage de tromper tout un équipage. Et cela, sans compter celui de *La Boudeuse.* Alors là, je ne sais plus ce que tu mérites. Tu as menti, tu as contourné un édit du Roi et tu as travaillé, comme l'ont dit plusieurs, comme une petite bête de somme.

— Je vous ai trompé, c'est vrai, mais monsieur Commerson n'en savait rien. Il pensait vraiment que j'étais un garçon.

Bougainville était estomaqué. Une femme avait traversé l'Atlantique, le détroit de Magellan, et cela, sans jamais se plaindre. Une femme avait vécu sur *L'Étoile,* travaillé comme un homme, s'était fait respecter par tous les matelots et les scientifiques du voyage, une femme dont la seule préoccupation était, pour le moment, de protéger son maître. Bougainville hésitait entre la fâcherie et le respect. Des images de Jean Barré monté sur les vergues, chargé de tout l'attirail de Commerson, herborisant sous la pluie et la grêle, se bousculaient dans sa tête. Il ne savait plus comment réagir. Cette situation le dépassait.

— Tu vas rester ici. Il n'est plus question que tu descendes de *L'Étoile.* Je reviendrai te voir plus tard. J'aurai pris une décision d'ici là. Surtout, ne sors pas de la cabine. J'aurai aussi à discuter avec ton maître. Vraiment, jeune homme, non, plutôt jeune femme, ce que tu as réussi à faire dépasse mon entendement.

Ce soir-là, Bougainville écrivit dans sa cabine: « Comment reconnaître une femme dans cet infatigable Jean Barré, botaniste déjà fort exercé, que nous avions vu suivre son maître dans toutes ces herborisations, au milieu des neiges et sur les monts glacés du détroit de Magellan, et porter même dans ces marches pénibles, les provisions de bouche, les armes et les cahiers de plantes avec un courage et une force qui lui avaient mérité le nom de bête de somme. »

34

Lorsque les matelots avaient vu Jean Barré, protégé par quatre des leurs, remonter sur *L'Étoile*, il y avait eu d'abord un grand silence. Les hommes s'étaient étonnés et n'avaient plus su comment comprendre ce qui s'était passé. S'il y avait eu des rumeurs, des médisances, ces dernières faisaient partie d'un jeu. On aimait le petit Jean. On aimait le voir lorsqu'il menaçait un homme de son arme lorsque ce dernier était trop insistant. C'était comme un jeu, un jeu pas trop méchant qu'aimaient se permettre des hommes vivant continuellement resserrés les uns contre les autres. C'est pourquoi tous s'étaient interrogés. On ne comprenait pas pourquoi les Tahitiens avaient voulu s'emparer ainsi du jeune valet. Si, à plusieurs reprises, on avait mis en doute la moralité de la relation que Jean Barré entretenait avec son maître, si plusieurs d'entre eux avaient tenté de séduire le jeune homme pour en obtenir certaines faveurs, tous avaient été estomaqués par ce qui venait d'arriver.

On avait recherché Commerson. On ne l'avait trouvé nulle part. Jossigny était allé rejoindre Boutavery et avait tenté de lui demander ce qui s'était véritablement passé. Boutavery était en colère. Cette *ayenene* lui appartenait, expliqua-t-il par gestes à Jossigny. Le dessinateur tenta de lui expliquer que si Jean Barré était imberbe et ressemblait parfois à une fille, c'était qu'il était fait ainsi. François s'était rapproché d'eux. Il avait approuvé par de grands signes de tête les propos de Jossigny, mais Boutavery n'avait rien voulu entendre.

— C'est un dialogue de sourds, avait affirmé Jossigny à François. Il ne veut rien comprendre. Je crois bien qu'il est amoureux de Jean Barré. Et Commerson n'est pas là pour nous aider. C'est à croire qu'il s'est sauvé.

— Mon ami Jean n'a rien fait de mal, monsieur Jossigny. Pourquoi les Tahitiens se sont presque battus pour lui ? Jean Barré n'est pas méchant. Il n'a fait mal à aucun d'entre eux.

— Je ne crois pas que cela se situe à ce niveau. Il y a du mystère là-dedans. Et seul Commerson aurait peut-être pu nous éclairer. Je n'aime pas qu'il ait fui de cette manière. On ne laisse pas son valet aux prises avec des insulaires sans vouloir le protéger. Monsieur de Bougainville nous en dira plus. Il faut attendre.

François aurait aimé remonter sur la flûte pour être auprès de son ami, mais il savait que Bougainville était avec lui et qu'un jeune mousse n'avait pas sa place dans cet entretien. Lui aussi était déconcerté. Il était surtout peiné. Jean était son ami. Il lui avait appris à écrire un peu, il l'avait souvent encouragé. François voulait aider Jean, mais il ne savait pas pourquoi son ami avait besoin d'aide et, par le fait même, comment il pouvait l'aider.

Tout autour d'eux, le silence d'étonnement avait été remplacé par des verbiages de toutes sortes. On faisait mille suppositions, on reprenait les rumeurs et les racontars, on discutait parfois si âprement que cela vira à quelques reprises à un début de querelles. Il avait fallu attendre que Vivès vienne calmer l'effervescence des discussions en obligeant les matelots à reprendre leur travail.

— Notre commandant nous expliquera ce qui est arrivé plus tard. En attendant, il ne sert à rien de vous bagarrer avec des suppositions plus oiseuses les unes que les autres. Les malades ont besoin d'aide, les Tahitiens espèrent nous connaître un peu mieux, ils désirent qu'on leur offre ce qu'ils nous ont demandé. Et n'oubliez pas que monsieur de Bougainville leur a promis de faire un jardin avec les graines que nous avons apportées. Vous aurez à bêcher, à préparer la terre. Il veut y semer du blé, de l'orge, de l'avoine, du riz et du maïs. Déjà Ereti fait travailler ses gens pour entourer le jardin d'une palissade. Nous avons beaucoup à faire. De plus, vous avez à établir un campement de jour, à recueillir du bois, des fruits et de la nourriture. Alors, mettez-vous à l'ouvrage. Si je m'occupe des malades du scorbut, vous avez aussi votre part de travail à donner. Le commandant ne sera pas fier de vous si vous restez ici à ne rien faire et à spéculer sur ce que vous ne comprenez pas. Ereti ne nous a donné que douze jours pour nous approvisionner et soigner les malades. Il n'y a pas de temps à perdre en discussions inutiles.

Les hommes, tête un peu basse, se séparèrent. Certains se mirent tout de suite à l'ouvrage, d'autres, plus lents, regardaient la flûte en se demandant ce qui s'y passait. Ils auraient aimé assister à la discussion qui devait avoir lieu entre Jean Barré et leur commandant. Tous avaient de la difficulté à se concentrer, et n'avaient pas vraiment le cœur à l'ouvrage. Même Véron, qui avait installé ses instruments sur un monticule qui bordait l'anse, regardait, l'air rêveur, plus souvent la flûte où Jean Barré se trouvait, que ses instruments d'optique.

Les Tahitiens, peu à peu, se rapprochèrent des membres de l'équipage. On leur offrait des jeunes femmes, on leur demandait d'en choisir une ou deux, selon leur bon vouloir. Les matelots, tout émoustillés, en oublièrent leur ouvrage. Même les scientifiques furent troublés. Eux aussi avaient été privés de femmes depuis si longtemps qu'ils en avaient presque oublié le plaisir qu'elle pouvait donner. Ces femmes nues, toutes jeunes et au corps d'une perfection incomparable les troublaient autant que les matelots. Ces elfes, pensa Jossigny, s'harmonisaient avec le lieu où elles habitaient. L'île était magnifique. Il y régnait une paix et une liberté qui devaient ressembler au paradis terrestre avant la faute. Un véritable éden où la joie, le bonheur semblaient s'allier à un éternel repos. Les fruits, les poissons, les coquillages étaient si abondants qu'il suffisait de tendre la main ou un simple filet pour s'en procurer. La sensualité débordait de tout le paysage.

Tout y était marqué par l'agrément et la volupté. Même la lumière inondait l'île d'une jouissance presque charnelle. Elle jouait avec les feuilles des arbres et illuminait les fruits d'une multitude de couleurs que Jossigny jugea presque aussi indécentes que les femmes qui s'offraient à eux en toute quiétude. Tout ici n'était que sensualité et douceur. Même la terre recouverte de mousses ressemblait à un jardin luxuriant qui donnait envie de s'y étendre pour ne plus se relever. Tout rayonnait, embaumait, scintillait, resplendissait. La lumière semblait perler tout ce qu'elle touchait. Vivre ici, se dit Jossigny, c'est vivre dans une beauté continuelle. Et le peuple qui y vivait ne dégradait en rien les lieux qu'il habitait. Les Tahitiens étaient aussi beaux, aussi invitants que leur île. Lorsqu'il pensa à Commerson, il espéra que le naturaliste avait été si enthousiasmé par ce qu'il découvrait qu'il en avait oublié son valet. Il était peut-être incapable de ne se concentrer que sur ce qu'il était en train de découvrir. Le naturaliste ne pouvait peut-être s'attacher à autre chose; même si cette autre chose, estima Jossigny avec amertume, était un jeune garçon qui lui avait été d'une fidélité absolue. Jossigny avait beau essayer de comprendre l'attitude de Commerson, il n'arrivait pas à l'excuser.

Pendant que Jeanne se faisait toute petite dans la cabine de son maître et élaborait mille conjectures, mille réactions toutes plus désastreuses les unes que les autres, Bougainville, encore estomaqué par ce qu'il venait de découvrir, tentait, lui aussi, de trouver une issue à cette impasse. Il ne savait pas comment détourner de façon positive ce qu'il considérait d'abord comme une trahison. Il avait apprécié ce Jean Barré, il ne savait que faire de cette Jeanne Barret.

Lorsqu'il descendit sur terre, tous le dévisagèrent avec un regard interrogateur. Véron vint à lui, lui posa quelques questions, Jossigny fit de même. Alors que Romainville s'approchait, Bougainville, à haute voix, pour que tous l'entendent, annonça qu'il y aurait réunion ce soir-là près du hangar des scorbutiques.

— Je veux d'abord rencontrer l'équipage de *L'Étoile*. Il ne sert à rien, proclama-t-il, de venir, l'un après l'autre m'interroger. Je ne saurais encore quoi vous répondre. Vous saurez tout ce soir, en attendant, continuez votre travail et établissez des liens cordiaux avec les Tahitiens. C'est ce que vous avez de plus sensé à faire. Quelqu'un peut me dire où se trouve monsieur Commerson?

Personne ne répondit. Personne ne le savait. Il avait disparu dans la jungle tahitienne, et Bougainville demanda au jeune François d'aller à sa recherche.

— Et ne te perds pas. Je vais demander à un des insulaires de t'accompagner.

François parcourut d'abord quelques anses qui façonnaient la géographie de l'île. Il fut rejoint par Jossigny, qui décida qu'il serait plus important de rechercher Philibert Commerson que de dessiner les beautés de l'île.

— Je vais avec toi, François. Je veux aussi comprendre pourquoi le maître de Jean a disparu. Il faut le retrouver. Il me semble que nous aurions quelques questions à lui poser.

— Monsieur Bougainville nous a dit qu'il nous expliquerait tout ce soir.

— Oui, mais pour cela, je crois qu'il a besoin de discuter avec le naturaliste de *L'Étoile*.

— Je veux bien retrouver monsieur Commerson, mais j'ai un peu peur. Je ne sais pas ce que mon ami a fait de mal, mais je ne veux pas qu'il lui arrive du mal.

— Et moi non plus, François. Et moi non plus. C'est pourquoi je veux t'aider à le chercher.

On avait demandé au jeune Tahitien qui était avec François et Jossigny de se rendre aux endroits où la flore de l'île était la plus dense. Le dessinateur et le jeune mousse le suivaient, mais se doutaient bien que le jeune avançait sans vraiment savoir ce que désiraient les deux Français. Ils marchèrent entre des cocotiers, des bananiers, des champs de canne à sucre qui ne semblaient pas cultivés. Ils trouvèrent aussi énormément de cèdres, et Jossigny comprit pourquoi la plupart de leurs pirogues étaient creusées dans cet arbre. Ils marchèrent longtemps. Jossigny et François appelèrent à plusieurs reprises Commerson en mettant leurs mains en porte-voix, mais nulle réponse ne vint. Commerson avait disparu et, après deux heures de recherches, ils revinrent au campement où les matelots étaient tous occupés à préparer ce qui serait nécessaire à la poursuite de leur voyage.

Pendant toute la journée, les Tahitiens, curieux, suivirent les Européens dans tous leurs agissements. Ils faisaient comme eux, touchaient à tous les instruments et s'emparaient, sans aucune gêne, de ce qui leur plaisait. Il suffisait pourtant de reprendre l'objet volé pour que l'insulaire sourie et continue d'aider les Européens dans leur travail. Ainsi, Vivès, qui s'occupait des malades, avait cueilli des plantes et des fruits qu'il faisait infuser. Les Tahitiens en récoltèrent et ils les remirent au chirurgien avec un sourire qui avait le don d'effacer tous les petits vols et larcins qu'ils venaient de commettre.

Les Tahitiens avaient aussi le désir d'échanger divers produits contre ce que pouvaient leur donner les Français. Ainsi, contre des clous, de la verroterie ou des boutons, ils remirent à leurs visiteurs des cochons, des poissons, des coquilles et des fruits de toutes sortes. Bougainville demanda à Ereti s'il pouvait couper des arbres pour refaire leurs provisions de bois, et le chef leur indiqua ceux qu'ils auraient le droit d'abattre. Les Tahitiens aidèrent aussi les hommes à refaire leurs provisions d'eau douce, Même s'il fallait continuellement surveiller les insulaires qui avaient tendance à s'emparer de ce qui leur plaisait, leur aide fut importante et appréciée. Ereti avait d'ailleurs donné la permission aux hommes de Bougainville de défendre leurs biens et de tirer en l'air si l'un des siens refusait de remettre ce qu'il venait de voler.

Tout le jour, on travailla au jardin, on coupa du bois, on ramassa quantité de barils d'eau, on s'occupa de renouveler les provisions de nourriture et on soigna les malades. Mais, pour tous, l'absence de Jean Barré et la fuite de Commerson traînaient dans leur tête. C'était un peu comme une écharde dans un doigt qui, sans vraiment blesser, dérange. Les hommes étaient ravis de pouvoir refaire les provisions de *L'Étoile* et de *La Boudeuse,* ils trouvaient l'île d'une beauté sans pareille, scrutaient avec envie les jeunes femmes qui ne cessaient de leur promettre, le soir venu, mille bonheurs qu'ils avaient plaisir à imaginer. Pourtant, tous savaient que malgré le ciel d'un bleu si uniforme qu'il n'en présentait aucun faux pli, un orage se préparait. Il viendrait de Commerson et de Jean Barré. De Bougainville aussi. Les hommes, surtout ceux de *L'Étoile,* avaient dans l'idée qu'ils travaillaient dans un site plein d'enchantements, mais qu'un morceau de ciel était ombragé.

Jossigny alla à la recherche de Bougainville et lui demanda s'il pouvait aller rejoindre le petit Jean Barré sur *L'Étoile.*

— Nous n'avons trouvé Commerson nulle part. Et Jean Barré doit se sentir bien seul, isolé ainsi, alors que nous sommes tous sur l'île à profiter de ses richesses.

— Le valet de monsieur Commerson est très bien là où il est. Ce soir, je vous en dirai plus, si je finis par rencontrer son maître. Qu'il soit introuvable me sidère.

— Nous avons pourtant parcouru tous les alentours du campement. Nous l'avons appelé. Nous n'avons reçu aucune réponse. Vous savez, monsieur Commerson est un peu une tête heureuse, une tête rêveuse. Il doit être agenouillé en train d'examiner une plante qu'il ne connaissait pas et en a oublié tout le reste.

— J'en doute ! J'en doute beaucoup ! Laissez tomber vos recherches. Commerson finira bien par revenir. Par contre, nous ne passerons que quelques jours ici. Vous devriez dessiner la beauté de cette île et des insulaires. Ils sont vraiment remarquables. Ce serait dommage de n'en rapporter aucune image.

Jossigny acquiesça. Il savait que 12 jours seraient tout à fait insuffisants pour tenter d'immortaliser sur papier tout ce qu'il voyait autour de lui. Une année, pensa-t-il, n'aurait pas suffi. Les tourterelles vertes qu'il avait vues, le nombre incroyable de perruches et de perroquets qui arboraient tous des couleurs chatoyantes l'avaient impressionné. Dessiner les lieux, les plantes, les arbres fruitiers, les animaux, les oiseaux et les insulaires parut à Jossigny comme une tâche impossible. Il y en avait trop, tout était trop beau, trop particulier, trop enchanteur. Il y avait trop de trop, songea-t-il en s'assoyant sous un cocotier et en sortant son attirail de dessin. Il avait du mal à se concentrer. Il imaginait Jean Barré seul sur une étoile désertée, et c'est cela qu'il aurait aimé reproduire. Que faisait le jeune garçon seul sur son étoile ? Avait-il peur ? Se promenait-il entre le gaillard d'avant et le gaillard d'arrière ? Était-il avec sa chatte dans l'entrepont ? Dans son esprit se confondaient les feuilles de cocotiers au panache perlé de lumière et le visage plein de points de rousseurs de Jean. Il n'arrivait pas à les séparer, à se consacrer entièrement à dessiner le faste de l'île. Toujours, le petit visage de Jean venait s'interposer entre sa feuille et lui. Plusieurs Tahitiens, surtout des jeunes enfants, s'étaient rapprochés et l'entouraient. Cela encouragea Jossigny, et il dessina le visage d'un des enfants qui l'encerclaient. Les jeunes suivirent le crayon qui, merveille des merveilles, avait le pouvoir de représenter l'un des leurs. Ce fut ensuite une véritable pagaille. L'enfant voulut s'emparer du dessin, les autres pressèrent Jossigny de les dessiner. Jossigny dut élever la voix, mettre de l'ordre et décida de dessiner plusieurs têtes d'enfant sur une même feuille. Il ne pouvait, tenta-t-il de leur expliquer, les dessiner s'ils ne cessaient de bouger et de s'énerver. Les enfants comprirent et ce fut dans un silence presque religieux que Jossigny passa le reste de la journée entouré d'enfants silencieux dont il reproduisait le sourire et les yeux brillants. Heureux, il en oublia presque Jean Barré.

Il n'en fut pas ainsi pour François, qu'on avait mis au bêchage du jardin. Il ne cessait de regarder *L'Étoile* ancrée, cherchait à voir si son ami Jean n'était pas appuyé sur la lisse du bateau. Il était chaque fois déçu. *La Boudeuse* et *L'Étoile* semblaient habitées d'un calme presque inhabituel. Les deux vaisseaux ancrés dans une anse où aucun vent ne venait briser leur harmonie étaient beaux à voir. François savait pourtant qu'à l'intérieur, son ami devait avoir le cœur plein de chagrin, d'un chagrin que François n'arrivait pas à comprendre. Il retourna la terre, la bêcha, discuta avec d'autres matelots des espaces à conserver entre les semis, mais, comme pour presque tous, le cœur n'était pas aux semailles. Ils avaient hâte d'entendre ce que leur commandant avait à leur dire. Même les jeunes femmes qui, presque nues, assises sur leurs talons, regardaient goulûment les hommes travailler, les distrayaient à peine de leur envie de savoir ce qui s'était réellement passé avec Jean Barré. Tous pourtant, lorsqu'ils levaient les yeux et souriaient aux jeunes femmes, savaient que de grands plaisirs les attendaient après leur rencontre avec Bougainville.

Ce n'est qu'en fin d'après-midi que l'on vit revenir Commerson. Il portait deux sacs qui débordaient de plantes et ne semblait nullement affecté par l'absence de son valet. Il traversa le campement et tous le regardèrent en espérant un signe, une parole, un geste qui leur aurait permis de comprendre ce qui était arrivé à son valet. Commerson ne regarda personne et s'approcha de la grève, où il s'intéressa avec une concentration absolue à quelques coquillages. Jossigny abandonna ses dessins et alla prévenir Bougainville que le naturaliste était de retour. Le commandant quitta immédiatement Ereti, avec qui il était en train de s'entretenir et alla rejoindre Commerson. Ils s'éloignèrent du campement. Tous les regardèrent partir en silence, François se rapprocha de Jossigny et, un tremblement dans la voix, lui dit qu'il avait peur.

— Je crois que tu t'inquiètes pour rien. Bougainville est un homme juste. C'est un sage. Il faut lui faire confiance. Je ne crois pas que ton ami soit en danger.

François eut le goût d'embrasser Jossigny comme un enfant qui est enfin rassuré par un père en qui il a confiance. Il se retint mais il regarda le dessinateur avec un tel espoir mêlé de reconnaissance que Jossigny en fut ému.

— Nous protégerons ton ami, François. Et c'est aussi le mien, et je n'ai jamais abandonné un ami. Il faut me faire confiance. Et au comte de Bougainville aussi.

Jeanne n'avait pas quitté la cabine du naturaliste. Si elle avait eu le désir, à plusieurs reprises, de se rendre sur le gaillard d'arrière pour observer ce qui se passait sur l'île, elle était incapable de désobéir à Bougainville. Elle avait vécu resserrée sur sa peur, craignant d'être battue ou abandonnée sur l'île. Elle ne savait pas non plus comment Commerson avait réagi. Elle était dans l'ignorance et dans l'attente. Si elle ne pleurait plus, c'est que la peur prenait toute la place. La peur avait asséché ses larmes; l'anxiété et les appréhensions avaient paralysé ses gestes et ses pensées. Elle était, tout le jour, restée prostrée, incapable de voir plus loin que le plancher de la cabine de son maître. Ce jour-là, il n'y eut dans la cabine du naturaliste, ni poissons, ni plantes, ni oiseaux. Pour Jeanne, il n'y eut qu'une craquelure dans la plancher de bois qu'elle ne cessait de fixer et dans laquelle, comme une voie d'eau, s'écoulaient toutes ses appréhensions. La craquelure n'était pas si profonde. Elle déborda vite et tout le désordre de Commerson fut recouvert d'une couche de frayeur que Jeanne ne percevait pas. Tous les poissons, pots, cahiers, dessins avaient pris la teinte grisâtre de la peur, de celle aussi d'une eau saumâtre qu'il est difficile de boire. Dans cette cabine, il n'y avait plus aucun espoir, aucune découverte, aucune recherche scientifique. Il n'y avait plus qu'une grande désolation. Jeanne était en suspens. Lentement, elle releva sa chemise de laine et détacha les bandes qui écrasaient ses seins. Elle respira profondément, mais cette respiration, libre pourtant de toutes entraves, n'atténua en rien la grisaille de la cabine.

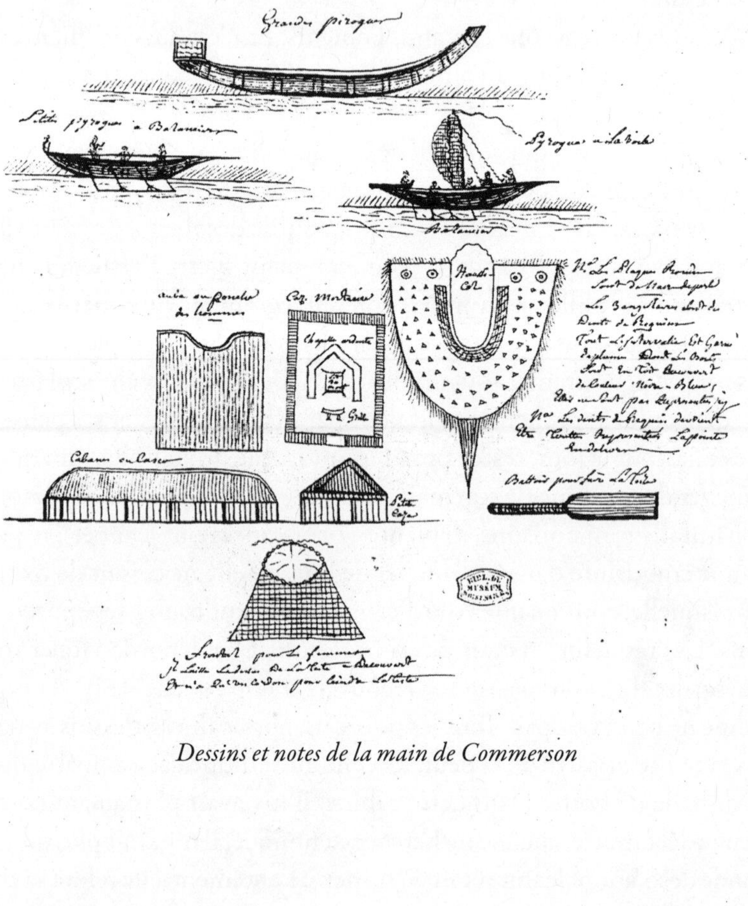

Dessins et notes de la main de Commerson

35

La discussion entre Bougainville et Commerson ne fut pas longue. Le naturaliste affirma qu'il n'était pas au courant que son valet était une femme. Il en parut même offusqué, prétendant qu'il n'aimait pas être trompé de cette manière. Il ne s'était jamais douté de quoi que ce soit.

— C'est une fieffée menteuse, osa-t-il prétendre, une colère dans la voix.

— Elle vous a pourtant aidé. Ce que j'ai vu du travail de votre valet m'avait déjà impressionné. Alors, maintenant que je sais que c'est une femme, j'avoue que je le suis encore plus. Jamais je n'aurais imaginé qu'une femme ait la force et le courage de traverser l'Atlantique dans de telles conditions, d'herboriser avec vous sous la grêle et la pluie. Et en plus, jamais elle n'a rechigné pour aider les hommes dans les manœuvres nécessaires à la bonne marche de *L'Étoile*. Jeanne Barret, puisqu'il faut maintenant la nommer ainsi, si elle est une menteuse, est une femme exceptionnelle. Cela, je n'en ai aucun doute. C'est pourquoi j'ai peine à prendre une décision à son sujet.

Commerson soupira de soulagement. Il avait passé la journée à s'inquiéter, à regretter d'avoir accepté la présence de Jeanne avec lui, à se demander si elle avait respecté ses engagements et avait bien précisé au commandant que son maître n'était au courant de rien. La réaction de Bougainville le tranquillisait. Elle ne l'avait pas trahi. Un peu honteux, il se qualifia de lâche. Il savait qu'il avait mal agi en disparaissant alors que son valet était en mauvaise posture. Il le regrettait maintenant et eut un peu honte. Il savait aussi, et cela était loin d'apaiser ses remords, qu'il pouvait se permettre de regretter sa fuite parce qu'il savait maintenant que Jeanne était restée fidèle à sa parole.

— Il est vrai, précisa Commerson, qu'elle m'a beaucoup aidé. Parmi tous les jeunes gens que j'ai interrogés avant le départ, il était, je devrais dire elle, la plus apte au travail que nous aurions à effectuer pendant le voyage. Mais jamais je ne me serais douté que c'était une jeune femme déguisée en garçon. Non, jamais cette idée ne m'est venue.

— J'ai de la difficulté à vous croire, monsieur Commerson. Elle a dormi dans votre cabine, elle a vécu presque continuellement avec vous. Il m'est difficile de croire que jamais vous n'avez vu la femme en elle. Surtout avec les racontars qui se répandaient sur *L'Étoile*.

— Les racontars, je ne leur ai jamais, de tout le voyage, accordé d'importance. J'ai dans l'idée que si on s'attache aux médisances et aux calomnies, on ne fait rien de bon dans la vie.

— Je suis de votre avis, mais quand même, avouez qu'il y avait de bonnes raisons à tout ce que supposaient les matelots. On a cru que vous profitiez du jeune garçon! On a dû le ou plutôt la transférer au fond du gaillard d'avant pour la protéger. J'ai de la difficulté à croire que tout cela ne vous a pas touché. Elle était votre valet et était d'une fidélité absolue.

— Oui, vous avez raison. Alors que comptez-vous faire d'elle? Il faut bien admettre que si c'est une menteuse, c'est aussi une grande travailleuse. Elle n'a aucunement nui à la bonne marche de notre expédition.

— C'est pour cette raison que j'ai du mal à réagir. Je voulais d'abord savoir si vous étiez de mèche avec elle. Vous m'affirmez le contraire et, bien que j'aie du mal à vous croire, je vous fais confiance. Je rencontrerai les scientifiques qui ont voyagé avec elle. Ils en seront les premiers informés. Ils m'aideront, peut-être, à prendre une décision. Ensuite, j'informerai l'équipage que ce Jean Barré est une Jeanne. Allez prévenir le prince de Nassau, Romainville, Véron, Vivès et même Jossigny que je veux les rencontrer.

Commerson remercia son commandant. Même si ses craintes s'étaient atténuées, il restait une peur au fond de lui. Bougainville avait décidé de le croire. Les autres en feraient-ils autant? Comment serait-il jugé? Même s'il avait affirmé qu'il se moquait des commérages, il se trouverait bientôt devant un fait réel, une réalité qu'il ne pouvait changer. Il avait voyagé avec une jeune femme et il se demandait comment réagiraient les hommes de *L'Étoile*. Comment serait-il maintenant perçu par eux? En approchant du campement, il constata que pas une fois il ne s'était inquiété de Jeanne. Il en fut un peu troublé et se le reprocha.

Lorsque Commerson eut rejoint tous les scientifiques de la flûte, il les regarda partir pour rejoindre Bougainville avec dans le cœur autant de remords que de craintes. Il ne savait pas s'il aurait préféré assister à cette rencontre. Bougainville ne l'avait pas suggéré. Il s'assit au pied d'un arbre et vida les sacs des plantes qu'il avait ramassées. Ce ne fut pas long avant que le petit François vienne le rejoindre. Il regarda le naturaliste avec un peu de rancœur dans les yeux.

— Nous vous avons cherché toute la journée. Et Jean est resté seul sur *L'Étoile* depuis tout ce temps. Vous ne vous êtes pas inquiété pour lui? Je ne comprends pas.

— Tu n'as pas à me questionner ainsi. Tu n'as aucune raison de juger mon comportement. Si Jean Barré est ton ami, tu me dois aussi le respect. Tu comprends cela? Alors, au lieu de venir me déranger, fais ce pourquoi on t'a engagé.

François repartit en maudissant le mauvais caractère de Commerson. Il se dit qu'il devait être patient. Ce n'est pas le maître de Jean qui l'aiderait à comprendre. Il savait que Jossigny et les autres scientifiques étaient avec Bougainville. Jossigny lui expliquerait tout. Il n'avait qu'à espérer que la réunion ne serait pas trop longue. Il retourna au jardin et, en silence, continua son travail.

Lorsque Bougainville eut annoncé aux principaux membres de *L'Étoile* que Jean Barré était une femme, que c'était une Jeanne, un silence presque religieux envahit le lieu. Ce fut d'abord un silence d'incompréhension et de doutes. Puis, dans la tête de la plupart se profilèrent des images de Jean Barré et de tout ce qu'il avait apporté de bon à *L'Étoile*. Personne ne parla. On se regarda, on scruta la réaction des autres, puis tous craignirent pour l'avenir de Jean Barré, devenu une Jeanne qui avait défié un édit du Roi.

Ce fut Véron qui rompit le silence. Il ne parla pas. Il se mit à rire, d'un rire si franc, si joyeux, si fantasque que Jossigny en fit autant et que les autres comme Romainville ou Vivès accordèrent leurs rires à ceux de Véron et de Jossigny. Même Bougainville, soudain soulagé, sourit puis, sans même en être conscient, se mit lui aussi à rire de si bon cœur que des Tahitiens s'approchèrent pour participer à ce qui semblait si réjouissant.

— Elle nous a bien eus, s'exclama Vivès. Et je lui ai demandé, lorsque nous avons aidé l'Acadienne à accoucher à Montevideo, si elle avait déjà vu une femme nue. Alors là, s'exclama-t-il, entre deux éclats de rire, elle m'a bien eu.

— Et nous aurions dû nous en douter, continua Jossigny. Elle avait un regard trop tendre, elle posait des questions trop étranges, trop sensibles pour un jeune valet.

— Et avec quelle délicatesse elle aidait Commerson à manier ses spécimens, s'exclama Vivès. Je lui avais dit un jour, ajouta-t-il en s'esclaffant, qu'elle avait des mains de fille. Elle en avait été troublée. Je comprends maintenant pourquoi.

— Et Commerson, demanda le prince de Nassau, était-il au courant ? Les rumeurs qui couraient n'étaient pas si fausses, après tout.

— Il prétend qu'il n'en savait rien.

— Alors là, j'en doute, affirma Jossigny. Il a profité d'une femme exceptionnelle.

— Et d'un courage hors du commun, poursuivit Romainville. Jamais je n'avais vu un valet allier autant hardiesse, force et curiosité.

— Tout ceci est juste, précisa Bougainville, mais que ferons-nous d'elle ? Elle a défié un édit du Roi. Elle devrait être punie.

— Alors, ce serait une grave erreur, monsieur, osa dire Jossigny. Le travail qu'elle a accompli excuse son méfait.

Tous les autres scientifiques approuvèrent. Cela contenta Bougainville. Lui non plus n'avait pas le désir de châtier cette jeune femme. Il décida qu'il annoncerait aux autres membres de l'équipage la métamorphose de Jean en Jeanne et qu'il prendrait les moyens de la protéger.

— Elle continuera le voyage avec nous, décida-t-il. Il faudra lui donner une cabine où elle pourra se sentir plus à l'aise. Celle de Buet sert de réserve. On la videra et elle y sera bien.

Dans la tête de tous ceux qui entouraient Bougainville, défilèrent tous les sacrifices que cette femme avait dû faire pour jouer son rôle de garçon. Cela, pensèrent plusieurs, avait dû demander une intelligence et un courage que bien peu d'entre eux possédaient. Alors, envahis d'un immense respect, ils pensèrent à cette Jeanne qui avait réussi à parcourir la moitié du monde sous une fausse identité. Jossigny aurait aimé courir sur *L'Étoile* pour rassurer Jeanne. Il repensait à toutes leurs conversations, aux moments qu'ils avaient passés ensemble et comprit pourquoi il s'était tant attaché à ce petit Jean qui faisait preuve d'une curiosité et d'une sensibilité hors du commun.

Lorsqu'ils revinrent au campement, tout le travail s'arrêta. François s'approcha de Jossigny et leva la tête vers lui, des questions plein les yeux.

— Ne t'inquiète pas, François, tout va bien, dit-il en caressant les cheveux de l'enfant. Mais tu seras peut-être un peu surpris.

Et Bougainville, d'une voix forte où frémissait un peu d'émotion, annonça aux matelots présents que Jean Barré était une Jeanne et que, vu le travail qu'elle avait accompli depuis le départ de Rochefort, elle ne serait pas punie et continuerait le voyage avec eux.

La réaction des hommes ressembla à celle des scientifiques. Ce fut d'abord un silence complet, puis quelques rires, quelques blagues fusèrent. Enfin, ce fut une véritable avalanche de commentaires de toutes sortes. Certains se dirent que leurs racontars n'étaient pas si faux et que, l'avoir su, ils auraient pu profiter de la présence d'une femme. Plusieurs affirmèrent qu'ils s'en doutaient. Pourtant, sous cette foulée de commentaires, venaient se joindre des images du jeune valet qui ne pouvaient que susciter le respect. On regarda Commerson, qui était resté à l'écart, et on le jugea avec sévérité.

— Alors, ton valet, tu as dû en profiter à ton aise, lui cria un des matelots. Tu aurais pu partager.

Commerson se leva, s'approcha d'eux et ne leur dit qu'une phrase, une seule, qui se voulut aussi sèche qu'un brin de paille abandonné au soleil.

— Je n'étais au courant de rien. Je ne veux plus rien entendre de vos sarcasmes. Est-ce clair? s'exclama-t-il en les regardant dans les yeux quelques instants.

Puis, il se retourna, le corps aussi raide qu'un mât d'artimon et s'assit à côté de ses spécimens.

François était bouleversé. Son ami était une fille. Il n'arrivait pas à y croire. Il était tout près de Romainville. Il le connaissait peu, mais il osa lui demander si c'était vrai que son amie ne serait pas punie.

— Je crois qu'elle a mérité le respect de tous. Alors sois confiant. Même si elle est une fille, elle est encore ton amie.

François sut que le cartographe avait raison. Il s'approcha de l'endroit où Jossigny avait dessiné et lui vola une feuille et un crayon. Il réfléchit longtemps, puis d'une main un peu tremblante, il écrivit en grosses lettres la phrase suivante: « *mèm si tu es une fille, tu es mon ami parse que je t'ème comme ami.* » Il plia la feuille en quatre et la mit dans sa poche. Lorsqu'il rencontra le dessinateur, il lui avoua qu'il lui avait volé une feuille.

— J'ai écrit une lettre à mon ami, Jean. À Jeanne ! Je vais lui donner ce soir. Vous pouvez regarder si j'ai fait des fautes ?

Et François sortit de sa poche la feuille et la tendit à Jossigny. Il la lut, regarda François et envia Jeanne d'avoir un tel ami.

— Il y a quelques petites fautes, François, mais ce n'est pas grave. Ce que tu dis à Jeanne est beaucoup trop important pour que quelques fautes souillent ce que tu lui as écrit. Moi aussi, je pense comme toi. Jeanne Barret restera mon amie. Elle sera contente de lire ce que tu lui as écrit. Et n'oublie pas que, toi aussi, tu es mon ami.

— Peut-être qu'elle sera encore cachée lorsque nous remonterons sur *L'Étoile* ce soir.

— J'en doute, mais si elle l'est, viens me donner ta lettre, je m'arrangerai pour la lui remettre. Sois assuré qu'elle aura lu tes mots avant de s'endormir.

François reprit sa feuille, la replia et la remit dans sa poche. Il souriait.

— Merci, monsieur Jossigny. Vous aussi, malgré votre grandeur, vous êtes mon ami.

— N'en doute pas un instant, François ! Et Jeanne aussi. Nous serons deux à la protéger.

36

Jusqu'à la fin de cette journée, on ne pensa plus qu'à Jeanne Barret. Les discussions entre les hommes se prolongèrent aussi longtemps que la présence du soleil dans le ciel. C'était parfois entre deux matelots, parfois entre plusieurs qui formaient un groupe où les bavardages allaient bon train.

Jossigny, Véron et Vivès observaient les membres de l'équipage. Ils n'osaient se mêler aux débats qui semblaient s'amplifier à mesure que le jour avançait et que le retour sur la flûte approchait. Tous savaient qu'ils auraient à rencontrer une Jeanne qui les avait trompés mais qu'ils avaient appréciée. Bougainville et les autres scientifiques savaient que le moment où l'équipage de *L'Étoile* rencontrerait cette Jeanne pour la première fois était important. Il teinterait les relations entre les hommes et le valet de Commerson durant tout le reste du voyage. Aucun des officiers n'avait voulu se mêler aux discussions. Les matelots, selon Bougainville, méritaient de juger par eux-mêmes de l'attitude à prendre devant cette drôle de situation. Vers la fin du jour, plusieurs groupes se formèrent et il y eut du va-et-vient entre eux. Même François resta près de Jossigny. Il avait peur de ce que les hommes décideraient. Tous savaient que le jeune mousse était l'ami de ce Jean devenu Jeanne. François se disait qu'il n'avait, à cause de cela, aucun droit de participer au procès qui était en train de se faire.

Commerson ne parla à personne. Il se promena le long de la grève, ramassa plusieurs coquillages, mais son pas était plus pesant que d'habitude et son dos, un peu plus courbé. Lui aussi, se dirent Jossigny et Vivès, devait être inquiet. Peu croiraient qu'il ignorait le sexe de son valet et les deux hommes se demandèrent comment réagirait l'équipage face à ce naturaliste qui n'avait pas vraiment su se faire aimer d'eux.

— En fait, dit Vivès, nous sommes en face de deux complications. Philibert Commerson et Jeanne Barret. Je me demande si les hommes réagiront de la même façon. Il y a une différence énorme entre les deux. Jean Barré faisait un peu partie de l'équipage. Il était l'un de ses membres. Commerson n'a pas vraiment eu une attitude avenante envers les matelots.

— C'est ce que nous verrons ce soir. Je me demande comment Bougainville présentera Jeanne à l'équipage. Vous avez remarqué comment les hommes, malgré quelques regards plus qu'indécents, ont oublié un peu le charme des Tahitiennes. J'avais peur qu'ils refusent de remonter sur les vaisseaux, le soir venu, comme Ereti l'a exigé. Il semble bien que le mystère de Jean ait remplacé, du moins pour le moment, le charme des Tahitiennes.

— Oui, mais, je crois bien que ce n'est que passager. Croyez-moi, Jossigny, ils se reprendront. Déjà que j'ai vu plusieurs hommes quitter le campement avec quelques belles. L'embarras que cette découverte nous cause, s'il est important et nous perturbe tous, ne fera jamais oublier tous les plaisirs et les jouissances imaginés par les hommes de notre expédition. Ce serait impossible et, je dirais même, contre-nature.

Vivès rit en approuvant Jossigny.

— Je vous avoue que, moi aussi, j'aurai du mal à résister. Et pourtant, j'ai l'impression que Bougainville ne nous permettra pas, du moins pour ce soir, de nous amuser avec les jeunes insulaires. Nous remonterons plus tôt sur les vaisseaux. Du moins, ceux de *L'Étoile*.

Vivès ne s'était pas trompé. Peu de temps après, le commandant réunit les hommes de la flûte et ils quittèrent le campement. Tous étaient maintenant silencieux. On ne savait pas vraiment à quoi s'attendre. Ni de la part de Bougainville ni surtout des matelots. Jossigny était, comme tous les autres scientifiques, inquiet. Il ne voulait pas qu'on rejette Jeanne, mais il ne savait pas comment se traduiraient les réactions des matelots. Les canots firent plusieurs allers-retours et des Tahitiens prêtèrent leurs pirogues pour que les hommes quittent plus rapidement le campement.

Jeanne entendit les hommes monter sur *L'Étoile*. Elle suivit leur pas et elle eut l'impression que ces bruits de pas ne se manifestaient pas sur le pont de *L'Étoile* mais s'inséraient en elle, devenaient les battements de son cœur, prenaient toute la place. Il n'y avait plus que ces bruits saccadés de pas, il n'y avait plus rien d'autre. À force d'avoir pleuré, elle en avait les yeux gonflés, les yeux rougis et les lèvres enflées. Elle entendait son cœur battre dans ses oreilles comme s'il s'était déplacé et avait pris tout son corps en otage. Jeanne avait peur, aurait voulu s'enfuir, plonger dans la mer de Tahiti pour ne pas avoir à vivre ce qui l'attendait.

Elle attendit plus d'une heure, seule et recroquevillée dans ses frayeurs. Elle aurait aimé que son maître vienne la voir, l'informe de ce qui était en train de se passer. Son absence, craignait-elle, était un mauvais présage. Elle eut l'impression qu'elle serait elle aussi bientôt desséchée et empaillée comme tous les animaux qui l'entouraient. Elle eut peur que l'absence de Commerson ne signifiât qu'il l'avait répudiée et qu'il lui accorderait encore moins d'importance que tous ses spécimens desséchés, empaillés, dépecés ou noyés dans des pots d'alcool. Elle souhaita presque devenir l'un d'eux. Elle n'aurait alors plus d'existence, ne craindrait plus rien. Elle ne serait plus qu'un échantillon mort qu'on pourrait, peut-être, analyser et commenter.

Lorsqu'elle entendit des pas se rapprocher de la cabine, elle espéra de tout son cœur que ce fût Commerson. Elle fut déçue, puis rassurée. Ce fut François qui vint la chercher. Il lui donna une lettre en lui disant qu'il voulait qu'elle la lise plus tard et qu'on l'attendait sur le pont.

— Tous les hommes sont là ? demanda-t-elle, en tremblant.

— Tous ceux de *L'Étoile* !

— Ils sont fâchés ?

— Monsieur de Bougainville ne veut pas que je te parle. Il me l'a défendu. Il m'a juste demandé d'aller te chercher.

Jeanne se leva. Elle était ankylosée. Elle eut l'impression que tout son corps était blessé, que tous ses muscles, ses os, ses articulations refusaient de suivre François.

— Tu t'es fait mal? demanda-t-il. Tu as de la difficulté à marcher.

— Je suis restée trop longtemps accroupie, et puis, j'ai peur.

François ne répondit pas. Jeanne le suivit, petite fille désarticulée au visage si ravagé qu'on aurait pu croire qu'un enfant s'était amusé à barbouiller et à lacérer le visage de sa poupée. Lorsqu'elle fut sur le pont, elle avança vers Bougainville, la tête vers le sol, les pas un peu claudicants. Elle ne regarda personne. Les hommes se tenaient de chaque côté de son passage, et le silence était total. Arrivée devant le commandant de l'expédition, elle leva la tête et se tint presque religieusement devant lui. Elle attendait le verdict. Elle entendait le silence autour d'elle, elle entendait son cœur battre comme une voile déchirée qui claque au vent.

Bougainville se rapprocha d'elle et lui mit la main sur l'épaule.

— Ce que tu as fait, Jeanne Barret, personne n'a eu le front de le faire avant toi. Tu as désobéi aux ordres du roi, tu as menti à tout l'équipage et on pourrait facilement, si on suivait les lois de la mer, te punir sévèrement. Mais tu as fait preuve de courage, tu as aidé tous les hommes d'équipage et les scientifiques aussi. Ainsi a-t-il été décidé par tous que tu continuerais le voyage selon ta véritable nature et que tu ne méritais aucune punition, mais plutôt notre admiration.

Et ce fut une clameur de joie qui envahit *L'Étoile.* Les hommes applaudirent, crièrent des mots gentils, souvent taquins à leur nouvelle compagne. L'un d'entre eux s'approcha de Jeanne et lui dit que tous avaient décidé qu'on l'appellerait maintenant Jeanneton et que même si elle leur avait menti à tous, elle méritait d'être honorée. Jamais, malgré tous les racontars, ils n'auraient imaginé qu'une femme puisse faire preuve d'un tel courage.

Jeanne releva la tête. Les yeux encore enflés, le nez rougi, elle réussit à sourire. Ce fut un sourire de lèvres gonflées par les larmes, un sourire qui ne croyait pas encore au bonheur qui était en train de lui arriver. Et, cette fois, elle pleura. Elle pleura de bon cœur, elle pleura de joie, elle pleura comme une fille.

Plusieurs en eurent aussi les larmes aux yeux. François s'approcha d'elle et lui tint la main. Jossigny, Véron, Vivès, Romainville l'entourèrent, alors que des acclamations fusaient de partout.

— Alors là, crièrent plusieurs, c'est une vraie fille. Elle pleure comme une fille. Allez, Jeanneton, tu mérites de pleurer comme tu le fais. Mais c'est la dernière fois. Nous, ce qu'on veut, précisa l'un des matelots, c'est que tu sois aussi forte, aussi précieuse pour nous que l'était Jean Barré. Tu es d'accord?

Entre deux sanglots, elle hocha la tête et les regarda tous avec une tendresse si marquée que plusieurs eurent l'impression d'être de retour dans leur foyer et que c'était ou leur mère ou leur sœur ou leur femme qui les regardait avec tant de douceur et de bonté. Plusieurs auraient aimé la prendre dans leurs bras et la consoler comme on le fait pour un enfant qui a eu un gros chagrin.

— Et tu sais, Jeanneton, cria l'un d'eux, que tu nous as privés pendant presque toute la journée des plaisirs que les Tahitiennes nous proposaient. Pour cela, on t'en veut un peu. Mais, ajouta un autre matelot, on se reprendra. Ne t'inquiète pas.

Jeanne ne pensa même pas à demander où était son maître. Pour le moment, elle en était à laisser le soulagement couler dans ses veines comme une sève de printemps. Elle s'adressa d'abord à Bougainville, puis à ses amis scientifiques et à tous les hommes de *L'Étoile* et leur dit un tout petit merci. Un merci soufflé qui, s'il était à peine audible, venait du fond du cœur. Tous le devinèrent et éclatèrent sur *L'Étoile* des *Vive Jeanneton* qui comblèrent tous les membres d'équipage. Même Bougainville, attendri, sourit et lança avec les autres un *Vive Jeanneton.*

Ce soir-là, on vida la cabine de Buet de tout ce qui l'encombrait. Bougainville alla la reconduire à sa nouvelle cabine et lui dit que maintenant, elle pouvait dormir tranquille et que, surtout, le lendemain, elle n'aurait pas à dissimuler sa véritable nature.

Jeanne ne s'endormit pas tout de suite. Elle pensa un peu à Commerson, mais elle était si heureuse d'avoir été admise parmi les membres de l'expédition qu'elle passa plus d'une heure à imaginer la suite du voyage, une suite qu'elle ne ferait plus les seins bandés, et pendant laquelle elle serait acceptée telle qu'elle était: une femme qui avait voulu voir le monde et en faire le tour. Soudain, elle pensa à la lettre que François lui avait remise. Elle se releva, fouilla dans sa poche et en sortit une feuille si fatiguée qu'elle semblait, elle aussi, avoir beaucoup voyagé. Jeanne la déplia et la lut. Des larmes, encore une fois, lui vinrent aux yeux. Mais, cette fois, ce furent des larmes de tendresse. Elle se recoucha et s'endormit, la lettre de François dans la paume de sa main.

37

Lorsque Jeanne se réveilla le lendemain matin, il lui fallut plusieurs minutes pour comprendre ce qui lui était arrivé. Elle regarda d'abord autour d'elle, comprit qu'elle était dans la cabine du défunt abbé Buet et que ce serait maintenant là où elle dormirait pendant tout le reste du voyage. Elle sourit. Puis, elle se rappela les exclamations des marins, les hommages des scientifiques. Enfin, elle vit la lettre de François. Un bonheur aussi grand que le monde qu'elle voulait parcourir l'envahit. Elle regarda les laizes qui lui avaient servi à cacher sa poitrine. Elles étaient sales, empreintes de traces de pus qui s'étaient écoulées des gerçures et des plaies, surtout celles des mamelons. Elle caressa avec lenteur ses seins et se dit qu'elle n'aurait plus à les maltraiter afin de passer pour un garçon. Elle prit ses vieux vêtements et s'habilla avec une lenteur qui ne lui avait pas été permise depuis son départ de Rochefort. Elle avait le cœur plein de projets. Elle était aussi délivrée d'une peur qui n'avait cessé de l'habiter depuis le départ. Elle avait été découverte, mais elle n'avait pas été rejetée. Elle avait eu raison de croire et surtout de dire à Commerson avant leur départ qu'ils voyageraient avec des hommes qui cherchaient à contrer l'intolérance par les lumières de la connaissance. Elle se souvint lui avoir dit que ces hommes ne la renieraient pas. Elle avait eu raison. Et les membres de l'équipage avaient fait preuve de la même sagesse, de la même bienveillance.

Tous ses vêtements puaient. Elle n'avait pas eu le loisir de changer de vêtements, de faire sa toilette aussi facilement que les autres matelots. Bien sûr, elle savait que l'hygiène dans un tel voyage se résumait à peu, mais, à plusieurs reprises, elle avait envié les hommes qui avaient pris plaisir à se baigner et à se laver dans les rivières et les étangs d'eau douce qu'ils avaient rencontrés. Elle sourit en se disant que tout cela était bel et bien terminé et qu'elle pourrait terminer son tour du monde sans se cacher. Elle pensa alors à sa boîte de musique, qu'elle avait cachée, et songea qu'elle pourrait transformer la cabine de Buet en cabine de fille, avec toutes les douceurs et les fantaisies que cela supposait. Pendant quelques instants, elle s'attarda à la décorer des trésors qu'elle avait ramassés depuis le début du voyage.

Elle hésitait à sortir de la cabine et à rejoindre les autres. Elle n'avait pas revu Commerson et elle se demandait comment se passerait sa première journée de femme à Tahiti. Tout serait, pour elle et pour tous les membres d'équipage, bouleversé. Elle pensa à Jossigny, à Véron et à tous les autres. Ils ne fréquenteraient plus un Jean Barré, petit valet de Commerson, mais une femme qui les avait trompés, mais qui avait eu le courage d'agir comme un véritable valet, toujours prêt à aider son maître et les matelots. Elle s'assit sur une malle et attendit. Elle n'osait pas sortir. Elle avait un peu peur. Lorsqu'elle entendit frapper à la porte, elle prit quelque temps avant d'ouvrir. Qui avait reçu l'ordre de venir la chercher? Qui était derrière cette porte?

Ce fut Commerson. Il ne souriait pas, ne semblait pas particulièrement avenant.

— Bon, tu as été découverte, s'exclama-t-il en entrant. Il fallait s'y attendre.

— Oui, mais je ne serai pas punie et j'ai respecté ma promesse. J'ai dit et redit à monsieur de Bougainville que vous n'étiez au courant de rien.

— C'est vrai, mais je crois que bien peu le croient. Si on admire ton courage, on me regarde avec suspicion. Et on marmonne dans mon dos. J'ai bien l'impression que si tu t'en tires avec honneur, il n'en sera pas ainsi pour moi.

Jeanne ne répondit pas. Au fond d'elle, sa délivrance était si grande qu'elle se moquait de ce que pouvait ressentir Commerson. Elle n'aurait plus à se cacher et ce que son maître, et parfois amant, éprouvait, elle ne voulait, pour le moment, n'y accorder aucune importance. Elle goûtait trop son bonheur, sa liberté retrouvée.

— Le commandant te fait dire que des femmes tahitiennes s'occuperont de toi. Aujourd'hui, je passerai la journée avec le prince de Nassau. Je n'ai pas besoin de toi. Le commandant a bien spécifié que tu dois prendre toute ta journée pour redevenir une femme et arranger ta cabine comme tu le souhaites. Et j'oubliais. Boutavery a demandé au commandant si tu étais mariée. Il lui a répondu que tu l'étais. Cela, paraît-il, calmera ses ardeurs et celles des autres Tahitiens. Tu pourras circuler sans craintes. La règle, ici, c'est de respecter les femmes qui appartiennent déjà à un homme. Seules les jeunes femmes qui ne sont pas mariées peuvent se permettre une liberté sexuelle aussi grande.

— Et, cet homme, ce mari, c'est vous ?

— Bougainville n'a pas précisé. Pour les Tahitiens, cela n'a pas d'importance. Alors, sois bientôt prête. Des femmes t'attendent dans une pirogue. Elles t'amèneront sur l'île.

Et Commerson, sans aucun geste de tendresse ou de complicité avec celle qui l'avait pourtant si bien servi, quitta la cabine. Jeanne tourna un peu en rond avant de se décider à monter sur le pont.

Lorsqu'elle se retrouva à l'air libre, quelques matelots la saluèrent en lui lançant un « Salut Jeanneton » d'un ton un peu coquin, presque malicieux. L'un d'eux lui demanda si elle avait dans ses bagages des habits de filles.

— On aimerait bien te voir en fille, lui dit-il avec un air coquin dans les yeux.

Jeanne lui sourit et lui répondit qu'elle n'avait, dans ses bagages, ni robes, ni jupes, ni chemisiers en dentelle.

— Il faudra y pourvoir, lui répondit-il. Peut-être que les Tahitiennes t'aideront. Nous, on n'aime pas voir une femme en pantalon. Tu serais bien plus jolie habillée en fille.

— Cela reste à voir. Je ne pourrai pas vous aider à hisser les voiles, à monter sur les huniers en robe. Et herboriser en jupe n'est pas commode.

— Pour ça, tu as raison. Je dirai aux autres d'être patients.

Jeanne descendit dans la pirogue. Trois femmes l'aidèrent à y monter et cela ne prit que quelques minutes avant qu'elles accostent sur l'île. Jeanne n'avait pas encore visité l'île. Elle ne s'y était pas encore promenée. Ce fut un enchantement. Jamais elle n'avait vu une telle harmonie. Tout embaumait, tout fleurissait, tout semblait vivre dans une liberté sans discordance. Presque toutes les cases étaient bâties sous des arbres fruitiers, ne semblant obéir à aucun ordre précis. Elles étaient comme semées un peu partout, et des sentiers bien entretenus rejoignaient les maisons les unes aux autres. Il n'y a pas de village, évalua-t-elle. Plusieurs cascades descendaient des montagnes et leurs chants mêlés à ceux des oiseaux enchantèrent Jeanne. C'est vers une de ces cascades que les femmes l'emmenèrent. Il y avait là comme un bassin où tourbillonnait une eau aussi pure que le ciel sans nuages que Jeanne pouvait entrevoir à travers la canopée des arbres. C'était comme une oasis de paix, un lieu de purs délices. Jeanne debout regarda les femmes enlever leur pagne et se mettre à l'eau. Ils la regardèrent et attendirent. Jeanne n'osa pas. Elle regardait ces femmes dont la beauté surpassait tout ce qu'elle avait déjà vu et eut honte de son corps. Elle n'osait pas se déshabiller. Depuis des mois, elle vivait dans la saleté et tout son corps était marqué par les efforts qu'elle avait dû accomplir. Elle avait des cicatrices aux jambes, aux bras, et ses seins n'étaient plus que de pauvres blessures qui ne ressemblaient plus qu'à des plaies malodorantes. Et son corps était bien laid comparé à celui de femmes aussi sveltes et aussi belles. Elle avait les fesses trop larges, les cuisses trop grosses, le tronc trop court. Elle n'était pas belle.

L'une des femmes comprit la gêne de Jeanne. Elle sortit de l'eau, et, avec des gestes pleins de tendresse, des gestes presque maternels, elle défit les hardes de Jeanne. Lorsqu'elle vit les blessures, lorsqu'elle contempla avec stupéfaction ses seins, elle en eut les larmes aux yeux. Elle parla aux autres femmes qui quittèrent le bassin. Et doucement, Jeanne entra dans l'eau. La femme prit une large feuille et lava presque en le caressant le corps brisé de Jeanne. Elle s'attacha à ses blessures, les câlina plus délicatement. À un certain moment, elle prit la tête de Jeanne dans ses mains, la regarda dans les yeux, lui sourit et caressa ses cheveux trop courts. Puis, elle l'immergea complètement et lava ses cheveux avec un produit qui ressemblait à de la lave séchée. La femme ensuite la plaça sous la cascade et Jeanne fut éclaboussée d'une eau si fraîche qu'elle eût l'impression que son corps chantait de bonheur. De toute sa vie, même lorsqu'elle était petite fille, elle n'avait jamais ressenti un tel contentement. La femme riait en la regardant.

Les femmes revinrent. Elles avaient les bras chargés. On fit sortir Jeanne de l'eau et on appliqua une pommade de feuilles écrasées sur ses seins. On lui en remit une grande quantité qui était entassée au creux d'une feuille de palmier. La Tahitienne lui fit comprendre qu'elle devait laver ses seins le plus souvent possible et appliquer ensuite la pommade. Pendant ce temps, on avait mis les vêtements de Jeanne à l'eau et on les lavait avec une force qui aurait sûrement le pouvoir d'enlever toute la saleté qui s'y était encrassée. L'eau en devint grise. On rinça ensuite les vêtements sous l'eau de la cascade et on les fit sécher sous une branche d'oranger qui prenait le soleil. Jeanne, encore nue, était un peu mal à l'aise. D'autres femmes s'étaient approchées et regardaient les blessures de Jeanne avec dans les yeux une incompréhension qui suscita bien des questions auxquelles Jeanne ne réussit pas à répondre. Ces femmes ne pouvaient comprendre qu'elle ait été obligée de dissimuler ainsi son sexe et de s'infliger de si grandes blessures. Enfin, l'une des femmes recouvrit Jeanne d'une grande pièce d'étoffe qu'elle ajusta avec un tel art que Jeanne eut l'impression de porter une robe qu'une coquette aurait été fière de porter. Enfin, et cela surprit Jeanne, la plus vieille des Tahitiennes s'approcha d'elle, lui prit la tête entre ses deux mains, et d'un geste brusque, sans que vraiment Jeanne ait le temps de l'éviter, lui perça les deux oreilles. Dans l'une, elle mit une fleur d'hibiscus, dans l'autre, elle introduisit une perle d'une grande beauté.

Les femmes tournèrent autour de Jeanne. Certaines ajustèrent un pli de son pagne, une autre lissa ses cheveux, une dernière releva son pagne et lui peignit en bleu les reins et une partie de ses fesses. Toutes sourirent. Toutes rirent. Jeanne aussi. On lui mit enfin un collier de fleurs autour du cou et, la prenant par la main, on l'emmena au milieu du campement où les hommes de *L'Étoile* et de *La Boudeuse* s'occupaient à divers travaux. Lorsqu'ils virent Jeanne, ce fut un grand silence.

Jeanne savait que, même parée des plus beaux vêtements des Tahitiennes, elle était loin de posséder leur beauté et leur charme. Elle se tint droite, la tête un peu penchée, regrettant de ne pas être plus jolie, mais fière aussi de ce qu'elle était. Et ce fut un tonnerre d'applaudissements et de rires. Les femmes tahitiennes firent tourner Jeanne sur elle-même, montrant aux hommes les parures de ses oreilles, la légèreté du pagne qui recouvrait Jeanne jusqu'au mollet. François, qui la regarda, en eut le souffle coupé. Jeanne lui sourit et lui envoya un merci aussi tendre que la lettre qu'il lui avait écrite.

Jossigny s'approcha et fit comprendre qu'il voulait dessiner Jeanne au milieu de ces femmes. Les Tahitiennes saisirent vite ce que demandait le dessinateur et firent asseoir Jeanne au milieu d'elles. Jossigny sortit feuilles, crayons et peintures et passa une grande partie de l'après-midi à immortaliser ce moment de grâce.

Lorsque Commerson revint avec le prince de Nassau, il ne s'arrêta pas pour observer le travail de Jossigny. Il sembla ne s'être aucunement arrêté à la métamorphose de Jeanne. Le prince, au contraire, prit un long moment à observer cette Européenne assise au milieu de femmes tahitiennes. Il s'approcha même d'elle, et la regardant droit dans les yeux, des yeux qui contenaient un brin de coquinerie, il lui baisa la main avec toute la déférence due à une femme de la noblesse. Jeanne sourit, mais se demanda s'il ne se moquait pas aussi un peu d'elle. Elle se sentait entre deux mondes et n'arrivait pas à bien s'adapter à sa nouvelle situation. Elle était maintenant une Jeanne et elle savait que toutes ses relations avec les membres de l'équipage en seraient transformées. Elle ne voulait pas rester une Jeanne à laquelle on accorderait une attention particulière. Elle voulait continuer de vivre aussi comme un Jean, et aider les hommes à larguer les attaches des voiles, à peser sur des drisses ou à border les écoutes. Si elle était ravie de pouvoir enfin vivre selon sa véritable nature et surtout de pouvoir avoir une cabine où elle serait tout à son aise, elle ne voulait surtout pas changer ses activités sur *L'Étoile*. Elle voulait herboriser, et, lorsque *L'Étoile* avait besoin d'elle, aider les matelots dans leurs manœuvres.

Lorsque Véron, Romainville et Vivès découvrirent le dessin, tous auraient aimé que Jossigny le leur donne. Mais le dessinateur le remit à Jeanne. En fin d'après-midi, lorsqu'elle entra dans sa cabine, ce fut la première décoration qu'elle épingla au mur. Elle alla ensuite chercher ses trésors dans l'entrepont. Tout près du dessin de Jossigny, elle accrocha le P.I.P.I de François, le premier mot qu'il avait écrit sans son aide. Elle ouvrit sa boîte à musique et pour la première fois, les notes eurent la liberté de s'envoler dans toute leur amplitude. Avant de refermer la boîte, elle y déposa la fleur d'hibiscus.

Ce soir-là, on vint la prévenir qu'un repas était organisé en son honneur. Les musiciens étaient prévenus et elle mangerait avec les scientifiques et les officiers du voyage. On lui demanda de garder son habillement tahitien, car il ferait plaisir aux hommes de voir leur petit Jean en Jeanneton tahitienne.

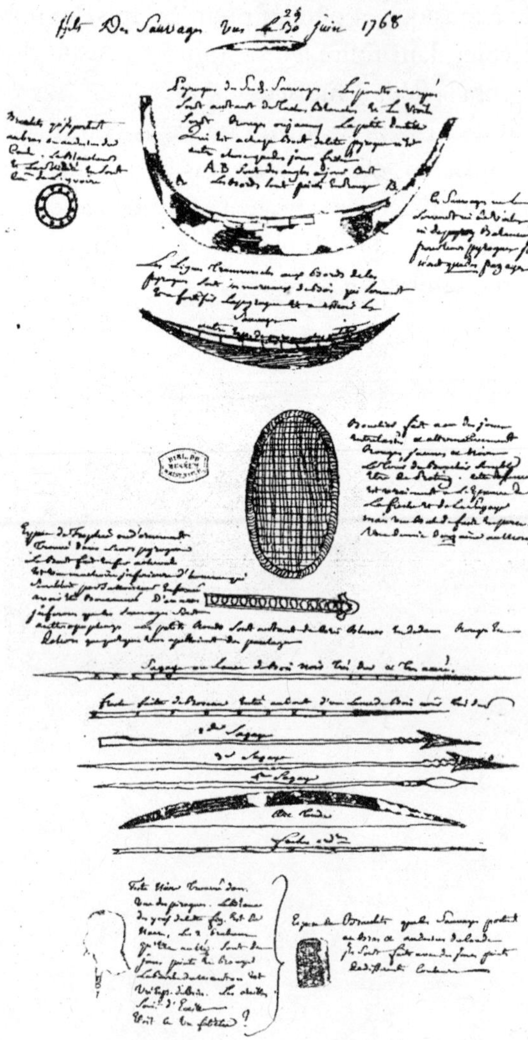

Dessins et notes de la main de Commerson

38

Jeanne était mal à l'aise. Elle était assise près du prince de Nassau et tous ceux qui l'entouraient l'impressionnaient. Elle n'avait pas l'habitude d'être à une table où elle se disait que les bonnes manières et les conversations tout en politesse étaient de mises. Si Commerson lui avait enseigné les idées des grands philosophes, il ne lui avait pas appris ce que les gens de la noblesse considéraient comme les bonnes manières. Elle ne savait pas briller avec des propos intéressants et pleins d'humour, là où l'intelligence étincelle en discours policés et tout en fantaisie. Lorsqu'on l'avait informée de ce repas, elle s'était d'abord réjouie. Maintenant, elle se voyait encore une fois comme une usurpatrice. Attifée en tahitienne, alors qu'elle n'avait ni le charme ni la beauté des femmes de ce peuple, entourée d'érudits et de scientifiques alors qu'elle n'était qu'une servante à qui Commerson avait enseigné les sciences de la nature et les idées de quelques philosophes, Jeanne Barret se sentait encore une fois hors-jeu, hors de ce qu'elle était véritablement. Assise près d'un prince, faisant face au comte de Bougainville, elle était si désorientée qu'elle en était muette et se sentait balourde et maladroite. Elle aurait aimé être ailleurs. Elle pensa même qu'il lui était plus facile d'être un Jean Barré qu'une femme du monde.

Le prince de Nassau avait senti le malaise de Jeanne. Il prit la parole et lui expliqua que ce repas en son honneur voulait simplement souligner l'admiration que les gens autour de la table lui témoignaient. Le comte de Bougainville approuva et Vivès et Véron saluèrent son courage. Jossigny vanta sa curiosité et sa sensibilité. Commerson ne fit aucun commentaire. Lui aussi était mal à l'aise. Il se disait qu'il devrait lui aussi prendre la parole pour bien expliquer combien, lorsqu'il avait rencontré ce Jean Barré, il avait été étonné de ses connaissances en botanique. Il n'osa pas. Il resta silencieux, ce qui en surprit plusieurs.

Lorsque les discours d'hommage furent terminés, les gens applaudirent et les musiciens entrèrent dans la salle des officiers. Jeanne respira un peu mieux. Elle était contente des témoignages de respect, mais se sentit plus à l'aise lorsque les musiciens se mirent à jouer. Elle n'aurait peut-être plus à converser avec le prince ou le comte, qui l'intimidaient beaucoup trop. Ceux qui l'auraient aidée à se sentir plus à l'aise étaient assis loin d'elle. Jossigny était assis au bout de la table. Véron et Vivès, qu'elle connaissait et aimait bien, étaient, eux aussi, installés trop loin d'elle pour qu'ils puissent l'aider à se sentir moins intimidée. Comment converse-t-on avec un prince et un comte ? Elle n'en avait aucune idée et elle ne cessait de chercher dans sa tête des phrases qu'elle jugeait presque aussitôt insignifiantes.

Ce fut le prince de Nassau qui l'aida à se sentir plus à l'aise.

— Comment, jeune dame, maintenant que tu es de ton sexe, envisages-tu la suite de ton voyage ? Je suis curieux d'entendre ta réponse.

Tous autour de la table se turent. Tous regardèrent Jeanne Barret avec une attention presque religieuse. On attendait sa réponse. Elle demeura silencieuse.

— En effet, demanda Bougainville, il serait important de savoir comment tu veux vivre d'ici notre retour à Rochefort.

Jeanne décida qu'elle avait enfin l'occasion de bien faire comprendre aux gens qui l'entouraient ce qu'elle désirait vraiment. Elle prit une grande respiration, et avec courage, elle prit la parole.

— Je sais que je vous ai trompés. Vous m'avez pardonnée et je vous en remercie. Je veux juste vous dire que si je suis partie avec vous, c'est que je voulais voir le monde. Je voulais participer à cette expédition, je voulais herboriser avec monsieur Commerson. Je ne veux rien changer à cela. Je ne veux pas être la fille de l'équipage. Je ne veux pas me promener sur le pont, un éventail à la main.

Plusieurs rirent de bon cœur. Pour ceux qui avaient vu Jean Barré monter dans les cordages, grimper dans les enfléchures, aider à serrer les voiles, herboriser sous la grêle, suivre Commerson alors qu'elle était chargée comme un âne, l'image de Jeanne se promenant comme une grande dame sur le pont était risible, presque impossible à imaginer. Ils ne savaient pourtant plus comment se comporter avec ce jeune valet devenu une femme si singulière qu'ils n'en avaient jamais rencontré de semblable. Pour presque tous ceux qui entouraient Jeanne, elle faisait figure d'exception qu'ils ne savaient pas comment appréhender.

— Je ne veux rien changer, poursuivit Jeanne. Je veux continuer à être ce que j'étais avec vous et avec les membres de l'équipage. Mais, grâce à Dieu, je n'aurai plus à me cacher, à changer mes hardes en catimini, à faire attention de toujours bouger, agir, penser en jeune garçon.

— Mais tu t'habilleras en femme? questionna le prince.

— C'est impossible. Déjà que je me trouve un peu, et même très ridicule habillée comme une Tahitienne. Je ne pourrai jamais aider monsieur Commerson ou les hommes d'équipage en jupe ou en robe. Et je n'ai aucun vêtement féminin dans mes bagages. Non, ce que j'aimerais, c'est que vous puissiez continuer à me voir comme avant, comme lorsque j'étais encore Jean Barré. Ce n'est pas parce que je peux maintenant vivre en fille que j'ai perdu de ma force et de mon énergie. Il y a beaucoup de femmes en France qui sont aussi curieuses que moi. Et souvent aussi fortes. La seule différence, c'est que j'ai osé tricher. Je ne veux pas continuer le voyage en faible femme, mais en Jean Barré devenu une Jeanne qui a gardé sa force et son énergie. Je veux rester encore votre compagnon, être encore l'un des compagnons de cette expédition, l'un des compagnons de monsieur de Bougainville.

Même les musiciens, lorsque Jeanne avait parlé, avaient cessé de jouer. On avait écouté cette femme et tous furent étonnés par ses propos. Bougainville se mit debout, leva son verre et salua les désirs de Jeanne.

— Nous respecterons ce que tu désires, Jeanne. Surtout que *L'Étoile* a besoin de tous ses membres d'équipage. Nous t'en serions reconnaissants.

Et Jeanne, timidement, mais avec une voix qui se voulait ferme, lui demanda de ne pas l'appeler *Jeanne.*

— Malgré tout le respect que je vous dois, commandant, j'aimerais que vous m'appeliez Jeanneton. Les matelots m'ont surnommée ainsi et cela me plaît. Cela respecte ce que je suis. Je ne suis que le valet de monsieur Commerson. Un valet qui se nomme maintenant Jeanneton.

— Alors, Jeanneton, tu es, et Jeanneton, tu resteras! lui répondit le commandant.

On applaudit encore une fois les propos de Bougainville, et la musique reprit. Jeanne était maintenant beaucoup plus calme. Elle était presque heureuse. Elle regarda Jossigny qui, de loin, leva son verre en son honneur. Jeanne baissa les yeux, intimidée.

Et, entre les notes de musique, les conversations reprirent et on oublia que Jean Barré était devenu Jeanneton. On discuta des malades qui, peu à peu, reprenaient de leur force, on aborda la question des incessants vols des Tahitiens, on compta les jours qu'il leur restait à Tahiti, on calcula ce qu'il était essentiel de terminer pour que *L'Étoile* et *La Boudeuse* repartent de Tahiti dans le meilleur état possible avec, à son bord, des hommes en bonne santé et autant de nourriture et d'eau fraîche que possible. On s'attarda enfin à la beauté des Tahitiens et on tenta de comprendre comment ces gens pouvaient vivre une sexualité aussi libre et sans contraintes.

— Cet après-midi, déclara Romainville, on m'a présenté deux jeunes femmes. On m'a fait entrer dans une de leur case et on désirait que j'honore ces femmes pendant que les autres Tahitiens nous observaient. J'ai refusé. Je suis trop pudique, je crois. Mais je sais que plusieurs de nos matelots ont accepté.

— Leurs coutumes amoureuses, souligna Véron, sont vraiment complètement différentes des nôtres. J'ai reçu aussi la même invitation, mais je vous avoue que devant les beautés qu'on m'offrait, j'ai eu du mal à refuser. Je comprends qu'on ne puisse résister.

Plusieurs gardèrent le silence. Jeanne se demanda qui, dans ceux qui l'entouraient, avaient été incapables de ne pas céder aux avances des Tahitiennes et les avaient honorées devant un cercle d'hommes qui les scrutaient pendant leurs ébats. Ils avaient beau être des officiers, ils étaient aussi des hommes, et des hommes qui n'avaient eu aucun rapport avec des femmes depuis plusieurs mois.

— Il faudra veiller à ne pas commettre d'impolitesse, avertit le prince de Nassau. Mais c'est difficile. Quelles sont leurs coutumes quant à la courtoisie ? Je n'en ai aucune idée. Je sais que nous devons rester amis avec ces insulaires, mais ils m'apparaissent si différents de nous, que j'en perds toutes mes références. Et je n'ai jamais rencontré de si grands voleurs. S'ils aiment l'amour, le vol les préoccupe tout autant. C'est un peu exaspérant !

— Vous vous trompez complètement, s'exclama Commerson, qui en était devenu rouge d'indignation. Ce ne sont pas des voleurs ! C'est le plus beau peuple que j'ai vu, et jamais, je n'aurais cru que des insulaires puissent vivre de façon si harmonieuse. J'en suis émerveillé. Quant au vol, ce n'est pas du vol. Vous vous trompez. Vous leur faites injure. Vous avez raison, ils ont tendance à nous prendre des tas d'objets, mais pour eux, ce n'est pas du vol. C'est du partage. Ils n'ont pas, comme nous, Européens, le sens de la propriété, de la possession. Prenez le temps de remarquer comment, sur cette île, tout est à tout le monde. Les Tahitiens offrent, donnent et prennent en toute générosité. Et en toute innocence ! Non, je ne peux et je ne veux pas que vous les considériez comme des voleurs. Pour eux, cette notion n'existe pas. J'ai même pensé à graver une inscription pour témoigner de leur bonté et de leur beauté.

La colère et les idées de Commerson en surprirent plusieurs. Certains l'approuvèrent. Ceux qui n'étaient pas complètement d'accord avec cette vision se turent. C'était la première fois de tout le souper qu'on entendait sa voix, et son discours avait débordé de tant de ferveur, qu'ils n'osèrent pas le contredire. Jeanne en fut satisfaite. S'il osait contrarier les idées du prince de Nassau, c'était qu'il se détendait.

Et la musique reprit, une musique très douce, une musique commandée par Bougainville et qui annonçait la fin du repas.

Lorsque Jeanne se retrouva seule dans l'ancienne cabine de Buet, elle défit son pagne et se coucha nue. Elle se sentit si à l'aise qu'elle s'endormit presque aussitôt.

39

Le lendemain fut une journée exceptionnelle. Journée de joie teintée d'un drame. Lorsqu'elle se réveilla, elle s'étira, prit tout son temps avant de se lever. Elle regarda le pagne qu'elle avait jeté sur une caisse de bois, jeta un coup d'œil à ses seins, les recouvrit de la pommade de plantes que la Tahitienne lui avait donnée. L'onguent était efficace. Déjà, les rougeurs et les dartres étaient moins prononcées et la faisaient moins souffrir. Elle songea, tout heureuse, que ce matin-là, elle pourrait se soulager dans les poulaines, ces toilettes d'aisance qui ne sont que des trous alignés. Elle pourrait se servir des toilettes fermées réservées aux officiers et qui sont à l'abri du vent et des embruns.

Elle vit ses hardes qu'on lui avait lavées à grandes eaux et s'habilla comme si elle était encore Jean Barré. Mais elle n'eut pas à bander ses seins et cela lui donna une bouffée de joie qui lui fit presque venir les larmes aux yeux. Après sa toilette, elle se rendit sur le pont et s'attarda un peu à ce qui l'entourait. Tout était assez silencieux sur *L'Étoile*. Quelques hommes lui lancèrent un « Salut Jeanneton » qui lui fit plaisir. Le jour était à peine levé. Le soleil à son levant teintait la mer et l'île d'un prisme de rosés qui se déployaient en mille nuances. La mer semblait porter une robe tout en pierres précieuses que le soleil faisait étinceler. Elle s'appuya sur la lisse de bois, respira de contentement.

Pourtant, elle remarqua, un peu inquiète, que sur l'île, l'activité semblait différente des autres jours. Les canots de *La Boudeuse* étaient déjà sur la grève et Jeanne crut apercevoir Bougainville et le prince de Nassau en train de discuter avec des insulaires. Il y avait là, évalua Jeanne, de la frénésie et de l'agitation.

— Alors, Jeanneton, s'exclama Jossigny. Comment se porte notre nouvelle compagne? Tu es au courant de ce qui s'est passé sur l'île? Il y a eu un drame. Trois insulaires ont été tués dans leur case. Et à coups de baïonnettes. Toutes les femmes, tous les enfants et les vieillards ont fui le village en emportant dans les montagnes la plupart de leurs biens. Ils ont peur de nous. Et les hommes du village sont devenus invisibles.

— Quand est-ce arrivé? Cette nuit?

— Ce n'est pas pendant la nuit. Monsieur de Bougainville a été averti tard hier soir. Cela a dû se produire pendant que nous étions en train de souper.

— Mais je croyais qu'il nous était défendu de descendre à terre avec des armes. Et monsieur de Bougainville ne nous avait-il pas interdit de rester sur l'île après le coucher du soleil? N'est-ce pas ce qu'avait exigé le chef Ereti?

— C'est vrai, mais plusieurs n'observent pas les règlements. Tu te souviens, lorsqu'on a voulu te prendre, c'est un officier armé d'une épée qui a réussi à te délivrer.

— Mais cette tuerie détruira tous les bonnes relations que nous avons eues avec ces gens, s'indigna Jeanne.

— C'est ce que le prince et Bougainville tentent de corriger. J'ai l'impression que ce ne sera pas facile. Je me préparais à descendre. Tu viens avec moi?

— Et monsieur Commerson? Il faudrait que je l'informe.

— Je me demande s'il n'est pas déjà sur l'île. Je crois bien l'avoir vu dans un canot avec Bougainville et le prince. Je ne crois pas qu'il soit resté avec eux. Il semblait bizarre, comme quelqu'un qui fomente une idée en secret.

Jeanne descendit avec Jossigny. Le canot traversait des coulées de rosés et d'or qui leur firent un peu oublier le drame qui se déroulait sur l'île.

— Vous savez, monsieur Jossigny, je pense que, grâce à vous, je sais mieux regarder qu'avant. Je distingue davantage les nuances, je m'y attarde plus qu'avant. Avant de quitter Rochefort, je ne me serais pas attardée à la beauté de la mer ce matin. Je ne m'attardais pas à tous ces coloris. Vous m'avez appris à mieux regarder.

— C'est que tu es une âme sensible. Je n'ai pas cessé de me demander depuis que tu as été découverte pourquoi je n'ai pas deviné que tu étais une fille. Quand j'y repense, je me dis que je n'ai pas su interpréter tous les indices qui auraient dû me mettre la puce à l'oreille. Je te trouvais un petit gars sensible, curieux et même un peu maniéré. Je me disais que tu étais une véritable graine d'artiste. Et je n'ai pas, malgré toutes les rumeurs, douté une seconde de ton identité. Je me dis que, moi aussi, j'en ai beaucoup à apprendre. Si je vois bien les nuances, je remarque mal ce qui distingue les gens les uns des autres. Que tu sois une fille me donne à réfléchir. Nous avons été si souvent ensemble, et je n'ai pas vraiment bien recherché ce qui te rendait si particulier, en fait, si particulière. Il y a des nuances auxquelles, moi aussi, j'aurais intérêt à m'attarder.

Jeanne se tut. Elle n'avait rien à répondre. Le chef tahitien était avec Bougainville, qui venait de mettre aux fers quatre hommes de *La Boudeuse*, ce qui sembla satisfaire Ereti. Pourtant, aucun Tahitien n'était revenu au camp. Ils devaient être trop bouleversés et avoir encore peur de ces hommes blancs qui pouvaient tuer si facilement. Toutes les cases étaient abandonnées et un silence inhabituel régnait dans le village. Même les poules semblaient avoir quitté les lieux. On n'entendait ni musique, ni chants, ni caquètements, ni verbiage, ni aucun des sons qui saturaient habituellement le village. C'est le prince de Nassau qui, entre deux salutations un peu burlesques à Ereti, décida de monter chercher les Insulaires sur la montagne. Jeanne et Jossigny l'accompagnèrent. Ereti les suivit.

Les Tahitiens s'étaient cachés à environ une lieue de leur village. Dès qu'ils virent avancer vers eux le prince et ceux qui l'accompagnaient, ils reculèrent: la peur se lisait sur leur visage. Ereti prononça un discours qui sembla les calmer un peu et tous entourèrent le prince, lui baisèrent les mains en lui répétant sans arrêt « *Tayo, maté* ». On finit par saisir que les Tahitiens ne comprenaient pas que les Européens se disent leurs amis et qu'en même temps, ils tuent trois des leurs. « *Vous êtes nos amis et vous nous tuez*, répétaient-ils. *Tayo, maté, Tayo, maté* », prononçaient-ils en regardant le prince et Jossigny dans les yeux. Le prince, délicatement, caressa les cheveux des femmes, fit plusieurs baisemains et quelques courbettes qui provoquèrent leurs rires. Cela les persuada de revenir au village avec lui. Jossigny et Jeanne admirèrent la diplomatie du prince. Il avait su, aussi bien que les propos de leur chef Ereti, convaincre les Indigènes que les meurtriers seraient punis et que cela ne se reproduirait pas et que, surtout, les Européens étaient leurs amis.

Lorsque les habitants revinrent au village, Bougainville les attendait avec toute une panoplie de cadeaux. Il y avait des morceaux de tissus de toutes sortes et de nombreux outils. Les Tahitiens se réjouirent et par de multiples gestes firent comprendre aux Européens qu'ils leur faisaient de nouveau confiance.

Jeanne n'avait pas vu Commerson. Elle demanda à plusieurs hommes s'ils savaient où se trouvait son maître, mais personne ne put lui répondre. Elle décida de se rendre au campement où les scorbutiques étaient soignés. Vivès y était. Elle fut étonnée de la bonne santé des malades. Ils récupéraient à vue d'œil. Les fruits, la bonne nourriture, le repos avaient fait leur œuvre. Vivès s'approcha de Jeanne et, en riant, lui rappela qu'il avait demandé au petit Jean Barré, lorsqu'il avait aidé à l'accouchement de l'Acadienne, s'il avait déjà vu une femme nue.

— Lorsque j'y repense, je ris tout seul. Tu nous as bien eus, petite coquine. Sois assurée que si nous avons encore à aider une femme à accoucher, tu seras mon assistante et je ne m'inquiéterai pas comme je l'ai fait que tu voies les organes intimes d'une femme en si grande souffrance.

— Je vous aiderai. Soyez-en assuré. Je cherche monsieur Commerson. Vous l'avez vu?

— Je crois bien que ton maître est si emballé par ce qu'il découvre ici qu'il en oublie tout le reste. Il semble aussi avoir en tête un projet particulier. Il avait un drôle d'air ce matin. Il ne s'est même pas attardé au drame qui s'était produit. Il est entré dans la jungle sans même s'arrêter à ce qui était une véritable tragédie.

Jeanne savait que leur séjour sur l'île s'achevait. Déjà, on préparait le départ. Les malades remonteraient bientôt sur les vaisseaux et plusieurs hommes, maintenant que le conflit avec les Tahitiens s'était estompé, chargeaient les bateaux de tout ce qu'ils avaient recueilli sur l'île. Au milieu de l'après-midi, un groupe de Tahitiennes s'approcha de Jeanne. Elles l'embrassèrent, la caressèrent et lui remirent des castagnettes qu'elles avaient l'habitude de faire avec la coquille des huîtres perlières. Jeanne les avait vues jouer de cet instrument. Elle prit les coquilles dans ses mains, en admira l'irisé, et demanda aux femmes de lui montrer comment en jouer. Les femmes s'assirent et c'est avec une joie toute en simplicité qu'elles passèrent quelques heures à enseigner à Jeanne à jouer de ces castagnettes venues de la mer.

Comme Commerson était invisible, Jeanne aida ensuite les hommes à nettoyer le campement des malades pendant que les autres s'assuraient que tous les gréements des bateaux étaient sains. La journée passa si vite que Jeanne ne se rendit pas compte du temps qui passait et de l'absence prolongée de son maître.

Lorsqu'elle le vit revenir, il tenait à la main une plaque de plomb sur laquelle il avait gravé des mots qui semblaient être en latin. Il prit grand soin de l'installer aussi solidement que possible. Lorsqu'il fut satisfait de son emplacement et de sa solidité, il se recula et regarda, l'œil fier et un sourire aux lèvres, l'inscription qu'il laisserait sur cette terre qu'il considérait bénie des dieux. Jeanne fut incapable de lire ce qui était gravé. Comme tous les hommes d'équipage, elle ne connaissait pas le latin et ignorait ce que Commerson avait inscrit sur sa plaque. François s'était approché d'elle. Il avait passé la journée à charger *L'Étoile* de fruits et de poulets vivants.

— Ce sont des lettres. Je reconnais les lettres, mais je ne suis pas capable de lire les mots qu'elles forment. Tu en es capable, Jean? Non Jeanneton! Tu sais, cela me prendra du temps avant de m'habituer de te voir en fille. Je n'arrive pas à me mettre dans la tête que mon meilleur ami sur *L'Étoile* est une fille.

— Tu t'habitueras. Tu sais, je n'ai pas changé. Je suis toujours la même. Ou si tu préfères le même. Quant à ce que monsieur Commerson a écrit, moi non plus, François, je n'y comprends rien. Je crois que c'est écrit en latin.

Un attroupement s'était formé autour de Commerson. On examinait la plaque de plomb, puis on regardait le naturaliste, attendant qu'il traduise ce qu'il avait écrit. Même ceux, et c'était la majorité, qui ne savaient pas lire en voulurent à Commerson. Ils auraient préféré que le naturaliste écrive en français plutôt qu'en latin. On demanda à Jeanne de lire ce qui était écrit, et c'est avec difficulté qu'elle lut des mots dont elle ne comprenait pas le sens,

« *Bona sua fortuna*
Gallorum navigatum duae cohortes
A clarissimo buguinvileo ductae
Septimestri a terrarum americanorum recessu
Penitus exhaustae
Siti scilicet et famea consumptae
Irati neptuni omnes jam casus expertae
Viribusque corporis tantum fere deficientes
Quantum animis elatae
In hanc tandem insulam oppulere,
Omni beatae vitae supellectile ditissimam
Ré ac nomine utopiiam nuncupandam
Quo nempe themis, astrea, venus
Et omnium bonorum pretiosissima libertas
Procul a reliquorulm mortalium vitiis ac dissentionibus
Aeternam inconcussamque posuere sedem
Quo inviolata interest habitantiblus pax
Sanctissimaque philadelphia
Nil aliud sentitur nisi patriarchale regimen
Quo demum integerrima
Debetur et persolvitur
Advenis (etiam ingratis) fides hospitalitas
Gratuitaque omni gerarum terrae divitiarum profusio
Haec gratitudinis et admirationis suae testimonia
Tabellis plumbeis undequaque per insulam disjectis

Philibertus Commerson ab humbertis
Doctor medicus, a rege christianissimo bonaticus
Genti et naturae adeo benignae
Adorator peerpetuus
Idibus aprillis mdcclxviii

Jeanne lut, hésita à tous les mots, s'interrompant à presque toutes les lignes, éclata de rire à plusieurs reprises. Commerson à ses côtés en fut offusqué. Il s'éloigna, l'air digne et offensé, de l'attroupement qui faisait face à son message. Il se dit que Jeanne lui avait fait honte. Si, songea-t-il, elle ne comprenait pas le latin, ce n'était pas une raison pour rire et faire rire les matelots. Ce n'était surtout pas parce qu'elle pouvait continuer le voyage selon sa véritable nature qu'elle pouvait se permettre de se moquer de lui.

Jeanne sentit qu'elle avait froissé son maître. Elle le regretta et se promit que dès qu'elle serait seule avec lui, elle lui expliquerait que si elle avait ri, ce n'était pas par moquerie, mais parce que les mots lui semblaient si peu lisibles que c'était surtout d'elle qu'elle se moquait.

— Je suis incapable de le lire correctement, avoua-t-elle aux hommes. Tous ces mots ne me disent rien.

— Il aurait pu écrire son message aux Tahitiens dans une langue que nous pourrions comprendre. C'est à croire qu'il ne veut pas que ses mots nous soient compréhensibles.

Ce fut Véron qui, s'approchant de l'attroupement, lut en silence le message de Commerson et, comme les hommes lui demandaient ce qu'il signifiait, il le leur traduisit. Cela lui prit du temps, il s'arrêta à plusieurs reprises et finit par leur traduire le texte en entier. Les hommes, en silence, écoutèrent le message que Commerson avait adressé au peuple de Tahiti.

« Par un heureux destin, deux groupes de navigateurs, sous le commandement du très illustre Bougainville, complètement épuisés par sept mois de mer depuis leur départ d'Amérique, dévorés, bien entendu, par la soif et par la faim, ayant éprouvé tous les coups fâcheux d'un Neptune courroucé, abordèrent finalement, avec presque autant de faiblesse dans le corps que d'exubérance dans l'âme, sur cette île débordante de tout ce qui peut garantir une existence heureuse; île qui, de nom et en vérité, devrait être appelée Utopie.

Île où, sans doute, Thémis, Astrée, Vénus et la liberté, le plus précieux de tous les biens, ont établi leur éternelle et inébranlable demeure, loin des vices et des discordes du reste de l'humanité.

Île où une paix inviolable et une très sainte amitié fraternelle existent entre les habitants, où on ne trouve qu'un gouvernement paternel.

Là seulement où l'on se fait un devoir d'accorder aux étrangers, même ingrats, sans réserve et en toute gratuité, la confiance, l'hospitalité et les abondantes richesses de la terre.

Ce témoignage de reconnaissance et d'admiration a été tracé d'une main rapide sur des tablettes de plomb dispersées çà et là sur l'île.

Par Philibert Commerson

Docteur en médecine, botaniste du Roi très chrétien

Pour toujours religieusement attaché à un peuple et à cette si généreuse nature.

Le 13 avril 1768 »

Les hommes furent satisfaits et en voulurent un peu moins au naturaliste. Lorsque Jeanne le rejoignit sur *L'Étoile*, elle s'excusa de ce qu'il avait dû considérer comme une impolitesse et tenta de s'expliquer. Elle lui montra les castagnettes que les Tahitiennes lui avaient données. Il les regarda à peine. Il en voulait encore un peu à son assistante.

— Maintenant que tu as été découverte, tu me dois autant obéissance qu'avant, lui lança-t-il. Nous avons peu herborisé sur cette île. C'est dommage et c'est un peu de ta faute. Il faudra s'y remettre avec plus d'ardeur lorsque nous débarquerons sur d'autres îles, ou dans d'autres lieux.

Jeanne approuva. Elle lui promit d'être encore plus travaillante puisqu'elle n'avait plus à se cacher. Et, ajouta-t-elle, comme elle avait maintenant une cabine à elle toute seule, elle pourrait plus facilement se reposer et, par le fait même, elle serait plus forte à l'ouvrage.

— Vous verrez, vous aurez un meilleur assistant qu'avant, expliqua-t-elle avant de le quitter pour retourner dans sa cabine.

Ce soir-là, le 13 avril, on fit monter les malades à bord des deux vaisseaux. Tout était prêt pour le départ. Bougainville vérifia une dernière fois que le jardin avait été bien semé et il s'assura avec Ereti qu'il serait bien entretenu. Il expliqua aussi par une multitude de gestes comment recueillir les graines, comment s'en occuper pour qu'elles ne meurent pas et produisent de nouveaux plants, et ce, pour l'éternité. Enfin, il enfouit, près de la case qui avait servi d'hôpital, une planche de chêne qui se voulait un acte de prise de possession de cette île. Il y ajouta une bouteille fermée où étaient inscrits les noms des deux capitaines.

Au dernier moment, Ereti amena avec lui un jeune Indien du nom d'Aotourou qu'il confia à Bougainville. Il serait bon, fit comprendre le chef tahitien, qu'un des leurs voie le pays des Européens. Bougainville promit à Ereti qu'Aotourou verrait la France, qu'il y serait bien traité et qu'il reviendrait parmi les siens, mais qu'il leur faudrait attendre plusieurs lunes avant de le revoir.

À six heures, ce soir-là, *La Boudeuse* et *L'Étoile* étaient prêtes au départ. Elles n'attendaient qu'un vent favorable.

Lorsqu'elle pénétra dans sa cabine, Jeanne admira pendant longtemps les coquilles de nacre. Elle tenta d'en jouer, et fut un peu déçue. Elle n'avait pas le talent et la connaissance nécessaires pour bien jouer de ces coquillages. Elle ne possédait ni le rythme ni la légèreté pour produire des notes aussi harmonieuses que celles créées par les Tahitiennes. Peu lui importait. Elle était contente, et c'est avec délicatesse qu'elle déposa dans sa boîte aux trésors les huîtres perlières devenues instruments de musique.

40

À six heures, le 15 avril 1768, avec sa cargaison d'animaux vivants, de nourriture, d'eau, d'instruments de toutes natures, de cartes, avec aussi sa cargaison de rêves, de désirs, de peurs, de déceptions, de fatigue et d'espoir, *L'Étoile* et *La Boudeuse* levèrent l'ancre et appareillèrent sous le mât de misaine, les voiles gonflées par un bon vent d'ouest. À leur bord, plus de 300 hommes et une femme, Jeanne Barret. Matelots, officiers, scientifiques, une femme, une chatte noire et blanche et un chien nommé Milord quittaient la sécurité d'une île pour continuer leur tour du monde. Un passager de plus s'était joint à l'équipage, Aotourou.

Ils quittaient l'île de Tahiti, la dernière frontière de la mer qu'ils avaient connue pour avancer vers un infini encore invisible. Ils s'en allaient encore une fois vers un inconnu, vers ce qui n'a pas encore été reconnu, analysé, déchiffré, cartographié, nommé. Ils s'en allaient tous avec, dans la tête, un désir plus important que tous les autres: survivre.

Jeanne Barret regarda l'île rapetisser. Elle aussi avait dans la tête mille espoirs, mille peurs, mille joies. Elle continuerait le voyage sur *L'Étoile*. Elle continuerait à s'aventurer au-delà des limites connues. Elle pourrait connaître la suite des aventures de Robinson. Mais, cette fois, elle le ferait sous sa véritable identité. C'est Jeanneton qui continuerait son tour du monde. Ce ne serait plus Jean Barré. C'est sans tricherie qu'elle poursuivrait le voyage et qu'elle découvrirait le monde.

Mais, tout cela serait une tout autre histoire, et c'est avec une confiance nouvelle qu'elle regarda Tahiti ne devenir qu'une mince ligne perdue dans le Pacifique.

Remerciements

Écrire un roman historique demande recherches et documentation. C'est pourquoi je tiens à remercier le Musée national de la Marine à Paris qui m'a permis de faire quelques recherches à sa bibliothèque. Il m'a mise sur la voie du livre d'Étienne Taillemite qui a établi et commenté les journaux de navigation de cette expédition. Les chercheurs de la bibliothèque ont de plus répondu à mes courriels avec célérité et m'ont aidée à répondre aux nombreuses questions que je me posais.

Je tiens aussi à remercier Réjean Boivin, Jean-Sébastien Pariseau et Louisette Gosselin pour l'aide qu'ils m'ont apportée dans mes recherches ainsi que Louis Robitaille, Nathalie Prudhomme, Jacques Cuerrier et Martine Ferland pour leur lecture et leurs encouragements. Je dois aussi souligner le travail de Michel Dussault qui a traduit du latin au français le texte que monsieur Commerson a laissé à Tahiti. Monsieur Dussault a travaillé avec un désir de précision auquel je dois rendre justice. Je ne peux que le remercier chaleureusement et admirer la valeur de sa traduction.

Enfin, des remerciements s'imposent à Andrée Laprise pour la grande qualité de sa révision et pour le respect qu'elle a pour l'écrivain et les mots.

Il me faut enfin et surtout remercier monsieur Marcel Broquet et son équipe qui ont su me faire confiance et m'appuyer sans réserve. M. Broquet me permet ainsi de faire connaître aux lecteurs cette femme, Jeanne Barret, à qui je voue une énorme admiration tant pour son courage, sa détermination que pour son intelligence.

Merci à vous tous.

Bibliographie

BERTINO, Serge, *Les conquérants de la mer*, Paris, Hachette, 1973.

BOUGAINVILLE, Louis-Antoine, *Voyage autour du monde par la frégate* La Boudeuse *et la flûte* L'Étoile, Paris, Éditions La Découverte/poche, 1997.

BROSSÉ, Jacques, *Les Tours du monde des explorateurs*, Paris, Larousse, 1998.

BUISSON, Dominique, *L'Encyclopédie des voiliers*, Paris, Éditions EDITA, coll. « Les Trois Continents », 1998.

COLOANE, Francisco, *Cap Horn*, Paris, Éditions Phébus libretto, 1994.

DANA, Richard Henry, *Deux années sur le gaillard d'avant*, Paris, Petite bibliothèque Payot/Voyageurs, 2002.

DENARCQ, Marie-Pierre et DE PRÉNEUF, Jean, *Mémoires de la mer*, Paris, Folio, Gallimard, 2005.

DETHOREY ET AUTHEMAN, *Le Passage de Vénus*, Tomes 1 et 11, Bruxelles, Dupuis, 1999.

DEFOE, Daniel, *Robinson Crusoé*, Paris, Folio, Gallimard, 1997.

NEWBY, Éric, *Tempêtes en mers du sud*, Paris, Gallimard, 1975.

KAPUSCINSKI, Rysard, *Mes Voyages avec Hérodote*, Paris, Plon, 2006.

PELT, Jean-Marie, *La Cannelle et le panda, Les grands naturalistes explorateurs autour du monde*, Paris, Fayard, 1999.

TAILLEMITE, Étienne, *Bougainville et ses compagnons autour du monde, Journaux de navigations*, Paris, Imprimerie Nationale, 1978.

VERNE, Jules, *En Magellanie*, Paris, Stanké international, 2005.

ZWEIG, Stefan, *Le Brésil, terre d'avenir*, Paris, Éditions Albin Michel, 1942.

La production du titre ***Jeanne Barret***
sur du papier Rolland Enviro 100 Édition
plutôt que du papier vierge réduit votre empreinte écologique de:

Arbre(s): 25
Déchets solides: 729 kg
Eau: 68 972 L
Émissions atmosphériques: 1 601 kg

Transcontinental

100%

BIO GAZ
ÉNERGIE

PERMANENT

Imprimé sur Rolland Enviro 100, contenant
100% de fibres recyclées postconsommation,
certifié Éco-Logo, Procédé sans chlore, FSC
Recyclé et fabriqué à partir d'énergie biogaz.

Cet ouvrage,
composé en Garamond Premier Pro,
a été achevé d'imprimer sur les presses
d'imprimerie Transcontinental Métrolitho,
Sherbrooke, Canada
en février deux mille dix
pour le compte
de Marcel Broquet Éditeur.